顾　问：张建勇　高克明
主　编：范志忠　熊颖俐　徐　辉
副主编：刘　云　赵　瑜　黄钟军

数字未来与媒介社会丛书·国际传播与跨文化传播系列
Digital Future and Mediated Society ｜ 吴飞◉主编

国家形象的影像建构与传播

The Construction and Communication of National Image

◇教育部哲学社会科学重大课题攻关项目"国际传播的理
　论、现状与发展趋势研究"（批准号09ZJD0010）成果
◇浙江大学"985工程"创新研究平台"数字未来与媒介
　社会研究院"资助

范志忠　熊颖俐　徐　辉◇主编

ZHEJIANG UNIVERSITY PRESS
浙江大学出版社

总 序

吴 飞

（浙江大学传媒与国际文化学院教授，博士生导师）

　　"国际传播"尚无一个广泛认同的、准确描述的界定。有人认为，"国际传播是世界各国政府之间、人民之间的一种相互关系和相互影响。因而，国际传播的研究是一种由各国或各文化的政府和人民的传播努力所体现的一种政治、社会、经济和文化的关系和互动行为"。与此类似的表述是马克海姆（J. W. Markham）的界定，他认为"国际传播可以被认为是一个国家以上的个人、群体或政府官员的跨越被承认的地理性政治边界的各种传播"①。这两种定义都提及国家作为国际传播的一个划分单位，具体的传播行为都是在跨越国界的情况下涉及政府、人民、机构或组织之间的传播。类似的定义还有美国学者罗伯特·福特纳的，他认为，"国际传播的简单定义是超越各国国界的传播，即在各民族、各国家之间进行的传播"。他还明确提出，对于人际之间的交流或非大众的交流将不进行讨论。这种定义就是在国际划分单位之外增加一个"民族"，并强调了大众传播形式。② 国内学者关世杰教授从"国际传播常是跨文化传播"来分析国际传播，他写道，两者的区别表现在三个方面：其一，从研究范围上看，一个关注国家边界，一个关注文化差异；其二，从研究形式上看，国际传播侧重于大众传播，跨文化传播侧重于人际传播；其三，从研究的学术渊源来看，国际传播的研究起源于国际政治和国际关系的研究，跨文化传播的研究则起源于文化

---

　　①　John A. , Lent(1987) , Teaching International Communication in the Era of Electronic Media and Rapid Technological Development. 载《第一届上海传播学国际学术讨论会论文选编》，上海外语教育出版社 1987 年版。

　　② 　罗伯特·福特纳著：《国际传播——地球都市的历史冲突及控制》，刘利群译，华夏出版社 2000 年版。

人类学。①

总之，国际传播的定义大同小异。同，在于基本都以民族或国家为划分单位，或者说是传播的边界；异，在于传播的形式，强调大众传播，一般被看作是国际传播的狭义定义，而除了大众传播形式之外，不忽略人际传播等其他形式，则被视为是广义的国际传播。

2011年1月17日上午，时长60秒的《中国国家形象宣传片之人物篇》在美国纽约时代广场的巨型电子屏幕首次亮相。片中，59位中国人以他们的微笑向美国和全世界诠释"体验中国"的主题。从2009年11月23日美国有线电视新闻网（CNN）亚洲频道滚动播出的30秒"中国制造"广告，到新一轮国家形象宣传片的海外投放，再到新华新闻电视网（CNC）的开播，有论者认为，中国已经进入着力提升软实力的"国家公关"时代。

与此相关，随着国际关系格局的变动，新的传播手段和传播终端的日新月异，国际传播主体开始变化，新闻信息传播生产方式和传媒格局产生重大变革，这些改变使得国际传媒市场出现了融合与平衡的契机，同时也加大了国际传播的差距与失衡，进而催生出一系列值得关注的理论与实践问题。

基于此，我们推出这一套丛书。这几本书，是我主持的教育部哲学社会科学重大课题攻关项目"国际传播的理论、现状与发展趋势研究"（批准号09ZJD0010）的部分成果，包括国际传播的理论研究和案例分析两类内容。本课题的研究目标为两个方面：一是弥补现有理论研究的空缺点，提升国际理论的解释力；二是尽可能将国际传播理念与"富国强民"的社会实践结合起来。从第一个层面看，比照现有的研究成果，我们发现国际传播理论需要在如下几方面加强：传播思想史的梳理，传播世界观的梳理，国际传播政策的变迁，传播技术和政治、文化的互动关系模式研究建构，从西方国际传播政策的变迁过程中研究总结出规律。从第二个层面看，我们需要将相关的理论同实践结合起来，以求指导中国在新形势下的国际传播战略的实施和国际传播理论的建构。

我们认为，国际传播的核心是如何正面传播中国的文化观与价值观。中国与其他国家在价值观上存在很多差异，但差异中也存在一些具有普世意义的价值观，这些价值观正是传播国家形象、开展公共关系的基石。对那些存在差异且易引起误解的价值观念，也要进行具体深入的研究，分析其积极意义和消极意义。这就意味着，国际传播研究必须关心文化价值问题。姜飞博士的《传播与文化》一书旨在揭示这一问题。姜飞博士认为，中国政治、社会、文化变迁中体现出的现实问题，对跨文化传播理论、理念的需求尖锐而又迫切，而来自美

---

① 关世杰：《国际传播学》，北京大学出版社2004年版。

国、欧洲的传播学和跨文化传播理论中又蕴含着极大的"文化"问题,亟需研究者予以甄别、化解和提升。这些都冲击着中国的跨文化传播研究者寻找一种入口——无论是从国际传播的理念创新、跨文化传播理论的建构,还是解决实践层面的需求、为崛起的中国在国际和跨文化传播领域奠定一个适合中国特色和发展道路的"文化"观念,并有效地将新媒体新传播技术和传播理论整合进这样的文化观念创新,由此开发出一条中国进行国际传播、跨文化传播研究和实践的研究路径……所有这些矛盾的焦点,都将一个问题推到风口浪尖上,即中国需要一个什么样的文化观念来跻身世界? 这是一个解决跨文化传播理论"滞胀状态"的接口,同时也是明晰中国文化现实,确立文化传播战略道路和未来方向的必经之路。

影像传播是国际传播的重要组成部分。范志忠博士的《国际传播语境下的中国电影》纵观中国电影的百年历史,阐释了西洋影戏的本土化与早期电影的民族话语、苏联意识形态理论与批判现实主义以及教化现实主义的流变、巴赞纪实美学与新时期反思电影、后殖民语境与第五代电影、国际电影节与新生代电影、好莱坞商业电影与国产大片等中国电影现象,探讨中国电影国际传播的路径和意义所在。

范志忠博士主编的《国家形象的影像建构与传播》则荟萃当今国内外影视界知名专家学者的主要观点与论述,分别从跨国语境、媒介融合等不同视角,通过对中国电影的全景分析与影视作品的个案解读,阐释在全球语境下国家形象的影像建构与传播的特征与趋势。

廖卫民博士的《媒介国运论——国家兴衰的传播动力机制研究》旨在为国际传播理论新视野的建构提供一个深远宏大的历史背景,对于思考中国在世界和平崛起的动力机制进行了一种深入透彻的理论铺垫。作者指出,中国在当下国际环境中如何从历史走来,面向世界,呈现应有的国运气象、大国风范,如何构建国家认同与民族性格,自立于世界民族之林,这些问题都值得深入研究,也是探讨国际传播理论题中应有之义。《媒介国运论——国家兴衰的传播动力机制研究》从提出命题"传播何以改变国家命运"开始,通过建构整体理论框架,并经逐层论证,依稀展现出研究命题所覆盖的诸多内在规律,如同拨云见日的阳光渐次化解了萦绕在世人面前的一些历史谜团。

对于民族国家而言,迫切需要发展自己的传播事业,建立自己的民族话语体系,塑造民族认同,占据本国国民的思想空间,并以自己的传播力量在国际范围争夺国际传播秩序和国际话语权。杨席珍博士的《资本主义扩张路径下的殖民传播研究》则强调殖民是资本主义出现以后的政治现象,扩张是资本主义的内在天性,交通和通讯技术的发展是资本扩张的物质基础。资本主义在殖民征服过程中采用各种传播手段为资本的扩张开拓路径,研究殖民过程中的传播活动是认识殖民的一种全新视角,并为认识当下以及未来的资本主义扩张活动提供理解的路径。作者从分析传播作为殖民力量的发展演变出发,继而从信息化、经济全球化、日常生活、空间范式、国际秩序与话语权这五个向度具体展开,分析全球化的当下殖民传播的策略表征。作者指出,殖民通常从空间和时间两个向度展开。随着国际形势的演变和传播技术的发展,资本主义在殖民传播中经历了一个变迁的过程,从空间开拓偏向时间长久。

王思齐博士的《国家软实力的模式建构》一书集中分析了国家软实力与国际传播问题。作者认为,每个国家在国际社会上都有其形象。良好的形象是建立"国家威望"与"国际影响力"的基础,也是在"国际行动"中获得世界各国支持与合作的必要条件。因此,国家形象是建构国家软实力时必须先加以探索与定位的课题。除了政府行为和传播媒介之外,随着传播与交通技术的飞速发展,日益频繁的民间接触也成为构成国家形象的重要元素,因此当代国家形象的建立除了必须考虑国家领导人和政府的形象之外,也需要将各种民间互动的质量纳入观察与思考的范围之内。

吴瑛博士的《孔子学院与中国文化的国际传播》是一本关于孔子学院的研究报告。作者调查了美国、日本、俄罗斯、泰国、黎巴嫩这五个国家的 16 所孔子学院,在调查基础上评估其传播汉语和中国文化的总体效果。研究发现,当前孔子学院在全球范围内取得了一定的传播效果,但不同层次的中国文化传播效果存在较大差异,中国文化在不同文化圈层中的传播效果不同,国与国之间也存在较大差异。同样是受儒家文化影响的泰国和日本,泰国的传播效果在各项指标上都高于日本,日本在个别指标上甚至低于美国等西方国家;对于非儒家文化圈的国家,孔子学院在物质文化层面取得了一定的传播效果,但在行为文化、精神文化层面的传播效果并不显著,而且根据各国文化形态的不同,一些指标存在明显差异。受东正教文化影响的俄罗斯,与受基督教文化影响的美国,以及兼受基督教文化和伊斯兰文化影响的黎巴嫩,这些国家间的传播效果都存在差异,这与对象国本身所属的文化形态密切相关。课题提出,针对非儒家文化国家,要让物质文化先走出去,行为文化、精神文化可以暂时缓行。报告还从文化传播战略角度对孔子学院的传播战略进行反思。对于当前的孔子学院来说,首先要分解中国文化的内涵,明确孔子学院到底要传播中国的什么文化;其次要分析当前国际文化格局和文化传播过程中可能遭遇的挑战,并在此基础上借鉴各国语言文化传播战略;再次要厘清如何传播,通过什么渠道和机制进行文化传播;最后要密切跟踪孔子学院的对外文化传播效果,展开科学的效果评估。

　　借用传播学的线性模式,可以说,国际传播研究同样要关心几个重要问题:一是说什么,包括我们说什么、别人说什么。二是怎么说,同样也包括我们怎么说、别人怎么说,并且两者要能很好地沟通。三是通过什么渠道说,是利用自己的媒体,还是关注新兴传媒;是将重点放在西方街头和媒体广告上,还是让西方媒体自己说。四是效果如何,当然包括我们怎么看、人家怎么看。等等。2011年,美国副总统拜登在北京小餐馆吃中国传统炸酱面,以"面条外交"的举动获得中国媒体认可。稍早些时候的2009年,美国总统奥巴马抵达上海机场时,亲自手撑雨伞,走出机舱。骆家辉2011年8月22日从成都飞北京坐经济舱、谢绝享受VIP服务,登机时没有人员引导,落地后也是与其他经济舱乘客一起离去。这些原本都是小事,但这些小事引发了无数国人的想象,刺激着他们的神经。中国网民认为美国人在给中国官员上课。有人感叹说,国家的形象就是官员们在一言一行中建构的。美国人只花了那么点差旅费和几碗面钱,却让全中国人民感叹,效果比我们花几百亿在美国做广告强多了吧。吴飞博士主编的《国际传播系列案例分析》就是通过近几年出现的具体案例来分析国际传播问题的。这些案例包括上海世博会、广州亚运会、杭州"最美妈妈"事件、温州动车出轨事件、哥本哈根气象会议等,研究者通过中外媒体对这些事件的报道,分析中国国家形象建构问题。另外,研究者还以半岛电视台为代表分析了国际传播信息逆流现象,以环境非政府组织绿色和平组织为例分析了非政府组织的国际传播策略,通过对《环球时报》的内容分析探讨中国国家形象塑造在国内媒体的体现。

　　我们认为,针对现存国际传播秩序对中国的局限,中国学者应该思考如何学习借鉴西方一些国家在发展崛起过程中借用传播技术进行文化创新,从而更好地表达、传播自己的经验,并在此基础上凸显中国特色。同时,还要综合中国政治、经济、军事等多方因素,思考如何在国际范围内为中国的和平崛起营造一个良好的国际传播秩序和国际舆论环境。针对理论的后殖民化这个不单属于中国的问题,需要汇入第二次世界大战以来国际范围内普遍性的文化自觉的世界潮流,不断推进中国的文化从文化自卑走向平等的文化对话,从培植文化抗体到推动普遍性的文化自觉,从文化褪色到推动深远意义上的文化更新,为国际传播理论的吸纳和创新营造一个很好的内部心态和外部环境。上面陈述的问题以及问题的解答思路,都需要基于中国的基本国情,要放在国际—国内、政治—经济、技术—理论的宏观和微观背景下来考察。中国已经在经济、政治上和平崛起为一个世界举足轻重的大国,已经具备了从被动地适用国际传播秩序,向有理、有利、有节地斗争并努力创造有利于中国的新传播秩序的状态转化的传播能力;中国的传播技术已经在基本完成传统媒体建设的基础上,朝信息高速公路的传播技术更新;中国网民的数量,较之世界其他国家都更加可观,其网络参与热情也相当高;有关传播理论和国际传播模式的研究已经从单纯意义上的引介阐释阶段,向理论的消化吸收再创造阶段转化。新的国际背景,新的中国形势,新的传播技术,新的发展思路,需要我们在全面思考既有理论的基础上,铺设一条朝向新的理论方向的坦途,并在全面评估上述这些新的国际传播形势的前提下,创造中国的传播理论和国际传播模式。我们这个"国际传播理论、现状和发展趋势"课题组努力朝向这些需求,致力于问题的解决,并期望在这一过程中凸显出本课题的理论和实践价值。

我们的目标是否达到,自然有待于方家之检验。但我们真诚地希望有更多的学者,投身到这一研究领域中来,毕竟,国际传播是当今中国和平崛起不得不面对的重大学术与实践问题。

2012 年 9 月写于杭州

目 录
Contents

Contents

Keynote Speech

Paper Selection

Transnational Context and Imagination China

Media Convergence and Panoramic China

Film Case and China Image in Mirror

国 家 形 象 的 影 像 建 构 与 传 播

主
题
发
言

正义国家的视觉传达

贾磊磊[①]

尊敬的各位老师,各位同仁,各位同学,大家上午好。非常感谢会议的主办方——浙江大学广播电影电视研究所和中国电影艺术研究中心《当代电影》杂志社,举办这样一个活动,使我能够有机会跟大家交流我在国家形象建构方面一点个人的想法。

在此之前,因为大家谈到有关国家形象的学术研究的一个发展历程问题,我补充一点史料。在 2006 年,我所在的艺术研究院的文化发展战略研究中心,承担了一个国家特别委托课题,叫"文化发展战略研究"。在四个分课题里面,我们设计了一个子课题,叫"艺术作品中的国家形象",委托南京艺术学院完成此课题。这个课题在 2008 年已经结题了,这个课题完成的成果,发表在《中国文化发展战略与核心文化建设》这本书里。

下面我开始自己的发言,我的发言题目是"正义国家的视觉传达"。我觉得,对于国家形象的建构,特别需要在前面加一个前缀词,就是我们现在塑造的是一个"正义"的国家。两千多年前,柏拉图为什么要把诗人从他的理想国中驱赶出去呢?柏拉图这位被誉为古希腊理性精神的典范性人物的智者,为什么会把他的理想国变得如此冷峻呢?因为在柏拉图的理念世界中,国家灵魂正如个人的灵魂,必须符合辩证中道的原则,才是美、是善、是正义的。因此,神话连同制造神话的诗人,在他看来应该被赶出他的理想国的大门。理想国与洞穴寓言一样,左右着我们关于国家形象建构的思考。今天,我们并不是在一个凭空建构的楼阁里讨论影像国家的建构问题,而是在一个人类共有的知识谱系和精神架构中认识这个问题。尽管柏拉图不可能穿越时空来质疑我们,可是我想,他的幽灵恐怕正在把电影这个当代诗学的流行款式从他的理想国中驱逐出去。

---

①　中国艺术研究院院长助理,文化发展战略研究中心主任,教授,博士生导师。

无论柏拉图的理想国在理论上怎样力图用正义性去排斥诗性,我们现在还是要把正义国家和电影神话这两个概念整合起来。尽管国家政治在柏拉图的世界里,是一个统一人们行动,并使人们朝一个共同目标前进的艺术,电影在我们的世界里也是一个不折不扣的世俗神话,这两个概念在柏拉图的哲学里,却是不能整合的。现在我们姑且接受柏拉图关于正义国家的价值植入,也接受安德森关于国家是人民群体自我实现目标或工具的观点,我们当然也接受马克思主义关于国家必然要终结的历史定论,但是我们现在依然要把国家形象缝合在一个影像的话语体系中,并期望从中得到一个 21 世纪的理想国的中国图景。

我们必须指出,在许多中国电影的影像叙事文本中,国家形象是看不见的,它处于一种隐身的状态。甚至国家形象的象征之物:国旗、国歌、国徽,也是不出场的。但无论是作为一个中心的叙事环节,还是一种重要的叙事背景,乃至潜在的推进影片情节进程的叙事动力,影像国家存在于中国电影的叙事体系之中。一言以蔽之,国家形象已经转变成一种特殊的叙事策略,蛰伏在中国电影中的文化形象之中。中国电影的整个社会属性,是我们国家形象的生成基础,也是其表述形式的现实依据。我们与西方不同的电影生产体制,造就了中国电影中的国家形象,不是好莱坞电影中那种文化霸权的象征之物,而是社会现实与影片叙事情节相互镶嵌的意义载体。在好莱坞经典电影的观赏过程当中,观众会把个人的想象和欲望投射到影片中的英雄人物身上,并通过英雄人物的成功,使观看者得到自我欲望的满足;而在中国电影的观赏过程当中,诸种潜意识的、本能的,总之非理性的欲望,由于失去了其投射对象而被阻断,英雄陷入绝境时也不可能按照好莱坞电影的叙事惯例,通过施展个人的绝技与暴力,摆脱危机,获得胜利。

比如电视剧《便衣警察》里,周志明蒙受政治迫害被关进监狱,英雄处于无奈与无助的状态,叙事的动力在此时已经消失。然而,这部电视剧进行到这里,一种力量出现了,那就是"四人帮"被粉碎了,所有的冤案都得到昭雪平反,英雄得以复出,即将中断的叙事继续展开,一种尚未言明的力量最终使剧中的罪犯全部落网。在西方的警匪电影中,经常是在个人的恩怨仇恨以个体的方式了结之后,即在叙事即将结束时,警察才出现,警察有时是一种国家机器依然存在的象征表达,它的完成只是故事的终止。而在中国电影与中国电视剧的叙事过程中,这种力量的出现,是在叙事即将中断的时候,它完成的是故事的延续。这种叙事文本的最终意义,来自于一种历史文本和社会文本,包含了对国家形象的确认和肯定。这种力量,虽然是以匿名的形式出现的,却是中国电影、电视剧中经常出现的叙事动力。它不仅解决了故事自身的流畅性问题,而且也解决了习惯在国家利益与集体利益的保护下安然度日的中国观众对国家的期待与对正义的渴望。通过对中国电影的垂直阅读,我们可以发现,在我们的作品中突出强调的,都是主体如何获得客体,而不是如何找回失落的财宝,或是处死逍遥法外的罪犯。突出强调的是主体如何最终被命名,把整个叙事过程变成对英雄的命名过程。这个命名的最高潮仪式,就是英雄的牺牲。与好莱坞商业剧情中英雄不死的叙事模式相比,英雄赴死似乎成为中国影视剧中一种经典的书写方式。

在日趋全球化的现代都市里,由于受到跨国资本的逻辑支配,传统的认知观点已无法让一般人掌握都市空间所具有的特定意义,包括国家形象的指认。无论是在北京还是在香港、台湾,甚至在纽约,推开宾馆的房门,几乎所有的叙事故事都是一样的,使你分不清身处何处,搞不清你自己是谁。在那些被命名为"现实主义"的中国电影的叙事形态中,时间与空间的关系越来越呈现出一种相互分裂的倾向。时间没有确切的编年史意义,只是泛指当代生活;空间没有确切的文化意义,只是虚拟了某个地域。或许作者在这些影片当中,只想保留时间的象征意义,并不想用确切的时间来反映影片之外的社会生活。但时间的不确定性,必然导致空间的不确定性。特定空间样式的逐渐消失,不仅使得空间的地域性、社会性和民族性不复存在,而且由空间所构成的国家的整体感,以及观众对这种建立在空间关系上的想象的认同也会随之消失。杰姆逊在《地理政治学:电影和世界的空间》中,提出了认知图解的观点。他把电影的空间关系与国家形象联系了起来。我们的许多种族电影,总习惯模糊具体地域,国家形象经常被消解在对某个行业某个地域的形象保护之中,类型电影中经常出现虚拟性的地域或名称,比如说 A 市、B 市、C 市、D 国。这种回避现实的抽象空间,使在现实生活中有着明确国家归属与文化身份的观众,在电影院里却没有获得他们原本应当获得的国家归属感。我们不知道自己面对的 A 国或者 B 国究竟在哪里,为此,我们也不再明确自己的位置。观众这种空间主体性的失落,将使我们无法从影片的叙事结构中,感受到自我的国家身份。即便呈现的是一个公平正义的国家,由于失去了具体空间的认知基础,也难以获得真正的心理认同。

尽管在文化的核心价值观方面,好莱坞电影不能够成为我们国家形象的参照系,但是在电影的叙事逻辑和认同策略方面,好莱坞电影提供了诸多可以借鉴的范例。比如,即使像《天地大冲撞》这类科幻题材的灾难片,他们也不会抹杀影片中的空间概念。华盛顿、纽约这种明确的地域概念,使观众极易获得自我的国家认同感。而当建立在这种国家认同基础上的现实国家被一场巨大的虚幻的自然灾难所毁灭,观众会对如何抗拒这种灾难尤为关切,并且从心理上与影片中建构的现实国家站在一起。在电影的创意方面,单向度地追求国家形象的建构是不可行的。电影作为一种文化产品,它的所有文化指向,最终只能在文化产业的平台上进行兑现。电影没有一种脱离了总体商业表达的单一的文化表达,更没有一种凌驾于电影文本之上的抽象的文化文本。所以国家文化形象的建构并不是单一的电影创意命题,而是一个要与电影的商业表达、娱乐机制、文化气象相互并联的综合性的选择。电影的所有价值,如果失去了商业的保障,将不复存在。

韩国电影没有政治的边界,没有宗教的禁忌,没有情色的界限,可是尽管如此,韩国电影仍具有很高的国家认同形象倾向。在电影的叙事体系中,他们塑造的人物,是一种能够体现国家意志、家庭伦理与个人情感的文化形象,这种国家、家庭、个人三位一体的荧幕形象,使观众在电影的观赏过程当中,完成的是对国家形象的历史认同、对家庭伦理的价值确认和对自我欲望的想象满足。他们在《飞天舞》《武士》《无影剑》这些影片当中,在期盼国家的复兴、向往家庭的团聚与个人情感的满足方面,都如出一辙。

而我们的电影,往往因为不同的形态归属,孤立地去追求各自的所谓的独立价值。主旋律电影只是强调了国家意志的体现,商业电影只是侧重于对商业利益的追求,艺术电影仅仅强调个人理念的表达,而忽略了对国家、群体、家庭、个人总体利益的整合策略。现在,我们不能丢弃历史来认识国家,正如卡希尔在《国家的神话》中所说的,如果我们忽视了、失去了过去的立足之地,我们不再生活在传统这一仿佛是社会生活重要因素的氛围中,我们将面临着精神文化的离轨,这也许正是原始社会中传统至高无上和不可侵犯的原因。在那里,最受尊重的,用席勒的话来说,"那乃是永恒的昨天,过去发生的一切都会反复,明天会重复今天,就像今天恢复了昨天"。也许这就是为什么直到今天,我们中国电影的叙事结构仍是闪回式的,总是力图通过赢得历史的必然性,来告诉我们现实的正确性。美国电影则不同,它的电影经常是闪前式的,似乎在通过国家在未来发展的正确性,来昭示现实的正确性。在这个历史不断循环的特定过程中,我们关于正义国家的历史认知,恰恰是通过影像的正义表述来历史地建构的。

我们看到影片《农奴》中的强巴在给奴隶主的孩子当马骑,连话都不让说;奴隶主却在布达拉宫上遥望着天边的远山,赞叹着西藏的美景。我们感到这种建立在泯灭人性基础上的农奴制度是一定要推翻的。我们看到《南征北战》里,国民党的高官坐在皮沙发里,戴着白手套,叼着雪茄,在灯火通明的会议室里、在巨幅的作战地图面前高谈阔论;而共产党的将领,披着蓑衣,穿着草鞋,打着破伞,在滂沱大雨中艰难行军,在这种相互交错的历史表述结构中,我们理解了共产党领导的军队必然胜利,国民党的军队注定失败的历史逻辑。我们看到在《大决战》中,毛泽东在窑洞中秉烛夜读,看着地图仔细研究军事形势,直到蜡油滴到手上；而蒋介石穿着睡衣，在官邸里踱步，在部下向他报告军情时，他却怒气冲天地大吼道：我在睡觉！我们还看到国民党的士兵，就是立了战功，还在挨师长的辱骂；而共产党的华野司令员粟裕却把自己的军帽，戴在被俘的国民党士兵头上，体现出人民军队深切的人文关怀。我们的电影就是通过这样一系列的叙事情节，影响铸造着我们对这个国家与民族命运的集体记忆，对正义与邪恶、光明与黑暗的历史认知，同时也包含着我们对国家未来的向往。谢谢大家。

电影与国家形象:产业、文化与美学

饶曙光[①]

我想讲的问题很多,限于时间关系,今天主要想讲两个问题:第一,主要讲构建国家形象的产业维度;第二,主要讲要尊重艺术规律,塑造普通人的中国形象。

众所周知,改革开放三十多年以来,我国已经从一个经济落后的国家发展成为经济总量全球第二的大国,综合国力取得了突飞猛进的发展。快速增强的中国政治经济和军事实力,在相当程度上改变了世界的格局。相对于政治军事,相对于硬实力,我们的文化软实力短板开始显现。

在所有的艺术中,电影是最被关注的,经常引发激烈的争论。近来,对电影批评的声音也多了起来。我最近在为金鸡奖写一篇文章,题目是《创意制胜——跨越电影产业化初级阶段》[②],重点梳理了当前我们电影界对中国电影的批评。电影产业取得了跨越式的发展,为什么反倒会出现更多更激烈的批评?一方面,是由于产业的高速发展带来了市场的繁荣,电影现象成为社会热点、文化热点,并引发了社会各阶层的高度关注。也就是说,电影现象成为社会热点、文化热点在电影全面产业化改革前是很难想象的。另一方面,从人文指标、美学指标而言,当前中国电影确实存在着诸多令人不满意的地方。过度娱乐、过度炒作、过度营销已经成为中国电影,尤其是商业电影常态;理论上对暴力美学的过度阐释乃至推崇助长了艺术实践中过度的暴力美学;不少电影人理直气壮地把票房作为唯一的目标、价值去追求,出现了急功近利的态度和行为,为追求短暂的商业利益而牺牲了文化。毫无疑问,所有这些问题都是存在的。不过,由于新闻舆论放大负面的效应,所有这些问题也都有被放大、夸大的成分。无

---

① 中国电影资料馆副馆长,中国电影研究中心副主任。
② 该文获得第21届金鸡百花电影节优秀学术论文一等奖。

论如何,外界确实在质疑整个电影界的职业道德、文化意识和价值取向。当然,现在社会、"舆情"对电影的批评,大多集中在电影的质量方面,集中在人文指标、美学指标方面,而不是针对产业化。也就是说,无论是对电影产业化改革的方向,还是对电影产业化改革的成果,绝大多数人都是肯定和支持的。在当前的背景下,我们应该对电影产业、电影产业化、全面电影产业化改革以及电影产业化初级阶段有更加准确、清醒、客观的认识和分析。

我个人认为,很多对当下中国电影的批评都带有强烈的情绪。其中一个很大的问题是,不少对当前中国电影的批评是站在道德化的高地上作评判,而没有对中国电影产业化的语境作出具体的分析判断。众多的批评中,道德层面貌似正确,但跟我们中国电影的实际,尤其跟中国电影产业的实际存在着比较大的差距。所以我最近一直写文章强调,我们对当下中国电影的观察,一定要有产业的视点、产业的维度、产业的评价标准,即一定不要离开当下中国电影产业化发展的语境、中国电影产业化发展的实际。

回到电影与国家形象这个主题,我要特别强调软实力也是要靠硬实力支撑的。刚才贾磊磊也谈了,文化不能离开商业语境,不能离开产业表达。我非常同意这个观点。我们知道,当下中国电影产业实际上面临着非常大的压力。尤其是我们跟美国达成"好莱坞新政"以后,中国电影面临着前所未有的冲击。到2012年四五月份,国产电影的市场份额已经降到15％左右,而政府的期望是我国国产电影的市场份额达到2/3。这个巨大的差距引起我们对当下中国电影所存在问题的思考,当然也包括电影如何塑造中国形象的问题。也就是说,讨论电影与国家形象的问题,一定不能离开当下中国电影产业发展的具体环境。大家都特别关注到,当《金陵十三钗》和《一次别离》在好莱坞取得完全不同的结果以后,有很多文章就开始讽刺《金陵十三钗》,然后借《一次别离》对普通人形象的塑造,尤其是对伊朗国家形象的塑造大肆地嘲讽《金陵十三钗》。我个人对《金陵十三钗》也不是很满意,也有一些看法,但是在中国电影产业的背景下,对于具有市场竞争力和市场占有率的电影,我们还是要给予宽容,不能因为它在美国奥斯卡输给了《一次别离》,就把它说得一无是处。这样的观点我觉得对中国的电影产业今后的发展会产生消极影响。再说了,我们的批评经常是跟在某些美国人的后面,自觉不自觉地以他们的判断为标准。在这个问题上,我们是不是也犯了不自信的毛病呢?

我想强调,中国电影的市场份额就是当下中国电影发展的主要问题。换句话说,巩固和发展我们国产电影的市场份额是当下中国电影产业发展的主要任务。因为如果失去了市场层面对于好莱坞的有效抵抗,那么也就谈不上有效保护传统文化、民族文化,也不能有效保护国家文化的安全。所以我讲,巩固国产电影的市场份额,是当下中国电影、中国电影产业最大的经济,同时也是最大的政治。它不是一个单纯的文化问题和经济问题,而是关乎中国的综合国力和软实力的综合性问题。中国电影要实现可持续发展,必须处理好产业升级与文化表达、社会效益与经济效益之间的平衡与统一。我的基本观点就是:文化产业发展、国家形象建构应该一个都不能少。当务之急是要增强电影创作的文化自觉和文化担当,更加注重人文关怀和人文表达,促成更多具有经典人文品格的作品问世。只有在全社会范围内推动电影文化的建设,才能让多类型、多品种、多样化的电影与观众见面。否则,让一些缺乏主流价值观和审美观导向的国产影片在市场中横行,哪怕它们占据的市场份额再大,从思想层面、软实力层面而言,在与好莱坞电影的博弈中也一样是会失败的。我们当然要"讲市场",但也要"讲人文"、"讲思想",两手都要硬,两手都不能软。这是中国电影和中国电影产业化健康、可持续发展的辩证法。总之,中国电影塑造并有效传播国家形象,需要清晰、合理的产业定位和文化策略、战略定位。随着建设社会主义文化强国战略的实施,作为当代中国改革开放精神与民族传统的文化载体,电影必须在中国现代化文化建设中发挥自身优势,承担时代赋予的文化使命,呈现中国精神、中国价值、中国风范。当今世界正处在大发展、大变革、大调整时期,文化在综合国力竞争中的地位和作用更加凸显,维护国家文化安全任务更加艰巨,增强国家文化软实力、文化国际影响力要求更加紧迫。中国电影应该更深入地追寻民族文化传统及其审美精神,关注改革开放伟大实践及其现实生活,以富有创造力和想象力的艺术创作塑造出一个当下的、现代化的、富有创新精神的、充满活力的、富有魅力的中国形象。在全球化的语境中,在产业化、现代化、专业化、国际化的大背景下,一方面中国电影产业要实现自身的健康、可持续发展,同时又要塑造良好、有独特魅力的"中国形象"。这是中国电影面临的双重历史使命,也是对中国电影的双重历史考验。

我们对电影与国家形象的观察和思考必须有辩证的观点,不能只顾及一个方面,而是必须考虑两个方面。

当下中国电影产业发展的关键问题、关键环节,首先要建构良好的商业电影美学,尤其是良好的商业电影伦理。这也是电影与国家形象的题中之意。电影作为产业,当然要注重投入产出比,当然要追求经济效益,当然要有票房收入、观众人次及其他硬指标,否则就不能生存和发展。但"君子爱财,取之以道",电影产业要注重投入产出比,追求经济效益,追求票房收入、观众人次,必须先遵从"道"。电影产业之道、电影产业之"王道",在于电影实现经济效益的同时,有助于"道德人心"。早期中国电影商人都非常强调这一点,都很注重自身的商业伦理。如果中国电影产业不能建构良好的商业电影美学,尤其是良好的商业电影伦理，那么不管中国电影产业实现多么强劲的增长，最终也只能说是"看上去很美"。可以说，建构良好的商业电影美学，尤其是良好的商业电影伦理，不仅可以塑造中国电影产业自身的良好形象，也可以从一个侧面塑造良好的中国形象。其次，要实现电影产业发展的生态平衡，即使大片和中小成本电影形成一个合理、良性的结构，共同组成一个良好的电影产业生态、电影文化生态。虽说中国式大片存在着一些问题，但其在制作成本、技术运用、类型诉求方面较之以往的国产电影有了很大的进步，提升了中国电影的票房收入，保障了国产电影的市场份额，使中国观众在一定程度上恢复了对国产片的信心和期待。因此，我们还是要不遗余力地支持具有市场竞争力和市场占有率的大片，促使其健康、可持续发展。同时，也要从市场层面保障中小成本电影，尤其是具有创意价值、能够代表中国电影艺术和美学品质的艺术电影的生存与发展。因为如果没有后者，中国式大片就会失去创意动力，其发展就可能走向停滞，中国电影产业的发展也必然受到影响和制约。

当下有关电影的一个热点话题是中国从电影大国向电影强国的转变。公认的电影强国有两个标准：一是要在本土电影市场占据绝对的优势，二是在海外的电影市场具有强大的影响力。从这两个标准来看，中国电影目前确实是处于电影产业化初级阶段。电影产业化初级阶段的种种问题大家都看到了，如何去破解这些问题，如何更有效地解决这些问题？到"十二五"末期，中国电影的市场可能达到 300 亿元乃至 400 亿元。那个时候，我们国产电影的市场份额会怎么样？国产电影能够在本土观众中获得一个什么样的评价？

美国大片不仅包括有形的文化产品和文化服务活动，还包括无形的文化价值。美国大片正是通过文化贸易也就是有形的文化产品和文化服务活动，在娱乐的外表下传递着美国的价值观、文化观和意识形态。需要特别指出的是，美国电影对未成年人的影响要比中国电影广泛且深远得多，它以艺术的形式对未成年人的思想和意识产生影响、发生作用。另一方面，有相当数量的年轻观众自觉不自觉地以美国电影为参照系来衡量中国电影、中国电影产业。

还有一个问题要重点讲一下。有一种观点认为，电影应该从正面的、积极的方面来表现现实问题、社会问题，要尽可能塑造一个完美的国家形象。刚才我也翻了一下大家提供的论文，其实有很多学者也不赞同这种观点。因为主观上想要塑造一个完美的形象，客观的传播上实际上是有问题的。很多专家都谈到了电影在国家形象传播中的转异性。你过分地强调完美无缺，反而让人觉得你是在有意掩盖什么。在这一点上，我们应该有一个很清晰的认识。因为毕竟电影塑造国家形象还是要尊重电影最基本的艺术创作规律和艺术传播规律。

前段时间在北京也开了一个会。大家都知道北京首先提出"北京精神"。那么,电影如何表现"北京精神",这也成为一个热点。北京精神是爱国、创新、包容、厚德——我不知道现在杭州有没有杭州精神,现在我们谈国家精神要分两步走,先各地把自己具有地域特色的精神概括出来,再形成一个国家精神。爱国、创新、包容、厚德的北京精神如何通过艺术,尤其是电影来表现并且获得观众的认同和追捧,我一直在思考这个问题。如果我们一味地强调正面,单面地表现北京精神,北京精神可能陷于一种非常概念化的模式,会陷入说教化。国家精神、国家形象的表达也是如此。而且在我看来,北京精神更多的不是鸟巢,不是水立方,不是奥林匹克公园,不是北京新的十大建筑这些城市景观;其实,北京精神内在的还是普通公民一种良好的情感状态和形象。所以我认为,要尊重艺术创作规律,要塑造好国家形象最主要的还是要塑造好普通民众的形象,老百姓的形象。中国电影不可能脱离当下中国发展的阶段性和现实性来塑造国家形象。当下中国社会正处在不断发展、不断变革的过程中,并且改革进入了深水区,面临着很多问题乃至难题。这些问题乃至难题可不可以通过电影的方式去表现?表现生活中某些负面的东西是不是就损害了国家形象?事实上,中国电影呈现国家形象的主要载体还是现实生活中的人与事,而现实生活中的人与事既包括正面的,也包括负面的。现实生活原本就是一个多面体,丰富多彩的现实生活有其不同侧面和角度,而现实生活的每个方面、层面、侧面都该在电影中得到艺术的呈现与升华。如果电影一味地表现好人好事,未必就能起到预想中的正面宣传效果。换句话说,塑造高大全的中国形象,既不符合艺术创作的审美规律,也不符合国家发展的实际。改革开放三十多年来,中国的现代化与城市化大大提高了,人民群众的整体生活水平实现了质的飞跃,同时也使我国从一个相对平均、平面化的社会转变为一个收入分配差距较大、立体化的社会,多样性的存在也就决定了多种声音的存在。如果出于打造完美形象的考虑,让所有人都用一种声音说话,可能会产生适得其反的结果。因此,中国电影呈现国家形象时不仅要反映中国历史和现实的多样性、复杂性、矛盾性,同时也要保持一定的批判性和反省性,允许乃至鼓励多样性、包容性的存在。文化的感悟、文化的影响、文化的记忆对于不同人群,不同性别、年龄、阶层和习俗的人来说,是千差万别的。总之,电影创作不应避讳现实生活中存在的问题,以建设性的态度和视角表现社会问题有助于国家形象的建构。

大家都称赞《一次别离》,其实《一次别离》达到的就是这样一种效果。第84届奥斯卡金像奖把最佳外语片奖授予伊朗导演阿斯加尔·法尔哈迪执导的伊朗电影《内达和西敏:一次别离》。《一次别离》被国际电影批评家定义为"新现实主义电影"，受到了几乎是一边倒的肯定和赞扬。之所以如此，是因为《一次别离》在一个两难的剧情中深刻、细致地揭示了当下伊朗人的内在矛盾和心理困境，这种内在矛盾和心理困境所蕴含的道德拷问不仅令伊朗人纠结、矛盾和痛苦，而且令全世界的人都感到纠结、矛盾和痛苦。可以说，《一次别离》不仅成功地塑造了伊朗独特的国家形象，而且把观众带入了一个超越伊朗社会的现代人普遍的情感生活核心，凸显了电影超越种族、国家、时空的艺术魅力。这一点确实值得我们借鉴。

今天在杭州，我还想特别谈一部反映杭州的电影《岁岁清明》，我不知道大家看过没有。这部电影在很大程度上改变了我对杭州人的很多看法。这部电影一开始把杭州人的形象写得很柔弱，就像我们范志忠老师一样；但是她内在具有那样一种精神，那样一种柔弱的表面下的顽强反抗。影片塑造了一种与过去抗日英雄不一样的形象，非常朴实和平和。有一个特别令人难忘的情节和段落，就是影片在高点上拍摄的西湖，非常美；听说是拍摄最美的一个角度。西湖很美，是我们的。外来者来做客可以，但是你要来侵占，那是绝对不行的。这样一种朴实平和的精神，蕴含在影片非常简单的叙事里，蕴含在一个淳朴之极的女孩形象里，蕴含在一个非常柔弱的南方男人的形象里。我们对这个地域有了新的感受、新的认识，产生了感情上的认同。这种认同，就是精神上、感情上被感召、被鼓舞、被感染，其实就是软实力的实质所在。进一步说，也是电影塑造国家形象的根本所在，是电影塑造国家形象的有效路径和途径。

在全球化时代，国家形象不完全是客观存在的，而是这个国家通过各种传媒、各种文艺作品尤其是电影"重塑"出来的。当前中国国家形象的建构及其传播面临的突出问题是：迄今为止，中国国家形象的塑造呈现出严重的"他塑"现象，中国国家形象处于"被塑造"的不利境地。而在中国国家形象"自塑"的过程中，存在着缺乏文化自觉、文化自信、文化自强精神，存在着跨文化传播能力严重不足以及主体性缺失、"错位"等诸多问题。一方面，在国际话语的建构过程中，中国多是"沉默的对话者"，很多时候是有"对话者"之名而无"对话者"之实，缺乏对自身形象建构的主导权；另一方面，在复杂的国际竞争环境中，中国的国家形象依然处于一个较为模糊甚至是被误读、被曲解的状态：西方的"中国威胁论"、"中国崩溃论"、"中国责任论"、"中国美丽论"等论点和论调此起彼伏、众声喧哗。所有这些，都对中华民族伟大复兴，中国的"和平崛起"有着难以估量的负面影响。因此，我们必须站在文化建设、文化安全的高度来认识中国电影，以艺术创造的方式塑造、呈现国家形象。

我们知道十七届六中全会提出建设社会主义文化强国战略目标。在这样一个新的背景下，中国电影在国家形象塑造方面肩负着更重的任务。虽然我们

　　要强调软实力是靠硬实力支撑的,要巩固国产电影的市场份额;但是反过来我们也要强调,我们对中国电影还要有辩证的、全面的观察,不能只有经济指标,还要有精神指标,还要有文化指标。总之,中国电影必须完成巩固和提高我们国产电影的市场份额,还要塑造好我们的国家形象,创造出独特的文化景观、思想景观! 谢谢大家!

重构国家电影文化形象

周　星[①]

　　我们现在处于这样一个时期：电影产业很好，但是批评非常多。所以我后面的发言也是批评，但是出发点是希望中国电影建立一种良好的秩序。我们谈论国家形象的影像不能忽略人心现实，包括我们受众对国家的期望认知。所以我们就要从实现国家形象和经济实力相匹配这个问题说起。

　　在理论上我们都需要理性涉及国家文化的世界位置，但其实换一个角度考虑，文化是不是涉及"输出"和"确立"问题？当孔子学院被认为是有意识的国家文化输出企图而招致美国的刁难，我们应该看到文化的赤裸裸的意图的危险性可能。人们公认好莱坞的巧妙是输出美国精神价值却不着宣传边，或者显露却让情节牵着你去感受。那么同样道理，电影文化的外在构建如果被粗暴所支配，其结果就是我们的一些电影，一拨一拨的文化构想被下一轮、新的一种号召所抵消。这就既说明文化不应该是指令性的主观对象，也说明文化需要内在建构。说到底，文化需要内在来确认，有没有，这才是关键。这个内在就是一个国家的文化的自身的意志力的筋骨和传统，就是我们在丢失的传统。这就解释了为什么我们的电影会在意识形态摇摆中左右游移，就是没有核心价值。

　　前面专家已经提到，我们在追逐市场的过程中失去了文化。我们既没有伊朗《一次别离》这样本土特色的显现，对此我们只有空自羡慕；我们也只能动荡在《阿凡达》的技术追梦之中，以及《艺术家》的黑白默片的回归惊讶之中，然后空自叹息。那我就夸张一点说，因为没有自身的确定性，使得我们只能时常感叹而追赶不及，然后又不断地感叹。

　　在这里我呼应很多专家的话——我们内在的文化精神是什么。我的意思是，不是不要国家文化的建构，而是需要明白建构的核心是什么。当代中国电

---

　　①　北京师范大学艺术与传媒学院院长，教授，博士生导师。

影文化的形象是什么呢？我可以罗列一下：

第一，国内受众热情关注，却拥戴度不高；

第二，向外传输的热情和主观意识较强，但一些参加国外电影节的本土电影文化价值、品位较低。

一旦要谈论文化形象，就已经站在哲学制高点。于是，有没有文化支撑就是关键的问题。

我们来梳理一下近年中国电影市场。至今为止没有消泯的，比如《英雄》中的哲学思辨被国人批评不休，《色戒》中翻盘似的认知，《让子弹飞》中引起争议的内涵，《金陵十三钗》受到国内外的指责等等。我觉得我们自身的文化认知在观众和评论家看起来是在无厘头地转换，是混乱不堪的。

国家形象首先要回归国家归属，对国家的依存和对国家的认同息息相关。

回顾几个时代，关于中国电影的独特性，当然有很多很多的例子，现在我主要说说现今的文化形象：

第一，大片虚浮的背后是市场在左右，文化意识已经在消解；

第二，残酷拼争故事的背后是人性历史的扭曲；

第三，山寨娱乐迭出的背后是戏剧传统的丢弃；

第四，许多粗制滥造的影片背后是利益至上的反文化。

真正让人幸福的电影是不需要强调文化形象，但它就是文化形象，活生生而骨肉精神俱全。饶曙光说了《一次别离》给伊朗国家形象带来的意义，他这话我理解，其实就是国家形象、文化落脚在人物和事件的鲜活中。我们《钢的琴》的故事生动而充满现实人生感，是一种过去式的朴实现实文化的反映，因此它有文化。而《失恋33天》这样的都市电影，也是一种都市现在时的文化表现。当然这不是我们说的国家文化的全部形象，而是国家当下文化的星星点点的呈现。我想说的意思是，文化就是这样近在身边。中国形象片在纽约时代广场播放，无数不认识的人头排列闪现其中，这是一种没有时代感的宣传，反而让人不明就里。

我想概略地说，需要重建的国家文化形象是什么。未必是抽象的国家概念或者国家符号，但确实需要有这样的一个精神感知，这包括：

第一，诚实创作的精神，诚实创作的电影没必要宣传什么文化形象，因为它很难遮蔽，但是我们很多人不诚实创作；

第二，个性眼光的宽容，我们不待见的那些新生代导演在国外却受待见，我一直在想，它其实有一种个性眼光的宽容，也是文化的一种存在方式；

第三，人生揭破的真实，揭破人生里的真切，它就带有文化；

第四，善良热诚的表现，这对于中国人来说非常缺乏，无论是生活还是影像

都被遮蔽,怎么表现是个难题;

第五,人性意识的突显,这是中国电影的难题,却是迟早要突破的要害,我一直在奇怪,为什么许多进步都体现于民营企业华谊兄弟出品的作品中,比如《天下无贼》、《集结号》和《唐山大地震》等,而不是我们的主流形态电影;

第六,精神的弘扬,在中国电影里头实际上非常缺乏。

最后收尾一下,我要强调,国家文化形象建构首先来自于社会国家的建构,真实的力量是人们心目中的国家。只有当社会文化是公平正义的,这个时候,你才能期待影像构成文化的大众期望。同时要强调,国家形象不是对于西方模式的追仿,而是自身贴近的表现。很可惜,我们在追仿。

去妖魔化:国外电影中中国形象的重要转变

王志敏^①

当我们考察国外电影中的中国形象的时候,我把 1998 年当成一个重要的转折点,这一年之后出现了一些影片,如美国的动画片《花木兰》、故事片《珍珠港》、动画片《功夫熊猫》、故事片《2012》等,这些影片的面世,标志着中国形象在国外电影中发生了重要转变。此前以美国电影为主要代表的国外电影中的中国形象,可以用曾是新华社驻美国记者李希光出版的一本书的书名来形容——妖魔化的中国。这是一本非常好的书,把这本书中提到的某些材料同涉及中国的一些电影联系起来,我们会得出一个结论——这些涉及中国的美国电影,其实不过是美国主流舆论对中国的态度与想象的电影版而已。

1974 年有一部法国影片叫《中国人民解放军在巴黎》。这部影片对中国人民解放军的描写还是比较善意的。1986 年美国有个影片叫《大班》,陈冲在里面演了一个英国老板的小妾。这部影片当年在国内引起了很大的反响。

1986 年,美籍华裔著名剧作家黄哲伦的歌剧《蝴蝶君》在美国上映,当时黄哲伦还未满 30 岁。这部作品获奖无数,受到很高的评价。1993 年,他又把这个剧本改编成电影,由尊龙来饰演片中的男主角,这个片子也是非常有意思的。我们现在就说电影。这部片子实际上对中国人的形象造成了极大的污损。影片《蝴蝶君》可能各位老师都看过了,故事是说一个双性人扮成女的之后跟一位法国的外交人员谈恋爱,还生出了一个孩子。

这样的故事就是想说,一个坚持原则和讲道义的西方人,最后终于被一个不讲任何道义的中国人给彻底耍了。就是这个黄哲伦,现在倒是很想把他的创作拿到中国来发展,因为中国这个市场实在是太诱人了。但是,他创作的作品的这样一种倾向,是无论怎么改造也不可能在中国有市场的。我还看到过黄哲

---

①　北京电影学院电影学系教授、博士生导师;重庆大学美视电影学院特聘教授。

伦后来对自己作品进行的解释，是相当值得怀疑的，甚至可以说是一派胡言。

1990 年还有个片子，是我论文里没有说的一部影片，它的中文名字叫《中国泪》，讲一个医生和他的女儿在中国的悲惨遭遇。这部片子看完之后给人的感觉就是，他们在中国的遭遇，是字字血声声泪。还有一部影片，是 1998 年的《红色的角落》。这部影片是米高梅公司拍的，在中国拍了一些镜头，然后在美国拍摄前景镜头，最后再用计算机合成，演员并没到中国拍摄。还有 1998 年由美籍华人王颖导演的《中国盒子》。

剩下的就是一些好的。《2012》大致是说中国的好话了，第一是因为中国强大了，第二是中国人的钱也多了，美国人开始盯住了中国人的钱包，这种状况会使美国电影发生一系列变化。甚至包括 2008 年中国在汶川地震中的表现、中国举办奥运会的成功，都影响了《2012》的剧情构思和拍摄。当然，我这么说，并不是说国外电影一定要对中国唱赞歌。我只是希望能在国外的关于中国的电影中看到一个真实的中国形象。谢谢大家！

国家形象建构的几个问题

王一川[①]

　　国家形象的建构，已成为当前中国电影创作与批评中的一个热门话题。这个话题之所以成为热门，与近年来中国政府推行"提高国家文化软实力"战略决策相关，因为这种国家战略引发的是一种国家形象建构与传播浪潮，把中国电影企业、相关文化机构、媒体和研究者等各方都卷入其中；同时也与全球各国对中国"和平崛起"的高度关切和研究热情有关，人们把对中国经济崛起的关注自然地延伸到文化领域，而电影就成为最直接的关注焦点之一。探讨中国电影中的国家形象建构问题，应当同时关注它所包含的几个相互关联的方面，或者说是几对矛盾性问题：第一，国家形象中的地方性因子、全国性因子和全球性因子之间，已经形成复杂的缠绕关系；第二，国家形象中的个人性因子与集体性因子之间，存在着对话性关联；第三，国家形象中的主体性因子与客体性因子之间的关系，也值得仔细辨析；第四，国家形象中的传统性因子与当代性因子之间，出现了相互渗透；第五，国家形象中的海峡两岸及港澳地区，需要从一个整体性关联场角度加以探析。认真分析这几组关系，可以找到理解当前中国电影中的国家形象建构问题的关键性内核。

---

　　① 北京大学艺术学院院长，教授，博士生导师。

2010 年上海世博会的视觉传播与国家形象

孟　建[①]

影视界的朋友们很可能觉得我这两年参加学术活动少了,实际上我正在转向视觉文化研究,所以,这次提供的题目就是视觉文化当中我们做的一个有关世博会的大型研究。

第一,我着重讲的是园区规划和东方之冠,着重就是讲建筑的空间视觉表现。李泽厚先生 81 岁了,参观世博会,《解放日报》邀请他来,给他提供了很好的条件,因为其他世博会很难看到那么多馆。但是他提出来第一天不进馆,只是走整个的一个空间。我觉得,他很有见地。

第二,我想在这儿着重提一下四大影像的展示,其中普通民众形象隐喻了大国对和谐的向往。

四大影像展示第一个就是动态版的《清明上河图》,这是水晶石公司做的一个特殊的影像。实际上它强调的是古代繁华都市与北宋市民的这种二元强化结构。这和我们今天讲的影像虽然有一些区别,但是我也将之纳入这样一个范围。

第二个就和我们今天的所谓的影像有很大关系,这就是《历程》和《和谐中国》,这两组影像展示了城市化演进与家庭变迁的二元张力。陆川导演的《历程》和郑大圣导演的《和谐中国》不是放在同一天放映的。一方面是普通民众,另一方面是发展的奇观,它们奇妙地构成了二元对话结构。正是通过这样的二元对话结构,很好地展示了我们的国家形象。

值得指出的是,很多人不一定会认真看,因为到了这个馆的顶上,很可能会不太注意这个。但实际上还有一组影像——《同一屋檐下》放映,它是有关现代家庭关系、幸福城市的一组特别重要的影像。它是由隔绝的影像和联通的影像

---

① 　复旦大学电视研究中心教授,博士生导师。

构成的,我想报一报它的九个单元,非常有意思:

第一个单元是一个男孩独自在玩电脑;

第二个单元是 90 后的女孩不断地试装却都不满意;

第三个单元里头是独居老夫妇为失灵的遥控器在互相埋怨争吵;

第四个单元是 70 后单身女子在浇花却没精打采;

第五个单元是外国男子哼着京剧在沐浴;

第六个单元是两个女孩站在鱼缸边观赏;

第七个单元是男青年组装家具;

第八个单元是新婚夫妇在厨房中忙碌;

第九个单元是三口之家围坐在一块。

　　《同一屋檐下》就用影像展示了这样的一个短剧,大屏幕投影展示了九个独立的封闭的单元。这时突然一只皮球进来了,把隔绝的影像全部打破了。这个皮球弹进了男孩的房间,还带来了一个小伙伴;皮球继续弹跳,叛逆的女孩随着皮球一块进入了老夫妇的家中,他们的遥控器失灵问题也解决了;电视机里响起了京剧,楼上的外籍男子也穿起了长衫,练起了中国功夫;皮球一直蹦,蹦到三口之家的屋里头,皮球幻化成一轮当空明月。这组影像做得相当出色。

论新时期以来中国电影中的国家形象

陈犀禾 [1]

　　首先,感谢大会的邀请。第一个问题:什么是国家形象? 王甫认为,国家形象是一个综合体,是国家的外部公众和内部公众对国家本身、国家行为、国家各项活动的成果所给予的总体评价和认同。这是一个说法。美国的一位政治学家也认为,国家形象是一个国家对自己的认知以及国家体系中行为体系的结合,它是一系列行为输入和输出的结果。

　　我主要想谈谈国家形象的美学结构究竟是什么。因为上面所说的是社会学意义上的国家形象。美学意义上的国家形象实际上也是艺术本体意义上的国家形象,我就从曾在美国时代广场播放的中国形象片谈起。首先它包括一些江河山川的风光影像,这是影像层面;当然也包括人物,如姚明、刘翔等。人物后面往往有故事。风光,比如长城后面其实也有故事,这个故事后面有一定的精神和文化价值。所以我把中国形象的美学结构,根据英格拉登的现象具美学1:14:18 的方法,分成三个层面:影像层面、叙事层面(包括人物形象等元素)和价值层面。根据传统的文学理论和美学理论,人物是最关键的,电影也是写人的。所谓国家形象,是通过一定的人物所传达的整体意愿,从国家的立场、国家的视野予以解读的结果。在这个意义上,国家形象是一个解读的方法。在这个意义上,所有的影片都有关国家形象。我现在主要讨论剧情片,不包括风光片。

　　我现在切入正题。20 世纪 80 年代是沧桑中国,这是我的一个定义。当时有商业电影,有《苦恼人的笑》,谢晋的三部曲《天云山传奇》、《牧马人》和《芙蓉镇》以及《人到中年》等等这样一些影片,这些影片的主角是知识分子,不是工农兵。罗群、陆文婷等都是受冤屈的人,其实在某种意义上也影射了邓小平、刘少

---

　　① 　上海大学影视艺术与技术学院教授,博士生导师。

奇、彭德怀这样一些人物的经历。我觉得谢晋的"文革"三部曲是一个主流,是当时一个比较有代表性的东西,当时革命历史题材相对边缘化。这是我对20世纪80年代的概括:这是一个沧桑中国。20世纪90年代我觉得是混合的。当时,第五代导演继续原来的趋势——有些同事也提到了,比如张艺谋的《菊豆》、《大红灯笼高高挂》,陈凯歌的《霸王别姬》等,后期他们走向非意识形态化,比如张艺谋的《我的父亲母亲》以及陈凯歌的《和你在一起》,当然这个时候还有地下电影、娱乐片,主旋律影片也在这个时候崛起。新时期,我觉得国家形象开始走向正面。我谈的就是从《集结号》到《建国大业》,大家也注意到电影有商业化的倾向,也给国家形象带来变形,比如国家形象和商业的明显结合。《建国大业》,我们把它作为商业案例津津乐道,觉得它很成功,但是人们看电影的时候关注的不是国家的历史,而是某一个明星。这个我觉得实际上对国家形象的塑造是有影响的。比如《辛亥革命》这部影片,由于成龙这样一个明星的加入,要给他加戏。辛亥革命究竟是黄兴还是孙中山领导的?究竟剧本要怎么写?我觉得还是一个问题。这些都是商业化带来的问题。我的结论是:新时期以来的国家形象从沧桑中站立起来了。

最后我有一个结语。国家形象不仅仅是一个关乎艺术家主体的创作形象的问题,还是国家当代历史发展的反映。正面的国家形象不但取决于主体的愿望,也取决于历史提供的基础和条件以及氛围。从这点上说,艺术是生活的反映,并没有落实。前面提到的价值层面,它可能和影像有一种更复杂的关系,它涉及国家形象和人物形象的关系。比如从人物形象的角度看,是对人性和人道主义的呐喊,从国家和民族形象的角度上看,其实是呈现了国家形象的消极面。但事实不是这么简单,其内在价值是积极的,因为它有现代的价值在里面。其实袁世凯、纳粹形象都可以进入电影,像《朗读者》就是一个好莱坞得奖电影,关键用什么样的历史观、什么样的价值判断去表现这样一个人物。也包括很多表现帝王将相题材的影片,该用什么样的历史观去看待。这个核心价值其实也是国家形象的一部分。

新媒体，"微托邦"：
崛起于中国网络的"青年中国"形象

聂　伟[①]

　　其实我们的饶老师、李老师、贾老师都谈到一个观点，是我非常认同的，他们都认为关于国家形象，其实有一个前提，就是从来没有过理想的完美的国家，现实中的国家形象不可能是理想的、完美的。我就基于这样一个前提来讲述我的话题。我的题目是：《新媒体，"微托邦"：崛起于中国网络的"青年中国"形象》。为什么这样说？2008 年的时候，中国电影资料馆的《当代电影》杂志社开了一个会。在那个会上，我对中国近十年电影发展做了一个管窥，当时觉得在中国电影界活跃着两种力量：一种力量是以第五代导演为代表的，他们主要专注于一个历史乌托邦的书写。因为在他们的电影里，永远是一个封闭的、被西方命名的后殖民的中国，并且是没有办法洞穿真相的一个新历史主义的叙述。

　　出于对第五代的纠偏，第六代走向了现实。在第六代电影里面，我们注意到，它永远是一个片面的关于中国的现实叙述，当然这个叙述永远是不介入主流叙述的，苦难是其中的关键词。很难说这种苦难的表述不真实，但是当这种片面的真实被不断地提纯，无休无止的苦难成为构成中国电影国家形象叙述的另外一个极端的时候，它就从一个片面的真实走向了真实的片面。由此，基于这种个人真实情感的微观的"臆托邦"的叙事，就转向了王德威在北京大学图书馆做的一个报告，报告里面提到一个观点叫"恶托邦"。它是一个灰色叙事，它形成了一个新的集体无意识。上面提及的历史乌托邦、现实"臆托邦"和灰色"恶托邦"，都是对于中国国家形象叙事的支脉，这个纠偏工作也由我们国家的主流意识形态来完成。

　　但是，通过这种行政手段的引导，让影像传媒服务于国家意志，固然符合国

---

①　上海大学影视艺术与技术学院副院长，教授，博士生导师。

家的整体利益;但必须要做一个限制,也就是进行过滤和自诉。在这个过程中,是否能达到一个预期,是存疑的。从它的组织方式来说,官方遴选的标准,也导致通过国家部门输出的,比如通过外交、电影节输出的影片,基本上是重观念、轻表达。也因为表达美学的缺陷和不完整,导致观众对观念本身产生了非常大的质疑。刚才各位老师都讲到了 2011 年 1 月 17 日我国在美国时代广场做的国家形象宣传片,我在此不赘言。在这个过程里面,我们注意到,有一股力量一直是缺失的,或者说是被忽视的,那就是非政府民间组织。他们在国际文化交流中的缺位,造成了中国国家形象的输出过于统一,或者说过于单一。那么面对这个历史乌托邦、现实"臆托邦"、灰色的"恶托邦",还有主流叙事这种一元叙事,在近十年,我觉得情况有所改观。按照有些媒体的说法,2011 年是我们网络电影的元年。随着这个网络电影元年的到来,微电影似乎成为 2011 年和 2012 年最炙手可热的名词。

微电影伴随着新媒体出现,它不仅是技术的革新,更是社会重组,还有社会文化群体观念重估的过程。微电影呈现一个更加开放、多元,甚至是驳杂、充满矛盾的草根中国。在微电影里边,不管是创作者,还是观看者,一般都不会主动进入一个宏观叙事。他们自在自为地表现草根,在微观层面上更接近真实的生活本相。但是我们一定要明白一点,它跟国家主流意识形态所建铸的国家形象是并行不悖的,它是丰富性的补偿,也是缺乏性的补偿,同时也是一种反思性的补偿。微电影将这种围绕国家形象的电影叙述推向了一个复调的阶段,我在这里姑且斗胆将它命名为"微托邦"。这种微电影指向了以青年创作者、青年接触者为基础的媒介互动为表征的中国。基于这种网络叙述的一个影像,如何来抵达我们关于中国国家形象的复调叙事呢?相信有许多可能。今天我截取其中的三种。

第一种是以儒家文化为背景的"家国叙事",注意不是"国家叙事",是"家国叙事"。它指向的是一个集体的怀旧回忆。比如说我们都知道筷子兄弟曾经拍摄过《老男孩》和《赢家》,里面有大量入世哲学和义利之辨;以及去年年底上映的《青春感恩记》里面的《父亲之父女篇》,里面有关于孝和家庭伦理观念的反思。这是第一种以儒家文化为背景的家国叙事。

第二种是对于我们社会现实的一种非常粗糙或者说直接的直面,它展现了青年群体对于社会的关怀和困惑,比如说卢正雨的《OFFICE 嘻哈四重奏》、管晓杰的《青春期》,以及一个大型公益片,现在已经出现三部,叫《爱的联想》。上述作品都不回避一个现实问题,就是中国在发展过程中出现的贫富差距日渐悬殊。他们携带了来自于民间的新生力量,恰恰说明青年一代试图借助新媒体的平台展现对中国当前社会的反思与担当,以及他们希望运用自己的知识来对这个社会进行一个理性的重建。

　　第三种是我们在美学方面做的一个考量，是一种戏谑背后的文化反思。我们要想到中国网络电影的一个鼻祖，就是胡戈，他那个"馒头"。其实那个人血馒头的故事，传达出当时的网民对于中国大片盲目跟风好莱坞的一种不屑。对好莱坞所代表的文化的颠覆和反思一直在延续，比如说《鸟龙山剿匪记》，比如说《007 大战黑衣人》，这里面都强调对第一世界的讽刺。更有趣的是，《李献计历险记》这个动画片后来拍成了电影，中国青年通过一个"时空错乱症"的表述，进入到世界任何一个国家，最后出手拯救了美国总统的女儿。这是对于第一世界的第一次正面拯救，这种震撼性不亚于《2012》。这些微电影都蕴含了网络电影在反思后殖民问题上的一种自觉。通过上述这样一个简单的梳理，微电影以"微托邦"做一个多元的表现形态，尽现当代中国青年的生机勃勃。但是要注意其中一些民族主义情绪的狂热，以及民粹观念的蘖生。对于我们今天的文化管理者来说，也应该允许年青一代的草根作者，在符合网络基本道德规范的前提下，给他们更多的自由，利用新媒体的平台进行自由的个性化的创作，来促进我们今天关于中国国家形象大众文化表达的新媒体化。

新时期以来国际传播语境下的中国电影

范志忠[①]

首先非常感谢专家、老师还有同学莅临本会。因为今年的春夏，据说是二十多年来，杭州雨水最多的一次。前面两个星期一直在下雨，结果我们专家到会的时候，雨就停了。今天我们这个会开的时候，好像太阳也能看到了。所以，确实非常感谢。前面两位专家都是从国家形象的角度对本次大会的主题做了阐释，那么我在这里想更多地从传播的角度，谈一谈新时期以来，中国的电影在塑造国家形象方面的一种演变。

新时期以来，全球化的潮流其实深刻改变了中国电影的格局。一方面，各种外来思想的影响催化了中国电影的演变和转型；另一方面，中国电影在新时期也开始逐步地走出国门，引起了世界范围内的关注。比如说以西方作为中心的欧美学术界，长期以来都忽视中国电影的存在；但是从 20 世纪 80 年代开始逐渐重视研究中国电影，不少西方大学开设了有关中国电影的课程，拓展了跨国语境下的中国电影的研究视野。

我把新时期以来中国电影在国际传播方面的发展主要分为下面几个阶段。第一阶段可以概括为输入性的影响阶段。这个影响主要是指在外国电影以及巴赞的纪实美学的催化下，中国电影新时期的反思电影的创作。一方面，曾被视为"毒草"的六百多部影片先后解禁。包括苏联电影《母亲》、《列宁在十月》、《一九一八》，英国电影《雾都孤儿》、《百万英镑》，意大利电影《偷自行车的人》以及朝鲜电影《卖花姑娘》等等。另一方面是电影的理论基础包括了巴赞的电影美学。巴赞的电影美学是一种基于意大利新现实主义电影的理解。因为长期以来，中国电影借鉴的是苏联的蒙太奇理论，以及这种蒙太奇理论中渗透着的宣教精神。巴赞对蒙太奇理论提出了尖锐的批评，并倡导著名的长镜头理论。

---

① 浙江大学广播电影电视研究所所长，教授，博士生导师。

在这种理论的指导下,作为第四代电影美学旗帜的论文《谈电影与语言的现代化与巴赞电影理论作为武器》,突破了长期以来宣教式苏联蒙太奇理论的垄断格局,开始向西方的电影理论寻找依据,清除了"文革"那种假、大、空的叙事风格,成为中国电影崛起的标志,并产生了以谢晋为代表的新时期中国家庭、伦理、政治叙事模式,以这种模式来反思"文革"。由此,中国电影出现了一种多元化的发展方向。

如果第一阶段是输入式的影响,那么第二个阶段,我个人把它定义为输出式的影响。输出式的影响主要表现在第五代电影上。第五代电影以家作为中心场景,对绵延了数千年封建专制统治的中国具有一种反叛性、启蒙性。在这个意义上,中国电影的输出,特别是第五代的输出就陷入一种困境。我们国内的学者更多地用后殖民语境的表达来界定中国电影这种输出的困境。这种困境表现在投资上,中国电影需要在海外获得制作经费;在制作上,需要按照世界性的标准展示意识形态和文化形态;在传播上,中国电影依靠国际电影节来获得知名度和认可。在这样一种复杂的背景中,学术界普遍认为,第五代电影主要靠塑造两种国家形象来赢得世界的认同。第一种形象就是张艺谋的《红高粱》以及陈凯歌的《黄土地》等电影中虚构的新民俗形象,以此来展示中国文化的奇观。第二种形象就是陈凯歌的《霸王别姬》、田壮壮的《蓝风筝》、张艺谋的《活着》等电影以"文革"的悲喜剧,以及"文革"自身的晃荡和传播,来形成独特政治文化的中国形象的景观。

输出式的影响也表现在新生代电影上。新生代电影主要的一个特点就是它依靠着海外的基金。第五代电影主要是体制内的创作,然后在国际上引起了一些影响。第六代的电影主要依靠海外基金的支持,通过对历史的把握和个人审美经验的表达,来表达第六代的美学理念。第六代的"我的摄影机不撒谎"宣言表达了第六代拒绝对生活的粉饰和美化,力图展现生活的真实面貌。这种真实面貌是一种不进入主流叙事方式、充满个人色彩的价值判断。所以第六代作为地下电影,主要是依靠民间资本和海外基金,而逃离了国内现有的电影生产机制。比如说张元的《北京杂种》、林莹的《早热》、刘冰鉴的《哭泣的女人》都先后得到法国的朗特基金资助。因此,第六代的电影主要就在法国的南特电影节、柏林电影节、青年论坛、釜山电影节等海外和国际电影节上成熟着,成为标准的"无父一代"的流浪孤儿。第六代在回归体制之后,集体地浮出水面。

如果说第一阶段是一种输入式的影响,第二阶段是第五代、第六代输出式的影响,那么第三个阶段,我把它界定为输入影响和输出影响的交互作用,并且由此形成了一种巨大的、文化上的贸易逆差。就在这种逆差中,产生了跨国语境的国产大片。国产大片是在输入式的影响下产生的。1994 年,当时的广电部电影局批准进入了十部基本能够反映世界优秀文化成果和表现当代电影成就的电影。1998 年,《泰坦尼克号》创下了 3.6 亿元的票房神话。所以,引进海外大片一方面加剧了国内电影市场的竞争,另一方面也促进了中国电影的体制改革,推动了中国电影院线制的出台,促进了电影影院环境、设备的升级,重新唤起了观众观看电影的热情,从而激起了中国电影人打造国产大片的商业热情。在这种示范下陈凯歌、张艺谋等导演拍摄的武侠大片标志着中国本土电影开始大张旗鼓地与国外进口大片进行集团化、规模化、国际化的电影市场争夺,并且制造了高票房的神话。而这种高票房的神话也是受输入式的影响,借鉴了好莱坞的市场运作机制,开发出了符合国情的贺岁档的发行档期。国产大片的高票房在一定意义上不是市场充分竞争的结果,而是国产大片对国内黄金档期的垄断,在很大程度上也加剧了电影体制、电影市场所暴露出的结构性的矛盾。由于我们有了国产大片,可以在世界格局中对国内的票房市场保护得相对成功,有 60% 的中国票房市场是由国产大片来支撑的,但是在输出性的影响上,则出现了巨大的贸易逆差。比如说《泰坦尼克号》、《阿凡达》、《变形金刚》在国内引起了巨大的轰动,但根据美国家电影协会公布的数据显示,我们的电影在北美的票房超过 500 万美元的影片,最近的一部也是在 2006 年上映的,也就是说将近五年中,中国电影产业在国内蓬勃发展,但是在北美市场没有一部电影收获超过 500 万美元的票房。《卧虎藏龙》和《英雄》当年在海外收获的喜悦已经逐渐远去,留下的只是失败的苦楚。即使是投资巨大的《赤壁》,在北美的票房也大概是 60 多万美元;《金陵十三钗》只有 32 万美元,票房惨败。中国作为世界第二大经济体,从出口物质产品到出口文化产品,再到输出价值观,是未来的结构调整方向。中国电影如何在这种结构调整中解决中国电影在国内、国际语境的交流中存在的问题,就成为重新塑造中国形象、发展中国电影业的一个重要课题。

总结发言

张建勇[①]

刚才范志忠老师的总结已经说了,今天论坛是密集型的,我们从早上开到现在,大家都挺累了,我也尽量做一个简短的总结。如果用一句话来总结本次论坛,那就是四个字:非常成功。

本次"国家形象的影像建构与传播国际高峰论坛"共有三人致辞,27人作专题发言,另有16人提交了论文或提纲。我的总结要借用第一单元孟建老师点评时用的两个关键词:"丰富"与"深刻",这两个词应该说很准确地概括了本次论坛的特点。我要向孟建老师表示敬意,你在第一单元就富有前瞻性地对本次论坛进行了高度概括的总结,让本人对本次论坛的总体评价找到了支点,所以我就省心省力,借用这两个词,来对论坛进行总结。

第一个特点就是"丰富"。主要体现在两个方面:

一是研究视野开阔,发言人的身份多样。有电影学、电视学、传播学的学者,还有动漫、文学、戏剧、美术等专业的学者,涉及领域很丰富,也很宽泛,这在以往有关这个题目的讨论中是从来没有过的。论坛的研究对象,不仅仅局限于电影,还涉及动漫、电视剧、电视节目、纪录片、网络等新媒体、期刊,甚至世博园和建筑设计;不只有关中国影像作品,还有外国电影中中国形象的塑造,等等。这种研究领域的宽泛丰富,恰恰是对本论坛所强调的"建构与传播"这个侧重点的呼应和开掘。

二是研究方法多样。我们从各位的发言论文或提纲中可以看到,既有意识形态层面的讨论,亦有美学层面的延展;既有宏观语境下建构的研究,也有微观化具象的研究;既有艺术家个人作品的梳理,也有文本个案的分析;既有不同国别作品的比较研究,也有语义学意义上的探究和人类学角度的解读,等等,呈现

---

① 《当代电影》杂志社主编。

出了丰富多元的话语形态,并且相互呼应和交流,进一步增强了论坛丰富的色彩。

论坛的第二个特点就是"深刻"。各位学者的发言充满智慧,闪耀火花,显现了深厚的理论功底,所论及的问题颇见深度。在这里我要特别强调地呼应一下范老师刚才讲的,尤其几位著名学者的点评,更展现了他们深湛博大的学养见识。正如徐辉在主持的时候说的一句话,这些点评就像一个巨大的转换器,把各位发言者的精彩之处点化得更具有理论深度和思想光亮,让人听了以后深受启发和获益,也更加深了对发言内容的理解。这种学术互动无疑增强了论坛的理论色彩,也使得论坛呈现出了深刻的学术特质。

论坛的成功及其所取得的丰硕学术成果,再一次证明本次论坛的议题"国家形象的影像建构与传播"是一个常议常新的热点话题,希望我们在座的各位以及其他学界的研究人员,在未来能够就这个话题深入研究下去,取得更大的成果。

最后我要表达两个感谢。第一个感谢,其实范老师刚才已经说了,在这里我还要代表主办单位特别是《当代电影》杂志社,感谢参加会议的各位学者专家。大家都是很忙的,这次是利用休假的时间,前来参加会议,的确令人感动和鼓舞。你们的参与,你们的坚持,保证了本次论坛的成功。

第二个感谢,我要转换一下身份,代表与会的学者专家和《当代电影》杂志社感谢浙江大学传媒与国际文化学院以及浙江大学广播与电影电视研究所,特别是范志忠老师、刘云老师,以及其他老师、同学和志愿者,你们优质细心的会议服务确保了论坛成功,谢谢大家。

对于本次论坛所取得的丰硕的学术成果,我们《当代电影》编辑部将和浙江大学广播与电影电视研究所一起,选择其中的部分文章在《当代电影》上发表,同时我们还将发表会议的综述。另外范志忠老师也说了,本次论坛结束之后,他们要把本次论坛提交的论文,结集成论文集出版。希望大家能够抓紧时间修改,没有写成论文的尽快完成,以确保论坛的学术成果能够在学术界、在社会发挥更大的影响和作用。

现在我宣布,由浙江大学传媒与国际文化学院、《当代电影》杂志社、浙江省电影家协会、浙江传媒学院主办,浙江大学广播与电影电视研究所承办的"国家形象的影像建构与传播国际高峰论坛"圆满结束!

谢谢大家!

9,253,265,455,120,69,850

102,578,215,6   253,265,455,120,30

213,   102,578,215,669,253,265,455,

6   253

国 家 形 象 的 影 像 建 构 与 传 播

论 文 选 编

平民、国家与传统

——新世纪以来中国电影国家形象建构的三副面孔

陈旭光

（北京大学艺术学院）

摘要：电影如何塑造、表现和传播国家形象日益成为当下电影界一个迫切而重要的命题，尤其是对于那些试图在国际市场上打开局面、占据一定票房份额的影片。中国电影，在经历了第五代、第六代的知识分子化和个体化之后，在否定之否定的运动中实施着新的"主流化"或"国家化"。本文以《集结号》、《建国大业》、《孔子》三部影片作为样本，认为其分别从平民、国家与传统角度呈现了国家形象建构的三种形象以及三副重要的、有代表性的面孔。

关键词：国家形象；建构；全球化

Civilian, Nation and Tradition

——Three Faces of Chinese Film's National Image Construction since the New Century

CHEN Xuguang

（School of Arts，Peking University）

Abstract：The question of how can film shape, express and disseminate national image becomes a pressing and important proposition of today's film industry, especially to those films who attempt to open up a new prospect in international market and occupy a certain share of box office. Chinese films, after getting through the 5th and the 6th generation's intellectualization and individualization, are implementing the new "mainstreaming" or "nationalization" in the movement of the negation of negation. The paper chooses *Assembly*, *The Founding of A Republic*, *Confucius*, three movies as example. We think that they separately represent three types of images of national image construction, and three important and representative faces from civilian, nation and tradition.

Key Words：national image；construction；globalization

引　言

进入新世纪以来,全球经济一体化进程加速,以知识、资本、信息、人才等非物质生产资料在全球的自由流动为特征的新经济产生。全球化时代正是一个知识经济、信息经济的时代。信息媒介的日益发达,知识、资金、信息、人才的全球化流动,直接造成了传统经济结构的解体,催生了全球化语境下民族国家文化国际地位和经济身份认同。在带来新的经济身份认同的同时,也引发了民族文化身份认同的危机。因为全球化意味着国际经济、政治权利分配的不均衡,文化自然也逃脱不了与之相应的国际话语权的强弱之争。全球高速发展的信息网络使媒介无孔不入,而最有效的传播媒介当属电影与电视。作为大众传媒的电影,系文化冲击与融合的媒介主体,其中最强势的实践代表,非好莱坞电影莫属。因此,"全球化"的复杂性涵盖了经济、政治、社会、文化等人类生活的各个层面,而作为一种最活跃的文化传播媒介和独特的精神生产产品,电影具有宣教、商品、艺术等功能。在这种全球化态势中,电影作为大众媒介,担当起生产和传播"国家形象"的使命就义不容辞了。

所谓"国家形象",是近年从国际政治学、传播学领域引入文化学乃至电影学的一个新名词,一般认为,是指在一个文化交流传播愈益频繁的时代,一个国家的外部公众、国际舆论和内部公众对国家各个方面(如历史文化、现实政治、经济实力、国家地位、伦理价值导向等等)的主观印象和总体评价。"国家形象"主要通过媒介和舆论传播和表达,是国家整体实力(尤其是"软实力")的一种重要体现。毫无疑问,如果形象表现适当,它对外具有极大的影响力和亲和力,对内则具有强大的文化认同感和国家凝聚力。

具体就电影文化传播而言,按我的理解,电影中的"国家形象"系指国内外观众通过观看电影而形成的对一国国家、国民、文化整体的有关价值观、伦理观、审美理想、生命力、精神风貌、社会状况等的主观印象和总体评价。这一术语在一个全球化的时代引发电影研究界的热情是理所当然的。

在相对封闭的、国际上并不是通过电影来了解国家形象的年代,这个名词也许是一个缺少实际意义的假命题。如新中国成立十七年的作品、"文革"时期的电影都只有对内的功能而没有对外的功能。

但从20世纪80年代中后期《黄土地》、《红高粱》等影片走向国际,并引发国内关于它们是不是向西方电影节评委和观众"展示丑陋"并邀宠的争议开始,中国电影越来越走向国际市场,在文化交流中愈益显得重要,海外观众越来越通过银幕上的文化形象来认识中国的国家形象。据一项在美国普通民众中的调查显示,最为美国普通民众所知的两个中国人,一个是李小龙,一个是成龙,而这显然是承载他们银幕形象的电影传播的结果。因此,电影如何塑造、表现和传播国家形象的问题成为当下电影界一个迫切而重要的命题,尤其是那些试图在国际市场上打开局面、占据一定票房份额的影片。

中国电影,在经历了第五代、第六代的知识分子化和个体化之后,在否定之否定的运动中实施新的"主流化"或"国家化"。在剧情片中,《集结号》、《建国大业》、《孔子》就分别呈现了国家形象建构的三种形象,即三副重要的、有代表性的面孔。

一、回归国家的新型平民形象:《集结号》

《集结号》对传统中国军事战争题材电影最重要的突破在于,《集结号》是一个普通军人谷子地亲历亲为的战争史,是军事战争映射到个体心灵的个人心灵史——不是胜败的历史,不是宏大的决定历史命运和进程的历史,也不是将军伟人的历史。相应地,谷子地这一新型的平民化军人形象也是具有历史意义的。

传统的中国军事战争题材电影是宏大的集体主义战争史,人在其中是微不足道的,重要的是道统上的胜负对决,往往表现历史上的重大战役,气势恢弘,带有浓郁的正剧风格和辉煌的史诗特色,并洋溢着革命英雄主义和乐观主义气息。在叙事和人物形象塑造等诸方面,常有禁区,也多有模式化、程式化的约定俗成。比如战争场面,总是我军军号一吹,敌军就抱头鼠窜。英雄形象总是热爱集体、意志坚定、英勇善战、无坚不摧、无往不胜。所以鲜有战争中为我们牢牢记住的活灵活现的小人物,更遑论一派官腔的中高级将领。

　　新时期以来,以人道主义为旗帜的不少第四代、第五代导演的战争题材影片都在一定的限度之内致力于军事战争题材影片的突围与创新。《喋血黑谷》、《一个与八个》、《三毛从军记》等都颇具此种突围向度。到新世纪,《我的长征》对此有突破,其重要的突破也是从一个新的视角看长征、看战争,进而使得战争中的伟人、为我们所熟知的历史事件等都有了一种陌生化的表现。但这种未成年人视角稍稍偏离了人道主义的主流价值观,让一个未成年人承受那么多至爱亲人的惨烈牺牲未免残酷了一点。

　　在源远流长的中国军事战争影片序列中,《集结号》的突破之一是对战争残酷本性的还原或者说另一种角度的再现,着重表现战争对个体生命和命运的巨大影响。这是一个人的战争,一切从人出发,一切归结于人,人成为《集结号》最强大的主流价值认同的原点。

　　影片是从谷子地的视角去看这场战争的。谷子地这个名字就隐喻了这一形象的草根性。而谷子地首先是一个人,一个普普通通的、重兄弟情谊的、对牺牲的兄弟抱有歉疚的、一诺千金的、有军人职业道德的、自律的、讲诚信的人。在他那儿,胜败的重要性可能还不如战友的生命以及生命是否得到应有的善待和评价(给一个说法)、是否多给亲属发点粮食重要。战争的记忆也远没有他从一个人的角度对战争的感性经历所留下的记忆沉重、压抑和窒息。在一场残酷的战争中,他失掉了军阶,甚至连自己的身份都失去了,一切从零开始,从无数次徒然辩诬所谓战俘或老兵油子的身份开始,但他宠辱不惊,泰然处之,因为相对于47个牺牲的兄弟,他是唯一的幸存者!

　　《集结号》在中国电影史上的突破,还应置于冯小刚的贺岁片序列中去衡定。与冯小刚的贺岁电影序列中的人物形象相比,谷子地与他们并非完全没有共性:那种来自底层、民间的草根性,那种透着平民智慧的自我解嘲和冷幽默,时不时让观众发出他乡遇故知般的会心微笑。谷子地甚至把那种带有明显的冯小刚标记的京味幽默带到了朝鲜战场,让咱中国平民也忽悠了美国大兵一把。

　　但谷子地这一形象显然与冯小刚在以往贺岁片中驾轻就熟的形象,与那个活得自在、轻松、潇洒、实用理性而又机智幽默的市民"顽主"形象有很大的不同,似乎不见了《甲方乙方》、《不见不散》等影片中那种"玩性",更不同于《手机》中作为知识分子的主持人严守一个体意识觉醒的焦虑症表现,而是洋溢着一股悲怆、老迈、苍凉、沉郁、"浓得化不开"的历史悲情,战争与生命的二律背反,历史、战争对个人、人性的压抑让他承受了过多的道义和责任的负载。就像作为普通人的哈姆莱特要以"羸弱的肩膀"肩负起"扭转乾坤的重任",因而造就了哈姆莱特的忧郁、彷徨的复杂性格魅力,也正是谷子地这样几乎无名的普通人义不容辞地承受(也可以说是无可选择地被强加的)的历史与道义的重负所形成的巨大张力,造就了此一形象的魅力和亲和力。

《集结号》除了着力塑造了像谷子地这样爱憎分明、重情讲义、一诺千金、讲求良心和诚信、说人话(粗话)、做人事、在以往中国军事题材影片中颇有点另类特性的平民英雄形象,还塑造了性格鲜明的普通士兵的群像。对他们的塑造,影片是回到普通人的日常生活情理和作为生物人和社会人的常态,突出他们的生物性和社会属性而非军人身份。他们不再是特定军人身份的符号化,也不再是不能有自己的个性和情感的单纯的军人战士,吃起烙饼来狼吞虎咽像个饿死鬼的排长(正是这个特点让我们一下子记住了他)、为了给连长弄一块手表而被敌军击中的(似乎死得很不英勇很不值得)战士吕宽沟、从恐惧尿裆到无畏牺牲的指导员王金存……如果说他们还是英雄的话,那都是真实可信可亲的平民英雄。他们有缺点,也犯错误,甚至有过动摇或懦弱,但总是尽职尽责,关键时刻则英勇无畏、视死如归。排长写给家里的家信,说的都是大实话、大白话,更是人话:"把地种好了,把老人侍候好了,天凉了,别让儿子往井台上去,结了冰,路滑。"无疑,这样一群活生生的人,粗粝而真实,实诚而可信,洋溢着十足的草根性、浓郁的人情味和世俗性。

归根结底,如果说谷子地等人是英雄的话,那也是平民英雄、无名英雄、"后英雄",是符合今天观众之期待视野的真英雄。这样的普通人的视角,恰恰是冯小刚电影最可贵的特色。这与冯小刚贺岁电影的平民精神、人本主义思想和平民化艺术风格是一脉相承的。

所以,《集结号》可以理解为冯小刚贺岁片在某些不变的精神内核和冯氏标记(如幽默和语言)之外,在题材、影像风格、主题深度、人文情怀等方面的重大自我突破。

总之,《集结号》所传达的国家形象蕴含的价值观是当下某些核心主流价值观的融汇交杂,同时也表达了冯小刚一以贯之的平民情怀和民生意识,符合普通大众的社会心理和文化现实。我们甚至不妨说,我们对谷子地的认同,对冯小刚"煽情"引发共鸣的情感基础并非以往军事战争电影主打的解放、国恨家仇、阶级仇恨等意识形态价值观,而是带有当代特点的诸如平等、职业道德、诚信、合理报酬、生命无价等价值观在暗地里起作用的结果。

所以,谷子地是一个新型的、主流化的、符合国家需要的平民形象。

二、"民生化"的国家形象:《建国大业》

在《建国大业》之前的某些大片中,在文化价值取向上曾陷入一定程度的迷失和错乱,客观上呈现权力欲望、人性悖谬、伦理错乱等非主流、非普世的阴暗文化。如以国家、天下之名对一诺千金式的侠义精神的压抑、扭曲（《英雄》），残害个体身心的极端酷刑的奇观化展示（《夜宴》），权力欲望对人性、家庭人伦的扭曲（《满城尽带黄金甲》）——客观上在国际文化传播上呈现了一个不那么主流健康的中国文化和国家形象。

《建国大业》给我们带来了浓郁的理想主义色彩和人文性诗意化风格，领袖群像的非脸谱化（包括毛泽东醉酒、朱德扭秧歌、周恩来发火）似乎是意料之中的，而在历史的宏观叙事中融入了个人命运的沧桑感和人性的悲凉与深度则更属难能可贵。蒋介石父子形象及亲情关系的表现就是如此，突破了许多历史禁忌。陈坤饰演的蒋经国，宁静内敛中蕴含着巨大的悲情和惊人的力量。他是一个兼具哈姆莱特气质和堂吉诃德精神的悲情英雄，仿佛随时都可以爆发。这是一个自身感觉到的历史使命与无法逆转的现实情境形成巨大冲突的悲剧人物，有一种理想主义精神不灭的气质，一种"知其不可而为之"的英雄主义光芒，他的大悲情中执著又无奈，忽而明亮忽而黯然神伤的眼神尤其令人动容。张国立的表演更是传达出一种末路英雄悲凉沉郁但并不夸张的哀嚎的气息——我不禁想起古希腊著名的雕塑《拉奥孔》中对拉奥孔这一经过与命运的艰难抗争之后濒死的末路英雄的形象。而父子俩在台阶上席地而坐和在白色鸽群起落的背景中促膝交谈的情境，都堪称恢弘磅礴的宏大历史叙事中浓墨重彩的细节描摹，一种在巨大的历史车轮滚动中让你情不自禁"慢下来"的"细节为王"。

在我们的电影中，不乏表述中国近现代史上重大历史事件的史诗性巨片。这些影片的视角往往表面上是客观的，但导演的表现其实是主观化的，影片常以全知叙述者的权威语调，宣告历史的进程、趋势的必然结果，胜负正邪主次判然分明。而《建国大业》完全没有那种威严的宣判式的画外音（只是惜墨如金地用了一些字幕）。有些段落直接用历史纪录片，有的段落则更是有意营造纪录电影的效果，如影片中有一个表现中央委员们陆陆续续走向六届四中全会会场，在摄影机面前姿态各异的场景，就是模仿当时的纪录片而电影化的，当然，影片有意把摄影机露出来了——这样就更为接近对当时历史的呈现了。而影片表达的对历史的失意者的那种宽和、体察、平和、悲悯的大度心态，甚至是一种"大江东去"、"不以胜败论英雄"式的历史感喟，堪称历史的诗意吟咏和人文激情的涌动。《建国大业》在大刀阔斧地呈现历史风云之余，别有一种历史沧桑感，从而表现出影片历史观的开放性和先进性。

因此，《建国大业》呈现的国家形象，无疑是光明磊落、豪迈、热情、奔放而新鲜亮丽的，它充满生命活力、顺民心合民意顺历史大势，同时又虎虎有生气，爱民亲民又与民同乐。影片对内可增强中华民族的自豪感、文化认同感，强化民族精神的凝聚力，对外则呈现了朝气蓬勃、和谐向上、顺应历史趋势、"以人为本"的精神风貌。因为它不仅呈现了由人写的历史,更写出了历史中活生生的人,它给予历史中的人以应有的尊重、理解甚至悲悯。无疑,这样健康明朗、阳光亲和的"国家形象"不是空洞、说教、极端强势的,而是一定会有很好的传播效果的,因为它有六十周年国庆献礼的"主旋律"的坚实基础,开放、豁达、主流、先进的历史观和人文精神,全明星阵容的视觉奇效和商业化优势,史诗性叙述的稳重厚实与飞扬激越的诗意和激情。

三、传统文化的主流化形象:《孔子》

孔子是反复"被创造"的,每一个时代有每一个时代需要的孔子形象。李泽厚曾指出,"由孔子创立的这一套文化思想,在长久的中国奴隶制和封建制社会中,已无孔不入地渗透在广大人民的观念、行为、习俗、信仰、思维方式、情感状态……之中,自觉或不自觉地成为人们处理各种事物、关系和生活的指导原则和基本方针,亦即构成了这个民族的某种共同的心理状态和性格特征。值得重视的是,它由思维模式已积淀和转化为一种文化—心理结构"[①]。如果这主要指对内而言的孔子的重要性的话,我们今天还有一个全球文化时代愈益频繁的国际文化交流中对外的文化影响力和文化传播的问题。

实际上,孔子早就已经成为我们的国家文化形象。

因着电影这一大众艺术或文化工业的独特性以及传播优势,作为国家文化形象的孔子形象的塑造,既顺应时事之必然,尤具毋庸置疑的文化意义。孔子是中华文明甚至是世界文明的财富和精神符号。在世界性的经济危机之后,中国以一种经济大国的姿态重新让世界认识自己,而关于中国文化的电影则更是中国文化魅力和软实力的表征。

毫无疑问,与其他同样承担塑造与传播国家形象的责任媒介相比,电影有自己的独特性。随着大众文化的转型,电影之工业特性、商业属性、大众文化特性等日益为人所接受,电影与社会、文化、观众之间的相互作用日益深化。今天,我们是通过电影这种兼有艺术、大众文化、传媒、工业等复杂功能和形态的方式,重塑我们这个时代所期待的孔子。通过审视探究电影在塑造孔子、选择价值观、呈现国家形象过程中的得与失,进一步引为镜鉴,我们可以探讨如何在经济、文化全球化的趋势大潮中,适应国内国际文化市场的大众化需求,将传统文化、主流文化、知识分子文化的价值观念融入大众文化之中,通过大众传媒的有效传播,用先进的理念创造出独具亲和力和泱泱大国风范的中国文化形象或

---

①　李泽厚:《孔子再评价》,《李泽厚哲学美学文选》,湖南人民出版社 1985 年版,第 25 页。

中国国家形象。

毫无疑问,时代的文化需求参与了孔子形象的塑造,因为孔子形象必须符合主流价值观的期待,适合于国家形象的传达。主流国家话语、知识分子精神情怀以及大众文化诉求等,都加入了这一对孔子形象再叙述、再塑造的"公共性"的"共同文化"的行为。这使得影片一定程度上成为克拉考尔所说的,"提供了过去某个时期社会内部运作的精确反映",成为"人民深层倾向的反映"。① 基于影片多种意识形态、文化诉求"共谋"参与的文化行为的公共文化性,我称这部《孔子》为"主流、文化、商业大片"。

毫无疑问,孔子的故事很难拍,形象不好把握。孔子的人生经历虽有从政得志而兼济天下、大展宏图的壮举,也有周游列国的艰辛委顿,但离大众文化"戏剧性"、"视觉奇观化"、商业性等要求仍然很远。孔子又不能戏说,虚构和发挥的空间受很多限制。就这部《孔子》而言,虽人物略显概念化、节奏略有拖沓、视听语言不够出彩,但这部大文化电影至少完整地表达了诸多重要的价值观,甚至不乏现实教育意义。

孔子的思想非常复杂,有些思想并不适合现今时代,如他对小人、"劳力者"、科学思辨的鄙视轻忽,其宗于血缘基础、心理原则和晚期氏族统治体系的"仁义"、礼仪思想与现代法制观念如何磨合也是一个难题。但影片对芜杂的孔子思想的选择性表现无疑是深思熟虑的,符合时代社会的期待视野。

影片着重传达了孔子思想中"仁、义、礼、智、信"等思想,"仁"、"礼"则是重心。"仁"即"仁者爱人"的思想,"反对残酷的剥削压榨,要求、恢复并突出地强调相对温和的远古氏族统治体制,又具有民主性和人道主义"。② 影片选取了孔子救护殉葬小奴隶,并进而通过类似于"舌战群儒"这样机智而激烈的论辩,发起废止活人殉的事件来表现孔子的仁义思想。

"仁"与"礼"密切相关,此即孔子所说"克己复礼为仁"。"礼"是对人具有外在约束力的一套习惯、仪式、礼节,李泽厚认为,这和以血缘为基础、以等级为特征的氏族统治体系,"在一定程度上又仍然保存了原始的民主性和人民性"。其对维护社会的稳定、秩序是有价值的。影片中,孔子对行礼的重视和一丝不苟令人动容,与南子相对长跪不起的怅然也令人感慨。

影片还传达了一个重要的价值观,这个价值观是可以指导人与人之间、国家与国家之间相处的,即"己所不欲,勿施于人"。孔子正是通过这一价值观,"以其人之道,还治其人之身",成功地废止了野蛮残忍的活殉制。

---

① [德]克拉考尔:《从卡里加里到希特勒——德国电影心理史》,上海人民出版社2008年版,第2~3页。

② 李泽厚:《孔子再评价》,《李泽厚哲学美学文选》,湖南人民出版社1985年版,第8页。

其他一些价值观,常常与片中人物相结合,甚至仿佛人物也成了价值观的"人格化"。"义"体现为子路的见义而为,最后则因持守正义(转化成某种形式则是"冠冕必正"的礼节仪式)而殒命;"智"则在孔子的一举手一投足中体现出来;而"信",在颜回的拼死救书、弟子们言必称"诺"、恪守学生之礼中可窥豹一斑。很多思想均是通过孔子以师生对答或者与君主对答的方式,以古典儒雅而不失流畅自然的台词来表达的。《孔子》体现出来的和谐观,更是具有现实意义。他所追求的秩序井然、天下大同的社会理想,正是我们所向往的。影片中孔子与卫灵公的对答,体现了孔子思想与时俱进的现实意义。当卫灵公问孔子卫国难治理的原因时,孔子答曰:"国人不富裕。"卫灵公说一部分人已经很富裕了,为什么社会治安还搞不好。孔子答曰:"施教化以致和谐。"也就是说首先要人们富起来,"仓廪实而知礼节",之后还要通过加强教育提升个人修养来最终达成社会的和谐。

这些价值观无疑是经过历史检验,符合时代文化建设期待视野的。影片对这些价值观的传达,大气、充实、丰满,某种"沛然浩然之气"洋溢于影像叙事之中。就此而言,这部影片绝非某些商业大片那样仅止于空洞的视觉奇观呈现,而是一部文学性很强,价值观很纯正、很丰富,现实意义、文化建设价值很高的影片,堪称一部"主流文化大片"。

如果说价值观的优化选择、具象体现展示了影片主流文化、核心价值观建设一面的话,个体人物形象的塑造则传达了影片丰富的个体主体精神的一面。在我看来,影片的一个重大成功在于塑造了有道德有理想有良知和使命感的、作为生命个体的知识分子的孔子形象,表达了某种弥足珍贵的、令人肃然起敬的知识分子情怀。孔子,在一个"礼崩乐坏"的时代自觉担当,自认"斯文在我",终身为恢复其理想中的社会秩序而奋斗。这从某种角度看,孔子甚至可能是一个中国式的堂吉诃德,他的人生经历和心路历程是一个中国知识分子经历的浓缩。虽就个体而言,孔子是一个失败者,然就其思想的巨大影响而言,他是以生命融入群体而不朽的巨大成功者。影片凸显的是一个肩负理想,"富贵不能淫、贫贱不能移、威武不能屈"的大丈夫、悲剧英雄的形象。影片贯穿了知识分子精神,洋溢着知其不可而为之、达则兼济天下、穷则著书立说、以文章完成经国之大业的知识分子精神。

像孔子这样的重大题材的文化传播优势无疑使得影片《孔子》成为承载和传播核心价值观和普适价值的最佳载体。总体而言,电影《孔子》所呈现的国家形象,立足于时代需求,富有时代气息和人文内涵,基本展现了中国文化的真实面貌。这样的中国形象,不仅国人看来有亲切感,更对世界有亲和力。

综上三种国家文化形象塑造的得失,我们认为,当下中国电影对国家形象的传达,应该处理好"共同文化"的"和谐"呈现问题,无论是平民文化、主流文化,还是传统文化,都应该在当下的历史背景下和谐共处并实施当下性转化。这一点也恰恰与作为孔子思想核心的"和谐"的价值观不谋而合。应该说,当下的社会阶层状况不同于阶级斗争时期,而趋向于淡化了阶级对立的和谐共处,这为共享文化的营造和公共空间的建设提供了可能。20 世纪 90 年代末以来,一个比较普遍的文化趋向是"共享文化"的崛起。共享文化不是一种特定文化群体或地位群体所特有的亚文化,它超越不同文化群体的差别、分歧甚至利益冲突,是人人都可共享的文化。共享文化也是主流文化、精英文化和大众文化互相融合而成的一种文化混杂形态,而不是一种独立的文化类型。

在全球化进程加速的背景下,文化愈益混杂,社会阶层愈益多元,电影的资金、主创演职人员、发行传播也越来越多元复杂的今天和明天,中国电影国家形象的塑造可谓任重而道远。

去妖魔化：国外电影中中国形象的重要转变

王志敏

（重庆大学美视电影学院）

摘要：本文以1998年作为一个分界年份，梳理了1998年后的一些表现中国形象的好莱坞电影，并以动画片《花木兰》、故事片《珍珠港》、动画片《功夫熊猫》和故事片《2012》为例，认为中国形象在好莱坞电影中发生了重要转变，已经展现出"去妖魔化"的转型。

关键词：去妖魔化；好莱坞；中国形象

Removal of Demonisation: Important Changes in China's Image in Foreign Films

WANG Zhimin

(Meishi Film Academy, Chongqing University)

Abstract: In this paper, 1998 is set as a boundary year. We comb some Hollywood movies which manifest Chinese image after 1998 and choose animation *China Doll*, feature film *Pearl Harbor*, animation *Kung Fu Panda* and feature film *2012* as the examples, and we believe that the Chinese image has an important change in Hollywood movies and already present the transition of "removal of demonization".

Key Words：removal of demonization；Hollywood；Chinese image

当我们考察国外电影中的中国形象的时候，我们能够发现，1998 年是一个重要的转折点。这一年及之后出现了一批表现中国形象的、可以称之为"去妖魔化"的美国电影。这些影片有：动画片《花木兰》（1998）、故事片《珍珠港》（2001）、动画片《功夫熊猫》（2008）和故事片《2012》（2009）等。这些影片的面世，标志着中国形象在国外电影中发生了重要转变。此前，以美国电影为主要代表的国外电影中的中国形象可以用曾是新华社驻美记者的李希光出版的一本书的书名《妖魔化的中国》来加以表达。把这本书中提到的某些材料同涉及中国的一些电影联系起来，我们就会得出一个结论：这些涉及中国形象的美国电影，其实不过是美国主流舆论对中国的态度和想象的电影版而已。

当然，现在情况发生了重要的转变，只是并不如我们想象的那么乐观。这样的例子可以举出很多。

1984 年，美国电影八大公司之一的米高梅拍过一部《赤色黎明》的电影。影片的故事讲的是苏联军队入侵了美国的一个小镇，被几个美国青少年凭借自己的智慧打败。2010 年，米高梅公司决定重拍这部冷战时期的冷战电影，并准备在 2011 年下半年上映。虽然故事情节的基本框架没有什么改变，都是美国少年英勇抵御外敌的故事，但是入侵者由苏联军队改为中国人民解放军。由于剧情外泄，这部影片还没全部拍完，就引起了在美华人的强烈抗议。最后米高梅把入侵者由中国军队改为朝鲜军队，据说要损失 100 万美元。

与这部影片类似的，还应提到一部 1974 年拍摄的法国影片《中国人民解放军占领巴黎》。影片中，巴黎被中国军队占领，虽然是巴黎人民自己放弃了反抗。中国在巴黎的最高代表裴岩将军高大英俊，除了一次醉酒后失态之外，和那些丑态百出的法国官员相比，没有任何丑行。片中的中国人一律穿绿色军装，动不动就举红宝书喊口号、取缔所有娱乐色情行业。这也不失其真。但片中的中国人办事效率低下、严重浪费，其中包括人力资源的浪费，物资的传递和命令的传达都是通过一组长长的原始的如击鼓传花般的"人链"一个接一个地往下传递。还有，中国政府在法国取缔了所有机动车辆，出租车全部改成人力车，表现出法国人对当时的中国只抓政治思想和阶级斗争而不注重经济发展和科学技术的一般印象。

1986 年，改编自詹姆士·克莱威尔的同名小说美国影片《大班》出笼。陈冲在片中饰演英国老板舒狄克的小妾。这是陈冲初闯好莱坞的第一部英文大片。作为一个明确的中国人的符号，陈冲在影片中的表现，让人感到中国人是一种心甘情愿地当奴才、自觉自愿地下贱到无以复加的人。这部影片当年在国内引起很大反响。当年的《时代》周刊在报道陈冲出演《大班》时曾这样说过："中国最红的女明星，曾是中国革命电影中的女英雄，现在扮演'最腐朽堕落的洋大人的奴婢'，这是'资产阶级精神污染'的胜利。"

1998年，陈冲作为导演，拍摄了低成本（据说只有100万美金）电影《天浴》。《天浴》改编自陈冲童年伙伴严歌苓的小说《低泣的草原》。原小说故事发生地点是内蒙古草原，影片中改为西藏和四川交界处的康西草原。影片故事描述了"文革"时期一位女知青文秀"纯真失落"的故事：文秀由于忍受不了生活的艰难，为了回城不断地同那些被告知能让她回城的男人上床的故事。影片采取了极为巧妙的叙事策略，影片故事道听途说的性质反倒使得影片故事的真实性变得不可挑剔，但更重要的在于，这一故事所传递出来的中国人丧失人的尊严的象征意义。影片结尾时以画外音的方式，用诗一般的语言告诉观众，文秀的生命虽然很短，但是在"我"写了又改改了又写的故事里的生命很长很长。

著名美籍华裔剧作家黄哲伦在2008年的时候这样说："我曾经以身为中国人为耻，痛恨自己为何不能像其他美国人那样，长着黄头发和蓝眼睛？——现在我以身为中国人为荣。事实上，中国的发展亦愈来愈值得骄傲，但年少时则难下这定论，故抵触一切属于亚洲的东西。"这一说法，在美籍华人中非常具有代表性。他的《蝴蝶君》于1986年10月完成，1988年2月在华盛顿国立剧院首演，3月在百老汇公演，获当年托尼奖的最佳编剧、最佳导演、最具特色演员三项大奖。当时他还未满30岁，之后又获奖无数。1993年，由他亲自改编剧本、大卫·柯南伯格执导、英国影星杰里米·艾恩斯和华裔影星尊龙主演，拍摄成电影。影片的剧情不仅有真实事件的依据，还另有艺术文本的参照。但是，更重要的是，对真实事件做了重大的"阉割式"处理，对普契尼的意大利歌剧《蝴蝶夫人》做了"反讽性倒置"。

真实的人物及故事原型虽然足够扑朔迷离，但是并不难以理解。据有关资料，这是一个在生理上有双性性征及倾向的虽然是男性优势但是更愿意具有女性身份的人，与一个有同性恋倾向的男人之间的奇情故事。问题在于，这个真实的奇情故事真正的内核在进行艺术创作时恰恰被阉割掉了。于是，这个故事在电影中就变得更加荒诞离奇、漏洞百出、令人难以置信：1964年的一天，法国驻北京的会计高仁尼在人民大会堂观看歌剧《蝴蝶夫人》，为舞台上饰演蝴蝶夫人的浑身散发着浓郁东方气息的中国"女子"宋丽伶所倾倒，惊为天人。他主动上戏院和宋家去找寻宋丽伶。随后两人之间发生了一段迷情。他绝不会想到的是，他所爱的在舞台上扮演蝴蝶夫人的演员实际上是一名中国间谍。虽然中间两人分分合合，但都"深爱"着对方。当20年后他们在法国再相见后，高仁尼因被指控泄漏情报而被捕，同时还发现他所爱的蝴蝶夫人原来是个间谍，而且还是个男扮女装的间谍。在绝望中,高仁尼自杀而死。

或许正是因为如此,美国《时代》周刊上才载文赞美说:"黄哲伦有可能成为自阿瑟·米勒后美国公众生活中第一个重要的剧作家,而且,很有可能,他还是最好的剧作家。"而黄哲伦自己的夫子自道,在我看来是相当值得怀疑的:"《蝴蝶君》有时会被认为是一部反美国的戏剧,是对西方支配东方、男人支配女人的模式化观念的一种谴责和反对。恰恰相反,我把它看成是对各方的一个请求,希望它能穿透我们各自的层层累积的文化和性的误识,为了我们相互的利益,从我们作为人的共同的和平等的立场出发,来相互真诚地面对对方。"

在1998年,许多情况开始发生重大变化。影片《花木兰》中的中国形象完全是正面的。其中主要有两点,第一是把花木兰的故事提升为一个拯救了全中国的故事;第二是把花木兰的故事的意义提升到了当代女性主义的高度。

2001年的影片《珍珠港》讲的是第二次世界大战期间的珍珠港事件,但是在片中引人注目地加入了一个桥段:一位美军军官对一位飞行员叮嘱说:"飞到中国就安全了。"很明显,导演是在用电影的方式向中国观众暗送秋波。

2008年的《功夫熊猫》是一部相当值得玩味并意味深长的美国影片。影片的故事选择了熊猫这一非常重要的中国符号来加以表现,获得了中国广大观众的喜爱及巨大的票房成功。片中有两点值得注意:第一,憨态可掬的中国熊猫在影片中变得不失可爱却有点顽劣;第二,熊猫的运气实在是太好了,好到他的成功不可阻拦。这部影片表现出来的对中国的态度是友好的,但也让人存在着某种担心。

2009年的美国灾难片《2012》,更值得玩味。片中,对中国元素的运用创造了新高。片中出现了布达拉宫、喜马拉雅山,以及通晓未来的藏僧。更重要的是,建造能拯救人类的方舟的基地位于中国西藏一个叫"卓明谷"的地方,建造方舟的计划和任务也是由中国人来完成的。电影中还表示:"能在最短的时间内制造人类的诺亚方舟的任务只有中国才能完成。"在过去的好莱坞影片中,美国人一直都是被塑造为拯救世界的英雄,但是,这一次破天荒地打破了这个惯例,尽管"卓明谷"并不是一个真实存在的地方,是电影虚构出来的。影片之所以不惜以各种示好的桥段来向中国致敬,绝不仅仅是因为中国市场在票房上的重要性。导演罗兰·艾默里奇在无所不用其极的超级特效表现地球毁灭之前,不厌其烦地让中国面孔和中国地图一次次出现。在地球毁灭之际,还是中国僧人救了一家普通的美国人民。显然,这一故事构思受到了2008年北京奥运会的成功举办和当年"5·12"汶川大地震成功地进行抗震救灾的影响。影片特别加入了中国地震灾难和中国军队等中国元素，涉及的地震环节也由"中国面孔"来演绎。据说，导演艾默里奇被汶川地震中中国人民表现出来的坚强所打动，在拍摄地震环节的时候，决定临时修改剧本。

　　需要说明的是，我这样说，并不意味着我希望看到国外电影对中国形象一味地唱赞歌。我希望在国外电影中看到的是更加真实的中国形象。

新时期以来国际传播语境下的中国电影

范志忠 吴鑫丰

摘要：新时期以来，中国电影在国际传播语境中分别呈现为"输入式影响"、"输出式影响"和"输入与输出交互影响"三个历史阶段，表现为巴赞纪实美学与新时期反思电影、国际节展与第五代第六代电影、海外大片输入与国产电影输出等不同发展形态，中国电影呈现出从拿来主义到本体觉醒、从理念输入到观念输出、从个体表达到产业共进的跨越式发展道路。

关键词：新时期；国际传播；中国电影

Chinese Film in International Communication Context since the New Period

FAN Zhizhong   WU Xinfeng

(College of Media and International Culture, Zhejiang University)

Abstract: This paper chooses "New Period" as the study perspective and combs the Chinese film creations since 1978. We place the films in the context of international communication, expound the relationship between Chinese film's evolution and transformation and international communication context, from the four different stages since the new century, which respectively are Reflection Movie in the New

Period，the Fifth Generation Film，New Generation Film and domestic blockbusters.

Key Words：New Period；communication context；Chinese film

新时期以来，全球化潮流深刻改变了中国电影的传统格局。一方面，各种外来影响直接间接地催发了中国电影的演变与转型，诸如第四代反思电影、第五代新民俗叙事、新生代个人叙事，以及中国电影的产业转型和商业大片的崛起；另一方面，随着新时期以来中国电影逐步走出国门，中国电影也开始引起世界范围的关注。以西方为中心的欧美学术界长时间以来都忽视中国电影的存在，直到 20 世纪 80 年代才开始重视了解和研究中国电影，命名为 Chinese Cinema 或者 Chinese Film 的课程也开始在西方的学院体制内出现，客观上促进了中外中国电影研究学术圈的交流，拓展了跨国语境下的中国电影研究的新视野。

一、巴赞纪实美学与新时期反思电影

1978 年，中国进入政治目标、社会目标、经济目标、文化目标都发生巨大转型的"新时期"；1979 年，张暖忻、李陀发表论文《谈电影语言的现代化》，对 20 世纪 60 年代流行在西方电影界的巴赞纪实美学理论尤为推崇，认为巴赞的电影本体论"是人类对电影认识的重大成果和不可逾越的阶段"，要求中国电影以巴赞纪实美学为理论依据，在结构形式、镜头运用、造型手段和表现方法上学习西方电影的成果，从而"形成一种局面，一种风气，就是理直气壮地、大张旗鼓地大讲电影的艺术性，大讲电影的表现技巧，大讲电影美学，大讲电影语言"。①

安德烈·巴赞是法国著名的电影评论家，他的电影美学灵感主要来源于意大利新现实主义的电影运动。巴赞据此对 20 世纪 30 年代以来电影流行的蒙太奇语言提出了尖锐的批评，并大力倡导著名的长镜头理论。巴赞认为："叙事的真实性是与感性的真实性针锋相对的，而感性的真实性首先来自空间的真实性。"蒙太奇理论的处理手法，是在"讲述事件"，这必然要对空间和时间进行大量的分割处理，从而破坏了感性的真实。与此相反，长镜头则在于"纪录事件"，它"尊重感性的真实空间和时间"，要求"在一视同仁的空间同一性之中保存物体"。因此，张暖忻、李陀《谈电影语言的现代化》由于倾诉了新时期电影人渴望电影回归本体的心声而被视为第四代电影美学的旗帜。它标志着中国电影人突破了长期以来一直为苏联蒙太奇电影理论所垄断的格局，开始向西方电影理

---

① 　张暖忻、李陀：《谈电影语言的现代化》，《电影艺术》1979 年第 3 期。

论寻找新的创作依据。此后,巴赞纪实电影美学理论开始被介绍到内地,诸如电影与戏剧离婚、电影的文学性、电影语言现代化、电影观念、电影创新、电影民族化等一系列相互关联的学术性论争,为新时期中国电影清除"文革"那种假大空叙述风格奠定了坚实的理论基础,成为电影意识觉醒的重要标志,并促使新时期中国电影开始朝多元化方向发展。

1981 年由中国电影家协会主办的第一届金鸡奖,将最佳故事片影片奖颁发给《巴山夜雨》和《天云山传奇》这两部着重对"文革"进行反思批判的影片,也鲜明地表达了中国电影人在新时期的创作立场和姿态。

吴贻弓执导的《巴山夜雨》通过"文革"后期一叶扁舟载着被囚禁的诗人秋石沉浮于腥风恶雨的巴山蜀水这一能指,成功地喻示了秋石所处时代的险恶。《巴山夜雨》中像被缚的普罗米修斯一样被囚禁的诗人秋石,显然仍是某种真理的化身而具有父亲的权威。当押解秋石的刘文英为秋石的高风亮节所感动而意识到自己"才是真正的囚犯,是精神的囚犯",刘文英便同样把秋石视为自己的父亲——精神上的父亲。

新时期的谢晋,则将全部热情倾注于在银幕上塑造具有母亲般品质的女性形象。《天云山传奇》中出现过这样一个耐人寻味的镜头:风雪弥漫的路上,罗群无助地病卧在板车上,车上堆放着几本厚厚的书,依稀象征着破碎的父亲权威,冯晴岚则艰难地将板车拉回自己的家。冯晴岚对因错划右派而被放逐的罗群的这种关怀,客观上已具有母爱的性质,而且,在罗群终获平反被社会重新认可之后,冯晴岚犹如一个辛苦把孩子拉扯大之后颓然倒下的母亲,怆然地离开人间。此后,诸如《牧马人》中的李秀芝、《芙蓉镇》里的胡玉音、《高山下的花环》中的梁大娘,谢晋无一不赋予她们以拯救男性于苦海之中的圣母般的伟大品德。这种"家(伦理)/国(政治)"叙事模式,一方面以人道主义精神批判了"文革",具有意识形态的功能和打动人心的力量;另一方面,由于这种批判毕竟把"政治概念"推至后景,把"真、善、美"等道德力量推向前台,并以此来突出道德批判的力量,很大程度上规避了敏感的政治话题,进而在 20 世纪 80 年代初期获得了政府、学界和普通观众的三方共鸣。①

毋庸置疑,谢晋的电影叙事模式在体现了新时期电影对"文革"批判所能达到的深度的同时,也暴露出特定的时代局限。1986 年朱大可发表《谢晋电影模式》一文,在电影界率先提出"谢晋电影模式"这一概念,认为谢晋电影场景大抵流连于风味土屋、简陋茅舍和柴门小院等典型的小农经济模式,女性主人公多为柔顺、善良、勤劳、三从四德、自我牺牲的"老式妇女"造型,这实质上暴露了谢

---

① 参见汪晖:《政治与道德及其置换的秘密》,《电影艺术》1990 年 2 期。

晋电影价值判断的核心是一种儒学文化,并由此决定了谢晋电影与现代社会的格格不入,是一次从"五四"精神的"轰轰烈烈的大步后撤"。① 朱大可不乏新意但是也不无偏颇的观点,引起了电影界的广泛争议。邵牧君、钟惦棐等纷纷撰文,对谢晋模式进行"思考"或"再思考"。我们认为,谢晋电影现象并非只是谢晋的个人创作行为,它是特定时代特定文化的一种反映。对谢晋电影提出批评这一事件本身,更重要的是体现了一种象征:新时期的社会转型,已经从新时期初期对"文革"的政治批判,深入到包括电影体制在内的经济、文化等各个层面的巨变。谢晋电影的叙事模式,显然已经完成了自己的使命,人们正是通过对谢晋电影的批评,期待着新的电影叙事模式的来临。

二、后殖民语境与第五代东方寓言

1984 年张军钊执导的影片《一个与八个》这一极具反叛性的摄影阐述,标志着第五代导演在中国影坛崛起。这部由后来成为第五代领军人物的张艺谋担任摄影的影片,引人瞩目地摒弃了新中国成立以来那种以"戏"为中心、影像的目的在于图解剧情的影戏叙事风格,转而注意"让影像说话",标志着中国电影开始进入影像美学的新格局。在拍摄中,《一个与八个》经常使用大反差的光线和黑白对比的版画式色彩,人物服装以黑白灰为主,全片采用自然光,以静止镜头为主,充分地渲染出影片中人物具有雕塑般沉重感与力度的影像美学。

当然,作为第五代电影的开山之作,《一个与八个》最具挑战性的主要表现为影片试图对历史重新进行诠释。编导不再试图涉及历史上重大事件或著名人物,也无意于再现主流意识形态视野中英雄人物的英雄事迹,而是将镜头聚焦于"鲜见经典,不入正宗"的三个土匪、三个逃兵、一个投毒犯、一个奸细和一个被组织上误认为是叛徒的八路军指导员。这些长期以来在革命历史题材电影中处于配角的人物,在《一个与八个》中被破天荒地推到主角地位。

陈凯歌 1984 年执导的《黄土地》场景大都发生在陕北黄土高原,常常以一种滞重的长镜头语言,叙述人物在苍凉广阔的黄土地上活动,勾勒出一种"大环境小人物"的意境。这种对人与土地关系的执著与观照,使得影片超越了主流意识形态的视野而关注着民间历史的话语。但是,对历史深层结构的坚信,使得这些表现民间历史话语的影片,其历史场面不论如何与主流历史话语大相径庭,却与主流历史话语影片一样热衷于演绎积淀于历史深处的本质力量,只不过官方历史话语的主题是社会权力的角逐和政治风云的嬗变,而民间历史话语的主题则是个体欲望的觉醒与张扬。

---

① 朱大可:《谢晋电影模式的缺陷》,《文汇报》1986 年 7 月 18 日。

1987 年张艺谋执导的《红高粱》,改编自莫言的同名小说。长期以来弥漫在抗日战争语境中的政治色彩,在影片中被最大限度地淡化了;而那个疯狂而无序的年代里人们"豪放舒展"的大爱大恨、大生大死,却被尽情地裸露放纵着,并以此表达着张艺谋对民间历史中敢恨敢爱、"构成人的本质的热烈狂放"的自由生命的向往。张艺谋在电影《红高粱》中正是通过这种镜头语言的视觉张力和细节堆积,隐喻一种轰轰烈烈的生命活力,一幅美轮美奂的黄土风情画,一部敢恨敢爱的民族繁衍史。

有人认为,互动性和后殖民状态使中国电影在国际化背景中表现出对经济、文化发达的国家和地区的一定程度的依附性和趋从性。在投资上,中国电影需要从海外获得相对于本土投资更为雄厚的制作经费以提供能与世界电影发展相适应的制作水平;在制作上,中国电影不得不按照所谓世界性的标准来进行意识形态、文化、美学的包装和改造;在传播上,中国电影不得不依靠各种国际性电影节来获得世界的命名和被世界所认可,从而具备国际化的通行权。正是在这一复杂的国际背景下,第五代电影主要采取了两种叙述来赢得世界的认同。其一,在张艺谋《红高粱》、《大红灯笼高高挂》等一系列影片中,不惜虚构诸如颠轿、野合、祭酒神、招魂曲、点灯、封灯、灭灯、毁灯等一系列违背生活真实的"伪民俗",来满足西方人对奇风异俗的窥视欲望;其二,陈凯歌的《霸王别姬》、田壮壮的《蓝风筝》、张艺谋的《活着》1993 年左右先后问世并相继在国际电影节获奖,表明中国社会上演长达十年的"文革"悲喜剧,由于自身的荒诞和传播的变异,在西方人的眼里已经形成了某种带有观赏性的政治文化景观。

应该承认,20 世纪 90 年代围绕着后殖民语境中第五代导演创作的争论,其中部分观点或有偏颇,却让人们更加清晰地意识到第五代电影日益依赖于一再被重复的莫须有的民俗仪式,而逐渐耗尽了其内在的艺术魅力;意识到第五代电影把民间的历史简单地处理为欲望话语,而日益丧失其应有的丰富性;意识到第五代电影对 20 世纪普通中国人的生命苦难刻意地进行政治图解,而日益失去其本真的面目……特别是围绕着《霸王别姬》、《蓝风筝》和《活着》所引发的争议,自 20 世纪 80 年代以来风光一时并在国际电影节上频频获奖的第五代电影,终于开始进入到新的自我反省和艺术转型。

三、海外文化基金与新生代电影

如果说第五代是以对中国传统电影的革命而震惊世界的话,那么第六代则试图通过对第五代的"革命"而体现出年青一代新的审美判断。从制作上看,第六代电影的复杂性在于:一方面,第六代电影有 1989 年、1991 年毕业于北京电影学院后在电影体制内创作的青年导演,代表作品有胡雪杨的《留守女士》、娄烨的《周末情人》；另一方面，第六代电影在海外往往是指那些出现于 20 世纪 90 年代、脱离官方的制片体系与电影审查制度、个人集资或凭借欧洲文化基金会资助拍摄低成本故事片的独立制作者。

1993 年张元执导的《北京杂种》，"被认为是中国首部独立创作的影片"，张元在创作《北京杂种》时刻意与"第五代"那种民俗化、乡土化、历史距离化等叙事策略拉开距离，刻意疏离了本世纪以来中国人那种经久不衰的政治热情，刻意抛弃了好莱坞商业电影那种善恶对立、从冲突走向解决的叙事模式，以此展现出对庸俗、虚伪的生活的强烈反抗。可以肯定，第六代电影的出现，意味着新中国电影开始真正进入多元化的时代，意味着新中国电影的叙事开始从传统的意识形态中剥离出来，而试图关注普通边缘人的生存状态。

1997 年从北京电影学院毕业的贾樟柯，以"个体户"名义拍摄了故乡三部曲《小武》、《站台》和《任逍遥》，赢得了世界性的注目。法国《电影手册》认为《小武》摆脱了中国电影的常规，标志着中国电影的复兴与活力；德国电影评论家乌利希·格雷格尔则干脆称赞贾樟柯为"亚洲电影闪电般耀眼的希望之光"。作为体制外的边缘艺人，贾樟柯对烙印自己青春岁月痕迹的故乡——20 世纪 80 年代山西汾阳这座小县城，充满着一种尖锐而忧伤的记忆。贾樟柯有别于中国主流电影、特别是第五代电影的最显著的特征，就在于他拒绝把电影拍成一种传奇，拒绝用个体遭遇作为历史的符号来书写历史、反思历史，而专注于表现历史作用在个体身上的影响，专注于表现历史的生活环境所造就的个人的精神状态，专注于通过镜头去再现世俗生活中的每一个平淡生命，在缓慢的时光流程中极为细微的喜悦或沉重。

众所周知，第六代电影的最大特征就在于自身成长经历的青春书写。作为宏大意识形态锻造出来的最后一代人，猝不及防地遭遇了社会文化的巨大转型与裂变，许多人因此而迷失了自我，选择没有理由地英勇或堕落，没有理由地做爱、哭泣或狂欢，沉迷于充满激情和反叛意识的摇滚，尽情地宣泄着愤世嫉俗的情绪。

"我的摄影机不撒谎"，成为第六代导演的集体影像宣言。一方面，我的"摄影机不撒谎"本身，表明了第六代拒绝对生活的粉饰和美化，而力图再现他们所谓的"生活的真实面貌"；①另一方面，这种生活的真实性，不是介入主流社会生活的宏大叙事，而是充满个人化色彩的"我"的价值判断。另外，第六代作为"地下电影"，其制作主要依赖民间资本和海外资金而逃离了现有国内电影生产制作体制的轨迹，如张元的《北京杂种》、宁赢的《找乐》、刘冰鉴的《哭泣的女人》等

---

① 程青松、黄鸥：《我的摄影机不撒谎》，中国友谊出版公司 2002 年版，第 265 页。

都先后得到法国的"南方基金"援助，第六代的电影也就因此而远离国内主流观众的视线，而在法国南特电影节、柏林电影节的"青年论坛"、鹿特丹电影节等海外电影节和国际电影市场上沉浮着，成为标准的"无父一代"的流浪孤儿。

其实，自从第六代领军人物张元于1998年回归体制并先后拍摄了《过年回家》、《绿茶》、《我爱你》、《江姐》等，贾樟柯于2004年推出了解禁后第一部作品《世界》之后，人们发现第六代电影已经拒绝了原先那种绝缘于国内观众的做法，开始回归体制内进行创作，从而集体地"浮出水面"。

20世纪中国历史文化更迭与变迁过于频繁，客观上为每一代导演提供了不同的历史境遇，从而影响了他们对历史的把握和个人审美经验的差异，进而造就了他们各自的"意义"表达。令人注目的是，一度为第五代导演陈凯歌、张艺谋掌镜的顾长卫，在2005年处女作《孔雀》中竟叙述了一个第六代标准的残酷青春故事。这，是否意味着中国电影所谓的代际划分，本身并非泾渭分明，而是相互重叠、相互交叉的？而第六代的历史叙事，是否成为中国电影继第五代之后另一种无法超越的叙述范式？

四、跨国语境下的国产大片

2002年张艺谋执导的《英雄》问世，宣告了国产大片时代的来临。该片以耗资巨大的制作成本，庞大而高人气的明星阵容，美轮美奂的影像奇观，全方位铺展的宣传力度，打造了中国式国产大片的类型编码与传播特征。从此，国产大片作为中国商业类型电影的终极体现，在一路凯歌赢取高票房的同时，也引发了众声喧哗的批评乃至声讨，成为新世纪中国令人瞩目的文化现象。

国产大片问世，有其复杂的原因。从1980年开始，中国电影观众人数逐年下滑，上海电影制片厂、长春电影制片厂等国内几大著名制片厂相继陷入举债度日的困境，全国发行企业近三分之一亏损。正是在这国产电影创作日趋严峻的背景下，1987年国家电影局在全国故事片创作会议上首次提出"突出主旋律，坚持多样化"，国家电影局负责人曾先后在不同场合表态："不要反对生产娱乐片，相反要提倡拍一些高水平的娱乐片。"①电影的娱乐性，在新中国电影中第一次获得了合法性位置。中国电影开始了漫长的体制改革征程，国家有关部门陆续推出一系列改革举措。1994年，广电部电影局批准每年可以进口10部"基本反映世界优秀文明成果和表现当代电影成就"的影片，1994年11月12日，首部进口分账大片《亡命天涯》在北京、上海、天津、重庆、郑州、广州等六大城市公映，有效地调动了观众的观影欲望。1998年，《泰坦尼克号》登陆国内市场，更是

---

① 　陈昊苏：《创造中国电影更加光辉的未来》，《电影通讯》1988年3期。

创下了 3.6 亿元的票房神话。

因此,引进海外大片在当时固然加剧了"内地电影市场的萎缩"①,但客观上也促进了中国电影的体制改革,推动了中国电影院线制的出台,促进了影院环境、设备的升级以及服务质量的优化,重新唤醒了观众观看电影的热情,使得一大批中国电影工作者切身感受到商业大片所具有的娱乐功能及其蕴涵的巨大商机,进而激发了中国电影人打造国产商业大片的热情与信心。

2001 年李安执导的武侠片《卧虎藏龙》在世界上获得轰动性成功,直接启发了由于《摇啊摇,摇到外婆桥》、《风月》等商业之作失败而苦苦寻找出路的张艺谋、陈凯歌。之后,张艺谋、陈凯歌的武侠大片,"标志着中国本土电影开始大张旗鼓地与外国进口大片进行集团化、规模化、国际化的市场争夺战"②,标志着中国电影业已不再满足于倚靠进口大片来维持市场的繁荣,转而试图通过国产大片来占领本土电影票房市场,制造出一个又一个高票房的神话。2002 年《英雄》在国内创造了 2.5 亿的票房奇迹,一举打破了 20 世纪 90 年代以来海外引进大片长期垄断国内年度票房排行榜的格局。2004 年《十面埋伏》、2005 年《无极》、2006 年《满城尽带黄金甲》、2007 年《集结号》等,票房均成功突破亿元大关而一路飘红。2008 年年度最卖座的十部电影中有七部为国产大片,排名第一的《非诚勿扰》更是以 3.4 亿的超高票房成为国产影片的票房新高。

国产大片获得高票房的一个重要因素,应归功于借鉴好莱坞的市场运作机制,成功地开发出了符合国情的贺岁档等发行档期。在计划经济时代,档期概念十分淡漠,春节期间更是电影市场的空白。众多国产大片荟萃亮相,使得从旧年底持续到新年头,包括圣诞、元旦等一系列节日的贺岁档,成为中国最具票房凝聚能力的黄金档期。

但是,国产大片一枝独秀的格局,同样暴露出中国电影体制、电影市场依然存在着不容忽视的重重危机。这突出表现在国产大片的生存还离不开国家有关部门的大力扶持,其高票房在一定意义上并不是市场充分竞争的结果。由于国产大片对国内黄金档期的垄断格局,在很大程度上加剧了电影体制、电影市场所暴露出来的结构性矛盾。如 2004 年近 8 亿元国产片票房中,《十面埋伏》独占 1.5 亿多元,其他绝大部分国产片票房份额则被《可可西里》、《2046》、《天下无贼》、《功夫》等少数几部影片所垄断,80% 左右的中国电影仍无法收回成本,大部分电影根本无法进入影院,票房颗粒无收。③ 以至于有人不禁感慨,在这种现实而残酷的商业压力之下,为市场而拍摄的大片已经成为中国电影产业

① 吴轶凡:《"大片"引进十年祭》,《南方都市报》2004 年 12 月 31 日。
② 贾磊磊:《中国武侠电影史》,文化艺术出版社 2005 年版,第 189 页。
③ 饶曙光:《关于中国电影的三个问题》,《当代电影》2006 年 2 期。

向前推进的唯一出路①,"绝大多数国产片还只能作为在统计上标明中国电影繁荣的陪衬而存在"②。

因此,国产大片不仅应当成为中国电影市场份额的主流,而且应该承载中国主流文化和社会核心价值,展示乃至增强国家主流文化的软实力,走出"他者"的困境,真正走向繁荣。2007 年冯小刚《集结号》的问世,拒绝了以往国产大片那种西方视野的古老东方题材,拒绝了以往国产大片那种偏离主流文化的背叛、乱伦与阴谋的道德意识,转而积极建构出一种具有时代精神的新主流道德意识,标志着中国式主流国产大片时代的来临。必须指出的是,我们强调国产大片必须承担起建构主流文化的使命,并不意味着忽视国产大片的商业制作规律;恰恰相反,倡导国产大片审美判断主流化、大众化,意味着可以在最大限度上确保国产大片的商业价值。即使在把电影视为生意的好莱坞,"制片厂对标准化技巧和故事公式——确立的成规系统的依靠,并不仅是生产的物质方面经济化的手段,而且还是对观众集体价值和信仰的应答的手段"③。因此,愈是大众化的电影,其对观众集体价值和信仰的美学应答就愈趋于主流。国产大片唯有通过提供一个能够解决矛盾的逻辑模式④,支撑公众所共享的价值观和信仰,在世俗的语境中构建和传播着主流文化,才有可能真正成为具有时代意义的主流大片。

因此,在"推动文化产业成为国民经济支柱性产业,增强文化产业整体实力和竞争力"的国家战略背景下,"十二五"、"十三五"期间,将分别是中国文化产业发展的"成长阶段"和"国际化阶段"。毋庸置疑,从出口物质产品,到出口文化产品,再到输出价值观,无疑是一条更艰难的"结构调整"之路。中国电影产业如何在"结构调整"的历程中切实解决发展中存在的种种问题,如何实现从数量多向质量高转变,如何从电影大国走向强国,业已成为摆在中国电影业界的一个重要课题。

---

① 覃雯:《中国大片,到底想干什么?》,《看世界》2007 年 2(上)期。

② 钟大丰:《主流电影是对市场规律的价值认同》,《电影艺术》2008 年 1 期。

③ 托马斯·沙兹:《旧好莱坞/新好莱坞:仪式、艺术与工业》,中国广播电视出版社 1992 年版,第 13 页。

④ 托马斯·沙兹:《旧好莱坞/新好莱坞:仪式、艺术与工业》,中国广播电视出版社 1992 年版,第 68 页。

建构与超越

——数字狂欢中的国家形象传达

刘 云

（浙江大学传媒与国际文化学院）

摘要：电影、电视、动漫的影像传播以其直观与想象的双重优势参与了国家想象共同体的建构。本文通过对动漫产业和动漫影像作品的理解，捕捉一些建构国家形象过程中，影像尤其是动漫影像传播的特质和路径，并以日本的《EVA》系列、中国的《喜羊羊与灰太狼》系列为样本，通过对其产业贡献和文化谱系的解析，了解动漫影像在构建民族想象共同体时的运作要领。从产业拓展与价值愿景两个维度寻求国家形象传达的路径。

关键词：动漫；产业；想象共同体；建构

Construction and Surpassing

——National Image's Transmission in Digital Carnival

LIU Yun

(College of Media and International Culture，Zhejiang University)

Abstract：Video dissemination of film，TV and animation and cartoon takes part in national imagination community's construction on the strength of its dual advantages of intuition and imagination. With the approach of understanding of animation and cartoon industry and，animation and cartoon video works，the paper seizes some characteristics and methods of video and especially animation and cartoon video's dissemination in the process of national image's construction. In the meanwhile，we choose Japanese's work *New Century Evangelion* series （EVA） and Chinese work *Pleasant Goat And Big Big Wolf* series as examples，in order to get to know animation and cartoon's operation essential in the construction of national imagination community，by analyzing the two works' industrial contribution and cultural pedigree. We take the path of national image's transmission in the two dimensions of industrial development and value vision.

Key Words：cartoon and animation；industry；imagination community；construction

日新月异的电子技术与影像技艺的进步，使数字狂欢变成了现实。电影、电视、动漫的影像传播以其直观与想象的双重优势参与了国家想象共同体的建构。作为富有启发性的联想，我更愿意用拉康著名的"镜像"理论来理解两者之间的关联。在考察主体形成时，拉康认为：只有外在于自身的"镜像"才能为主体提供一个结构性的整体，而这个镜像仅仅是一种既外在于主体又给予主体定位的象征物。从当今社会的影像生产传播的全过程，我们也可以看到，一套令人信服的传达机制早已形成。它的基本承诺是人们可以从影像作品构筑的视域中了解世界与社会。如此，影像的生产就有可能成为一个社会中具有权威属性的参照系统。它也就拥有了建构国家形象的神圣功能。无疑，这是一个有着浓郁政治与意识形态意味的命题。我们在另一个背景框中可能会讨论两者属性的部分背离，但在这里我只想通过对动漫产业和动漫影像作品的理解，捕捉一些建构国家形象过程中，影像尤其是动漫影像传播的特质和路径。

一、意味深长的数据和动漫产业价值链

21世纪的历史进程让所有文化评价都面临着共同的难题——价值尺度的多元化。很显然，我们也许可以质疑来自西方世界评估的价值尺度，但它一定是一个场域中的结论。国家形象，作为一种主观认定与理解，还是集中反映了整个社会的梦想与欲望，以及人们对于一个国家的文化认同与心理预设。

动漫影像产业是建立在价值愿景与利益动机交融态势中的新兴产业。其

影像产品,除去创作者个性天赋注入外,同样是在价值愿景和利益动机推动下,借助传播、流通的闭合结构而成为商品的。当我们从源头去探究时,不难看到它在生产和传播流程中,深刻地涉及了当今社会的政治、商业、审美三大主题。因而无论它的产业价值还是社会镜像都与国家形象的传达形成了关联。

长期以来,日本政府始终致力于通过各种力量有计划地重点推广日本时尚文化,从而在世界上树立国家形象。日本文部省在 2000 年度《教育白皮书》中,首次将日本的动漫称作"日本的文化",并将其定位为"现代的重要表达方式之一"。近十年来,日本动漫产业平均每年的销售收入达到 2000 亿日元,已经成为日本经济的三大支柱产业之一。实际上,加上动漫衍生品的销售收入,广义的动漫产业在日本 GDP 中的比例平均在 6% 以上。2005 年,整个动漫产业占日本 GDP 的比例甚至超过汽车产业高达 16%。2007 年,美国动画产品和衍生产品的产值是 50 多亿美元,而日本的动画片、卡通书和电子游戏三者的商业组合,年营业额超过 76 亿美元。著名厂家任天堂的名号更是在英语世界里成为游戏机的代名词。

在日本文创产业中,对世界范围影响最广的非动漫产业莫属。在大量动漫作品逐渐成为全球主流娱乐产品的同时,日本的自身形象也开始在世界范围的民众心目中得到极大的改善。从 20 世纪的《铁壁阿童木》、《聪明的一休》、《美少女战士》到后来的《樱桃小丸子》、《机器猫》、《蜡笔小新》,以及近几年大热的《火影忍者》、《海贼王》等等,日本动漫已经不仅局限于日本本土,动漫产品本身的经久不衰,使其有了一种文化意义上的传承。可以说它在陪伴了许多国家孩子成长的同时建立了完整的价值标准。当我们追溯动漫影像生产的全过程时,我们会发现动漫影像极强的娱乐性和表现力,使其成为全球跨文化商业交流的最佳平台。在商品外表的包裹下,日本国家的主流价值体系和意识形态几乎毫无阻碍地进入他国受众视野,使其形成隐蔽却持久的亲日倾向,构建起了有着正面意义的日本国家形象。

相比国外成熟国家的动漫产业,中国的动漫产业还正处于初级阶段。20 世纪 80 年代以后中国动漫界成为海外市场的技术加工厂,中国动漫产业在技术上和管理经营上逐渐走向成熟,逐渐形成一种较为科学的管理经营模式,粗放的产业链也渐渐完整,但就产业本身来看,产业愿景和国家意志表达还没列入从业者的思考日程。随着中国经济的进一步转型,动漫产业一定会越来越成为国民经济和国家意志表达不可忽视的一部分。根据国家广电总局统计数据,2011 年全国电视动画制作总量 435 部 261224 分钟,全国电视动画片累计备案数 566 部 491814 分钟,动画电影国产片票房 3.0265 亿。

二、案例作品的产业贡献和文化谱系梳理

观察对象：

a.《EVA》系列（中文译名为《新世纪福音战士》）

b.《喜羊羊灰太狼》系列

选取的理由：

a.产业链各段均获得商业成功

b.虚拟时空中建构的社会部落

c.明确的生存愿景和社会理想

据《维基百科》记载，在由日本文化厅发起的"日本媒体艺术一百选"的活动中，《EVA》（中文译为《新世纪福音战士》）当之无愧地夺取了动画部门第一名的桂冠，与《机动战士高达》、《宇宙战舰大和号》并称为日本动画史上的三次高潮。这部作品在中国研究者中很少被论及，但在网络世界与专业动漫迷中却被极为推崇，形成经久不衰的影响。

国产原创系列电视动画片《喜羊羊与灰太狼》，是由广东原创动力文化传播公司出品。自 2005 年 6 月推出后，陆续在全国近 50 家电视台热播，在北京、上海、杭州、南京、广州、福州等城市，最高收视率达 17.3%，大大超过了同时段播出的国外动画片。此外，该片在东南亚地区也风靡一时，荣获由国家广电总局颁发的国家动画片最高奖——"优秀国产动画片一等奖"。

通过对以上动漫样本的产业贡献和文化谱系解析，我们可以了解动漫影像在构建民族想象共同体时的运作要领。

（一）残酷天使少年的"心灵补完"计划

从第二次世界大战后重建废墟开始，日本急速从一个农耕国家转型为城市化和工业化国家。这一进程英国花了一个世纪，美国和西欧花了 70 年，而日本只用了不到 30 年（1945—1975）。这一巨大成就虽然带来了经济的繁荣，但是也带来了文化的严重错位、代际冲突、精神压力。普通的日本人不得不在短时间内经历许多次文化变革。《EVA》系列准确地表现了这种文化矛盾。

《EVA》动漫系列，讲述的是 2015 年，在第三东京市，几个被选中的天使少年驾驶着人类开发的机器人战斗机，反抗入侵者、拯救人类的故事。整个故事在对人物内心世界的叙述、生存价值的讨论，以及对现代文明深刻觉悟方面表现得淋漓尽致。强烈的意识流手法，大量宗教、哲学、心理意象贯穿始终，远远超出了传统观念中动漫所擅长表达的社会题材。以"人类心理补完计划"为终极追求的价值愿景，使它成为史上少有的能够引起全年龄段大规模公开争论的动漫作品。《EVA》将观众关注的焦点从高度发达的硬科幻技术细节引至心理

学和形而上的意象之中。对人物心理的描写和一些艺术手法的使用直接导引了 20 世纪 90 年代后期大量涌现的以心理描写为主、涉及社会冲突的动漫作品。

表 1　《EVA》影像表达

影　片	主题内容	人物形象	表现形式	冲突模式	认同倾向
《EVA》	人生痛苦,心灵残缺,现代科技与人的异化 战争、国家、幸福、人类的智慧与权利	反英雄的平凡角色。 每个人都经历了痛苦的蜕变,依靠强大的信念与外部环境作斗争	机器人动画、唯美、哀艳 语言:神学、哲学、心理学、人类学词汇	生存危机拯救世界	拥抱晴空散发光芒

电视剧版的《EVA》早已剧终,机构之后又陆续推出了几部剧场版。2007 年和 2009 年上映的"序"和"破",共取得了超过 60 亿日元的票房;第三部也暂定于 2012 年秋季上映。

表 2　《EVA》电影系列票房

影　片	上映时间	票房(人民币)
《EVA:序》	2007.9	1.5 亿元
《EVA:破》	2009.6	3 亿元
《EVA:Q》	2012.秋季	

《EVA》动漫系列,同时也获得了国际传播的巨大成功。随着时间的推移,越来越多的人为《EVA》系列疯狂。它所表现出来的强大生命力和生长因子,是日本展示国家形象、传达价值意志的极佳平台。《EVA》系列所呈现的价值观念和思考方式,使这个国家的民族特征、国民性格和意识形态得到了极有效的传达。在日本曾作为一种"社会现象"引起广泛讨论。

《EVA》系列的成功使其背后的产业链和消费市场也越加庞大。在衍生品产业链中,游戏方面从 1996 年至今已经多达十个版本;玩具方面既有普通的毛绒玩具,也有价格超 100 万日元的奢侈品;日用品方面则涉及蛋糕、饼干、饮料、服装等等。2011 年 11 月 23 日在日本东京原宿开张的第一家专门销售《EVA》系列衍生品的实体店内,各类商品多达 2300 多种。

(二)"羊""狼"和谐的乌托邦设计

《喜羊羊与灰太狼》以羊和狼两大族群间妙趣横生的纠葛为主线,构筑了青青草原上的羊与大森林中的狼争斗而无血腥的乌托邦王国,风格轻松时尚,剧情流畅爆笑,对白幽默诙谐,还巧妙地融入社会中的新鲜名词。评论认为,这部超强人气的长篇动画以"童趣但不幼稚,启智却不教条"的鲜明特色,赢得众多粉丝,在国内各项动画比赛中更是屡获殊荣:"金鹰奖"、"卡酷动漫创意大奖"、"优秀国产动画片一等奖"等等。

表 3 《喜羊羊与灰太狼》影像表达

影 片	主题内容	人物形象	表现形式	冲突模式	认同倾向
《喜羊羊与灰太狼》	生存智慧,善恶和谐,实用主义的处世之道。	聪明、勤奋、有创新意识,却永远抓不住羊的狼;乐观、好运、无忧无虑,永远不会被吃掉的羊。	诙谐、轻松、幽默,语言:网络时尚语言	天敌对抗永无休战	保护自己

电影《喜羊羊之牛气冲天》在 2009 年贺岁档上映,投资 600 万元,首日票房 800 万元、周末三天收 3000 万元,总票房超过 8000 万元。衍生品除了音像图书、毛绒公仔、玩具礼品等,还包括 QQ 表情、手机桌面等新媒体方面的拓展。500 多集动画登陆近 70 家电视台。大型动漫人偶剧《喜羊羊与灰太狼之记忆大盗》在上海、南京、杭州等十余个城市登台亮相。2011 年 2 月,其衍生品版权管理方动漫火车集团被意马国际集团收购,收购费用折合人民币 6.877 亿~8.846 亿元。的确,这部由上海文广、保利博纳、悠扬传播共同出资的动画片,整合了国内最优秀的资源,在营销、版权保护以及衍生品开发方面,都做了有益的探索。

表 4 《喜羊羊与灰太狼》电影系列

影 片	上映时间	票房(人民币)
《喜羊羊与灰太狼之牛气冲天》	2009.1	0.9 亿元
《喜羊羊与灰太狼之虎虎生威》	2010.1	1.27 亿元
《喜羊羊与灰太狼之兔年顶呱呱》	2011.1	1.28 亿元

《EVA》就像一幕幕的梦境,堆叠呈现出一群少年的内心成长、受创,以及最后如何补完的故事。它真正反映了社会现实以及蕴藏于社会现实中的问题。尤其是 12 集以后,有比较多的价值愿景的探究。从这个角度来看,《EVA》尽管风靡东亚甚至欧美,但是本质上还是一部具有日本文化特质,针对特定社会背景和人群的动漫作品。而这也恰恰凸显了日本岛国心理和"耻感文化"的国家文化特征。

《喜羊羊与灰太狼》创作者说，从诞生那天起，就一直在片中努力传达乐观、自信、勇敢等时代精神。一只永远在叫嚣要吃羊却永远吃不到羊的狼，一群永远用智慧战胜威胁、运气也绝佳的羊，传递着轻松实用的价值愿景。有评论这样解读这部热剧：整部动漫剧更多地借用了中国文化的智慧和当前社会生活流行元素，道出了中国人多方面的个性特点。"嫁人就嫁灰太狼，做人要做懒羊羊。"一部热播的儿童动画剧所缔造的广为流行的口号，的确值得一番深思玩味。

表 5　《喜羊羊与灰太狼》与《EVA》文化谱系的梳理

表现层

影　片	观　点	态　度	信　念	人生观	价值观
《EVA》	自我救赎是人类的终极使命	超越自我永不言败	担忧人类未来，崇尚精神至上	回归本源心理补完	自我完善高于一切
《喜羊羊与灰太狼》	善良自然会战胜邪恶	不慌乱不心伤	虽然只是只羊，也绝不会沮丧	游戏世间永无担忧	快乐本分

内核

影　片	观　点	态　度	信　念	人生观	价值观
《EVA》	人类的敌人是人类	反思现代文明	诸事无常	矛盾即意义	完善之前无价值
《喜羊羊与灰太狼》	弱小战胜强大	强等同于恶，善等同于弱	集体主义	知足侥幸	得到的才有价值

三、国家形象建构中的文化自觉

当动漫影像以主流文化姿态进入世界信息平台并开始成为建构传播国家形象的重要阵地时，它自然就承担了许多不同寻常的功能。它不仅销售广告及产品，而且也销售生活方式、消费倾向，以及经过包装的趣味和虚拟的国家形象。

在国际传播领域，国家形象实质是国家软实力的体现。而文化、意识形态是软实力的核心。正如约瑟夫·奈所指出的，一个国家战略意图的实现，有赖于一个国家通过观念的吸引力或确定政治议程来塑造他者倾向的能力。

20 世纪 90 年代末，费孝通先生就提出了具有深远影响的"文化自觉"的命题，他认为，生活在一定文化中的人对其文化要有"自知之明"，"要明白它的来历、形成过程、所具有的特色和它的发展趋势"。这里不带任何"文化回归"的意思，而是要加强对文化转型的自主能力，取得适应新环境、新时代文化选择的自主地位。这里至少包含三方面的诉求：其一，要自觉到自身文化的优劣；其二，要清楚自身文化形成的条件；其三，要了解世界文化的语境，参与其重组的过程，从而成为世界文化新秩序中不可或缺的一员。

有必要强调的是，"文化自觉"并不是一个学者的主观空想，而是基于中国社会所面临的真实境遇的一种理性思考。一个国家的文化价值取向决定了公民的心理变化，也决定了外部世界对它的反应。我们有必要确立全球视野，谋求多元文化之间的平等对话的机遇，准确找到在世界文化秩序中的定位，面对和平衡当今社会的多种诉求，使之不断地趋于公正、合理、繁荣与昌盛。

2010 年，中国以 385 部国产动画片的数量取代日本成为世界第一动漫生产大国，全国风起云涌的文化创意产业也必定会带来动漫产业的大繁荣，这更是一个需要用理智面对未来的时刻，历史需要我们以智慧与高尚的目光审视前进的方向，让世界了解中国的同时，更维护人类精神的价值和尊严。

西方国际电影节国家形象建构的利弊分析

刘文奕　范晓颖

（浙江大学传媒与国际文化学院）

摘要：西方国际电影节是国家形象塑造路径的重要载体，是国际社会接受、了解他国基本信息的重要途径，其通过一系列影视符号系统来塑造、传播国家形象，在建构国家形象的过程中起着重要的作用。目前在西方国际电影节文化氛围中的中国当代电影国家形象塑造，其利与弊是显而易见的。因此，如何在国际上，尤其是西方国际电影节文化樊笼中运用影视媒介营造中国的国家形象，是当前影视工作者和其他相关主体需要切实考虑的问题。本文梳理了当前西方国际电影节中的中国电影的国家形象塑造类型以及国家形象建构中存在着的主客体差异。

关键词：国际电影节；国家形象；主客体

Analysis of Advantages and Disadvantages on National Image's Construction in Western International Film Festival

LIU Wenyi；FAN Xiaoying

（College of Media and International Culture，Zhejiang University）

Abstract：Western international film festival is an important vector of national image's construction path and is an important approach for the international community to accept and understand other countries' basic information. It plays an important role in the process of national image's construction through a series of film and television symbols shaping and disseminating national image. It's obvious to see the advantages and disadvantages of the national image's construction in Chinese contemporary films in western film festival's cultural atmosphere in present. For this reason, how to use film media to create Chinese national image in the world and particularly in the cultural fence of western international film festival, is a problem that current film and TV workers and other relevant bodies need to seriously consider. The paper combs the national image's shape type in Chinese film and the subject and object's differences in national image's construction western international festival.

Key Words: international film festival; national image; subject and object

一、引　言

在全球化、数字化、信息化时代,跨文化间的情感交流和信息传递日益频繁,西方国际电影节成为国家形象塑造路径中重要的载体,是国际社会接受、了解他国基本信息的重要途径,其通过一系列影视符号系统来塑造、传播国家形象,在建构国家形象的过程中起着重要的作用。影视作品中的国家形象是被构造出来的,其建构的过程也是寻求国家形象相对合理诠释的模型的过程,是一个不断变化的过程,其间不乏断裂与延续。国家形象的塑造是一个暗含多方塑造主体不断互动的公共空间,其塑造过程也是国家变迁发展的过程。影视媒介在国家形象塑造的过程中,通过语言、行为、色彩等元素建构国家形象,其间充满了言说与被言说、想象与被想象、自我与他者等二元对立的符号性建构规则。国家形象就在这二元对立中被不断建构,具有非常强的主观性。国家形象也是一个相对的概念。囿于西方国际电影节文化氛围的中国当代电影国家形象塑造,其利与弊是显而易见的。因此,如何在国际上,尤其是西方国际电影节文化樊笼中运用影视媒介营造中国的国家形象,是当前影视工作者和其他相关主体需要切实考虑的问题。

二、中国当代电影国家形象塑造与西方国际电影节的衔接

梳理改革开放以来相关的影视作品和文献,特别是以第五代和第六代导演为代表的作品,从影视媒介符号系统的表达和塑造功能来解读所谓的"国家形象",大致可以归纳为四种类型的"国家形象",即传统乡村式的国家形象、现代都市化的国家形象、革命征程中的国家形象、武侠式的国家形象。这些影视传媒"国家形象"在不同的历史时期、不同的社会背景下,被西方国际电影节认可、接纳的程度不尽相同。

（一）传统乡村式的国家形象

影视作品中传统乡村式的国家形象,主要是以乡土社会为背景,反映我国农村社会的发展面貌。这一类以第五代导演张艺谋、陈凯歌、田壮壮等为代表,在他们的影视作品《红高粱》、《黄土地》、《秋菊打官司》、《大红灯笼高高挂》等中,反映的是传统的中国乡村社会。《黄土地》中再现的是古朴、蛮荒甚至是带有神秘气息的我国西部黄土高原上的爱情故事,导演以土地作为背景,用绵延、广袤而贫瘠、干涸的土地的造型演绎出国家悠久的历史与落后、滞重、愚昧的形象。《大红灯笼高高挂》虽没有以土地作为背景,但是以深厚的宅院作为隐喻,将旧中国专制权力下扭曲的人性予以揭露,展现的是旧中国男尊女卑、专制、人性异化的形象。《菊豆》这部电影让我们感到了被压抑的人性与变态的现实之间的扭曲缠斗。《红高粱》是对中国传统社会的爱情婚姻观念的一次大反抗和爱情婚姻观的主观再造,是对传统中国社会中"土地、父权、家族"秩序的一次大揭露,只不过这种揭露嵌入在抗战的背景中,并且用一个民族英雄寓言掩饰了观众被压抑的欲望的释放。

让人意外的是,这些影视作品被西方人读解为发生在一个陌生、神秘、原始的东方世界的浪漫爱情故事,从而被西方评委所接受。这些反映传统中国乡村的影片与以往国内的主流影片相异,西方评委认为这些影片才是最真实反映中国实际情况的影片。在西方评委的眼中,中国的国家形象就应该是乡村的、落后的、愚昧的负面形象,在相关影片的接受和认可上,不自然地用"自我"的想象来建构中国的国家形象,然后按照这个想象的标准去选择相应的材料予以佐证。而这种现象反过来对中国的一些导演进行了相应的强化,从开始的无意暗合,到后来的有意为之,在影片中,导演尽量用西方式的话语和思维来建构自己的故事情节,以迎合西方的审美观,从而获得西方的认同。

（二）现代都市化的国家形象

与传统中国形象相对应的就是改革开放以来,随着城市化的快速发展所表

现出来的对城市生活状态的关注与反思,这以第六代导演张元、贾樟柯、王小帅等影视作品为代表。其中《十七岁的单车》、《苏州河》、《绿茶》、《站台》、《卡拉是条狗》等反映的是都市化的中国人的生存状态,特别是都市中的青年在成长过程中其青春和生命所遭遇的各种特殊困境。在这些影视作品里,原先不被人们所关注的边缘群体,甚或是弱势群体,成为影视作品中关注的焦点。如果说第五代导演所展现的乡村式的中国形象是中国影视的重负,特别是在国际上所获得的认可更让人们模糊了国家的形象,那么在进入新的历史发展时期后,第六代导演们感受到的是当代城市人在现代化、全球化进程中出现的人性异化与人格分裂的危机。

比较传统乡村式的中国形象和现代都市化的中国形象,我们发现,在传统中国形象塑造中,影视作品在内容上存在一定的共通性,就是对传统社会的等级秩序的表现,着重表现的是对"尊尊、君君、亲亲"的僭越以及由此带来的惩罚;而对于现代中国形象,所表现出来的共同特征是人们在城市化的生活中所产生的迷茫、困惑以及无所适从,是对"自我意识"的一种追寻和探索。

(三)革命征程式的国家形象

如果说第六代导演所塑造的国家形象,其影视作品被称为地下电影,或独立电影,或非主流电影,那么革命征程式的中国形象的塑造更多的是由政府所主导的主旋律化的影视作品完成的。其影片以重大的革命历史事件为背景,开展影像符号系统的整合以建构国家的形象。但是不可否认的是,革命式的中国形象的塑造虽由政府主导,但是在商业化的运作下,革命式的国家形象有所弱化,特别是观众对革命式影片的关注或许更多的是出于对明星的追逐,而在一定程度和范围内抵消了革命式影片的严肃性和神圣性。

《东京审判》、《梅兰芳》、《云水谣》和《集结号》等影片,弘扬了主旋律,整合了国家意识形态,获得了很大的成功。《东京审判》以远东国际军事法庭审判日本战犯的故事作为背景,客观地审视了那段历史,既面向世界,也面向日本,对民族精神的强调并不显得那么刻意,国家形象与民族精神在影片中得以构建。《梅兰芳》虽然混杂了当年一些真实人物的各种面貌,但不是一部严格追求历史真实的传记片,其中夹杂着抗日战争等历史事件,影片中因为明星的助阵,在一定程度上降低了影片的政治性色彩,增加了影片的娱乐性。

(四)武侠式的国家形象

将近些年国内的武侠影片进行梳理,发现《英雄》、《十面埋伏》、《夜宴》、《无极》、《满城尽带黄金甲》、《卧虎藏龙》等影片,在形式上是对古老中国其东方情韵和历史图景的刻意追求,实质上是对中国式英雄传奇的一种渴望。正义对邪恶,善良对残暴,欣赏对嫉妒,和平对暴力等,在社会中当"善"的一面处于弱势时,人们希望有"英雄"能够振臂一挥,为之消除邪恶达到正义,消除残暴达到善良,消除嫉妒达到欣赏,消除暴力达到和平,希望社会由此进入"和谐"。在影视艺术世界里同样如此,在西方人统治影视艺术的世界里,中国导演希望能够看到东方"英雄",特别是中国"英雄"能够打破西方人"一统"的局面。由此,在影视题材上,从西方所熟悉的武侠故事入手,希望化腐朽为神奇,以刀光剑影里所暗藏的根深蒂固的中国传统文化情结作为"利器",为国产的影视艺术争得一席之地。

但是这些武侠片所展现的血腥和暴力、对人性恶的过度解剖在一定程度上诋毁和损害了国家的形象。《夜宴》中,铺排的众多血腥的武打场面,弟弟杀兄篡位、竹林刺杀太子、老臣棍刑而死等血腥镜头让观众动容;《满城尽带黄金甲》中,国王鞭打小王子的血腥暴力画面让观众震惊,也引起广泛争议。在人性恶的表现上,《夜宴》将权力欲、美色欲表现得淋漓尽致,《无极》也将人性的丑陋、阴暗、嫉妒等呈现得酣畅淋漓。

以上四类影视作品中所塑造的国家形象,彼此间截然不同,在国家形象传播中,其所获得的效果也是截然不同的:有关传统乡村的影视作品和有关现代都市化的影视作品在国际上获得了很大的成功,连续在国际电影节上获奖,获得了国际上的认可,当然其所塑造的国家形象在一定程度上也得到了国际上的认可。而有关革命征程的影视作品和武侠影视作品(除《卧虎藏龙》外)则没有获得国际上的认可和接受,特别是在当前西方文化占据主导地位的情况下,有关革命征程的主旋律的影视作品只能在国内热映,而在国际上因其带有浓厚的意识形态性而受到冷落。

三、西方国际电影节国家形象建构的主客体差异

(一)受众选择的主观性

国家形象在影视作品中呈现出不同的面貌,并且在国际上出现了不同的认可和接纳的结果。上文提到的传统乡村式的国家形象和现代都市化的国家形象被西方所接纳,而革命征程式的国家形象和武侠式的国家形象则被西方所冷落,这在一定程度上表明在西方文化所主导的国际文化中,西方人对我国的国家形象的认可和接纳是有选择的,带有强烈的主观性。西方人根据自身文化的特点以及经验,符合其构想的则有选择地认可和接纳,不符合其构想的则拒斥,也就是依据其自身文化所处的优势地位或强势地位对处于世界文化边缘地带的中国文化进行强有力的切割,截取符合其需要的那个形象面,并对其进行加工、塑造和再塑造,形成所谓的国家形象。

在西方人的观念中,中国历史上就是强大的父权与弱小的个体。个体对父

权的反叛会招致父权的坚决抵制或镇压。《大红灯笼高高挂》和《菊豆》等影片中反映出来的欲望与专制、专制秩序与个体自由的角斗正是西方人所寻求的这种观念的最好佐证物，而受到了西方人的青睐，其所建构的中国形象被那些对中国及中国文化知之甚少的西方人所接纳和误读。《大红灯笼高高挂》反映的是传统中国"一夫多妻制"的封建家庭内部互相倾轧的人生景象及相应的生存原则，其间夹杂着古老的中国元素，西方人以此来解读中国，固化对中国专制、封建、落后等的褊狭认识。

正是因为西方文化的自我中心主义，并且占据着文化的中心，以此审视其他非中心文化，用其所谓的标准衡量其他文化，被其认可和接纳的影视作品反过来强化了本土文化对其影视作品所塑造的国家形象的认知，并纷纷模仿以获得西方的认同和接纳，西方人也因此进一步地佐证了其原有构想的正确性。双方的这种相互强化所建构的国家形象在客观性上发生了怎样的偏离或许并不是西方人所关注的，西方人所关注的仅仅是寻找相应的影视素材来证明自己对中国"想象"性形象的正确性。导演在创作中，或许并非以此来刻画国家形象，而仅仅是选取中国历史上的某个片段和时点来传递导演对相关事件的认识和判断，但在无意中两者之间在一定范围内达成了一致，强化彼此的想象性建构：一方面，西方人进一步认为自己褊狭的认识的全面性、正确性与合理性；另一方面，导演在叙事主题上也会有意识地寻求，甚至是放大其"意象"，以获得西方人对其影片的认可与接纳。

（二）主体创造的主观性

国家形象是一个建构的过程，影视作品作为一种文化，在建构国家形象的过程中其不可避免地带有主观性。第五代导演用镜头语言刻画了传统乡村式的中国形象，第六代导演表现的是现代都市化的中国形象，其关注角度的选择都是导演在建构国家形象时的主观选择。政府所主导的主旋律影片，也难免夹带意识形态因素。只不过创作者所必须面对的是传统与现代、本土与西方之间的双重夹击，一方面要构建传统与现代的有效衔接，另一方面要弥合本土与西方的断裂，如何在这二元对立的状态下寻求大家都能够接受的影片，以及由此所塑造的国家形象，也给新一代的导演提出了影像精神探索的任务，或者说给了导演放逐其精神的活动空间。

第五代导演所关注的乡土中国，因有机契合传统与现代、主流与非主流、本土和西方而获得成功，既获得了主流意识形态的肯定和推崇，也被西方人所接受，既反映了传统的乡土社会的生活状态，也表现出了现代化的中国所希冀追求的精神。第六代导演所关注的现代都市，相比较于第五代导演来说，虽表现出了其独特的视角和艺术魅力，但是在弥合二元冲突方面并没有第五代导演做得那样好。

四、结束语

国家形象的塑造一般包括自我塑造和他者塑造两个部分,在无法左右他者塑造的情况下,必须做好自我塑造,通过影视传媒提高自身思想艺术的内质和创新能力。而当前的一个现实是我国影视传媒开发利用不充分、不合理,导致中国的真正形象在国际上的传播受到影响,甚至是误传。毕竟传受双方的文化背景与价值理念不同,对影视传媒的内容也会根据其需要进行自我取舍。如何提高传受双方的契合程度,关键就是在对影视传媒的开发利用上进一步深入发展。从受众的兴趣和需求出发,在传播方式、传播内容、传播风格以及受众心理等角度入手,一方面提高国家形象在影视作品中表现的准确性,另一方面使得西方在理解我国的国家形象时能做到相应的客观。

关于中国国家形象的影像构建研究综述

张咏絮

（浙江工商大学杭州商学院）

摘要：新世纪以来，随着我国综合国力的不断增强，电影作为文化产品，是我国软实力的重要表征之一，围绕电影中的"国家形象"问题也日益成为学术研究的热点，国内学者进行了多视角的研究，并取得了一定的成果。本文试图通过梳理我国关于"国家形象"影像构建的相关研究，从概念界定、我国国家形象的影像构建以及外国电影中的中国形象等几方面，勾勒出当前我国学术界研究此问题的整体图景。

关键词：国家形象；全球语境；中国电影；外国电影

Summary of the Study on Chinese National Image's Video Construction

ZHANG Yongxu

（College of Communication，Fujian Normal University）

Abstract：Since the new century, with the increasing China's comprehensive national strength, film, as a cultural product, is one of the most important characteristics of China's soft power. The issue about the "national image" in film becomes an academic research hotspot. Chinese scholars conduct multi-perspective study and have achieved some results. This paper attempts to tease out our country's relative research on video construction of "national image" and outlines the overall picture of Chinese academic research on this issue in the present.

Key Words：national image；global context；Chinese film；foreign film

一、我国国家形象的影像构建

对于我国国家形象的影像构建,目前的学术界研究视角主要集中在以下四个方面:

(一)时间维度的划分

对于我国电影中国家形象的构建,很多学者以时间轴线为依据梳理出了这期间的沉浮流变,纵向展示了国家形象的变迁。学者陈旭光、陈琳将新中国成立以来的国家形象分为四个阶段:红色主题的先进形象(1949—1966)、符号化的工农兵形象(1967—1976)、斑斓多姿的新时期形象(1977—20 世纪 90 年代)、国家形象的思考(20 世纪 90 年代至新世纪以来),并以此作为切入点,结合社会学、意识形态批评、形象学等理论,论析了社会阶层变迁与银幕主流形象流变的复杂关系,对各个时期国家形象的塑造进行了策略性思考[1]。学者潘源将电影中我国国家形象分为改革开放前、改革开放后以及目前三个阶段来探讨,勾勒出了这些时期国家形象的纵向图景[2]。

在中国电影史上,"十七年电影"作为一个特殊的历史阶段,往往成为学者研究的一个焦点。学者梁波、赵学勇就将这期间的具象符号分为三种类型,即自信豪迈的革命气魄、激越张扬的英雄情怀和健康积极的社会新风,指出对国家形象的构建有必要从历史中寻找可能的答案,肯定了其对当前中国国家形象塑造的重要作用[3]。另一学者阮青通过考察"十七年电影"中的国家形象,提出了应以现代市场理性为基础,以科学民主为人文精神,重建当代电影中的国家形象。

①　陈旭光,陈琳:《新中国电影 60 年:社会阶层变迁与银幕主流形象的流变——兼及中国电影国家形象塑造问题的思考》,《当代电影》2010 年第 1 期。

②　潘源:《变"被动迎合"为"主动建树"——电影目的论之"文化软实力建设"》,《南京艺术学院学报》2008 年第 3 期。

③　梁波,赵学勇:《文艺理论与批评》2011 年第 2 期。

还有一些学者将新世纪作为研究国家形象的分水岭,来关注我国国家形象的表述。北京电影学院倪震教授就银幕上国家形象的跨世纪变化探讨了中国电影中塑造中国形象的历史和现状、成功与不足,指出中国形象未能反映中国变化,提出要强化现代性和国际意识,亦需关注多元化、综合化的艺术表现①。学者褚亚楠对新世纪以来的国家形象构建从主旋律电影、商业电影和艺术电影的角度进行了分析②。学者张莹通过对新世纪以来国家形象的梳理,提出三种凸显"中国梦"的影像组成了国家形象的构建,即"传统中国"(如《赤壁》、《英雄》、《狄仁杰之通天帝国》)、"革命中国"(如《集结号》、《十月围城》、《风声》、《建国大业》)和"当代中国"(如《非诚勿扰》、《非常完美》、《杜拉拉升职记》),并以此提出了建构国家形象的方法③。

(二)电影形态的视角

以电影形态为视角的研究,是许多学者对国家形象的影像构建选择的一种研究范式,我国学者对此问题的探讨集中于主流电影上。20 世纪 90 年代以来,全球化进程不断推进,对一个国家的各个领域都产生了深刻影响。电影作为文化的重要表征之一,同样被席卷到了全球化的浪潮之中。因此,对这一问题的讨论又常常被放置在全球语境中。

一方面,一些学者注重对主流电影中国家形象构建的重要性及其构建策略的研究。中国艺术研究院博士生导师贾磊磊认为,中国电影长期以来存在的不同电影形态之间价值观念上的"不可通约性",即商业电影、主旋律电影和艺术电影这些不同电影的话语体系均在各说各话,使得中国电影无法在影片的终极价值领域相互整合,因而也没有形成一个共同信守的核心价值观,没有建立一种共同敬重的文化取向。就此,他提出了整合叙事文本与历史文本间的国家形象、构建家国一体的大众认同模式和塑造国家、家庭、个人三位一体的文化英雄的策略来构建国家形象④。张阿利、赵立诺对此的探讨,提出了相应的策略:即主流历史的正面叙事,是国产大片在当前文化氛围之下的最佳选择;主流大片应将主流历史注入电影的历史叙事中;主流大片对历史的表现应符合现代人的

---

① 倪震:《我们将为世界银幕生产什么?——再论中国电影和国家形象》,《当代电影》2009 年第 2 期。

② 褚亚楠:《试论新世纪以来中国电影中的国家形象构建》,《当代电影》2009 年第 1 期。

③ 张莹:《"中国梦"的凸显与重塑——对新世纪以来中国电影国家形象构建的再思考》,《文艺评论》2011 年第 11 期。

④ 贾磊磊:《中国主流电影中的国家形象及其表述策略》,《解放军艺术学院学报》2007 年第 1 期。

民族情感①。学者徐刚通过对"大片"历史脉络的梳理,指出中国"大片"经历了一个从"外向化"到"内向化"、从民族国家建构的疏离到积极认同的过程,这同时也是内在的"文化中国"意识逐渐张扬的过程,提出构建让他人接受的形象、让他人认同的价值诉求的国家形象的重要性②。

另一方面,在全球化的语境中,对资本形态与国家形象构建的研究以及从全球文化竞争角度提出中国电影构建国家形象的探讨③,为电影中国家形象的研究开辟了新视野。学者陈林侠指出,目前电影现状是政治资本、文化资本积极转化成经济资本,但繁荣电影产业的正确思路应当是:积极寻求艺术和政治的某种融合,从艺术角度理解主流政治、完成政治认同与身份重塑,并因其强烈的艺术性、感染力,产生出消费诉求,从而完成商业资本的实现(影院的高票房),最终实现政治资本与经济资本的越界目的④。

(三)跨文化的语境

尽管前面提及全球化语境,但是真正把将国家形象的研究纳入到全球化语境去研究的为数不多。有学者对跨文化背景下电影媒介的功能进行了讨论,指出了电影媒介对构建国家形象的"虚构"功能、整体性构架功能以及政治意义功能,并认为电影的运动性、形象性、语言的渗透性是实现后现代语境中"微观政治学"的最佳载体⑤。对于中国电影传播策略的检讨,有学者指出了中国电影在跨文化传播过程中存在的"失语症",并强调我国电影需要国际视野,尤其是对国外观众期待的估计与揣摩,但是这种揣摩不能演变成对西方文化的单纯迎合和对中国文化的片面抽象⑥。

以传播学的视角对国产电影中国家形象的传播方式和受众进行研究的学者,探讨了国家形象的潜在消费者和主流传播载体,指出了新型国产大片成为

---

① 张阿利,赵立诺:《中国主流大片民族文化形象的构建与传播》,《现代传播》2011年第4期。

② 徐刚:《"中国大片十年"与电影中国家形象的重构》,《浙江艺术职业学院学报》2010年9月第8卷第3期。

③ 陈林侠,彭云峰:《全球化背景下中国电影的国家形象及其建构前瞻》,《艺术广角》2010年第5期。

④ 陈林侠:《电影产业中的资本形态与当下国家形象构建》,《文艺研究》2011年第10期。

⑤ 陈林侠:《跨文化背景下电影媒介构建国家形象的重要功能》,《社会科学》2011年第4期。

⑥ 戴元光,邱宝林:《全球化语境下中国电影文化传播策略检讨》,《现代传播》2004年第2期总第127期。

国家形象最有效和最广泛传播的电影形式,值得探索和借鉴①。

(四)个案研究

其一是对具体影片的个案研究,学者们通过对《建国大业》②和《黄飞鸿》等影片中国家形象的考察,在肯定其成功的同时也分析了其中值得借鉴的经验。《黄飞鸿》中角色形象的重新演绎,把宏大历史注入商业叙事的策略,将娱乐与教化、武打与道德熔为一炉,恰恰缝合了通俗文化和国家形象之间的距离。③

其二是对导演进行个案研究,有学者通过对胡金铨电影的分析,诠释了中国电影叙述美学的建立与古典"中国形象"(明代中国)呈现的互动关系,并指出胡金铨建构了西方学界推崇的中国"影戏"美学体系,从而建构出不同语境下共同认可的"影像中国"——既立足于自身又结合西方文化语境的"影像中国"的想象体。

其三是对演员进行个案研究,探讨银幕知识分子与国家形象的关系,潘国美《新时期银幕知识分子与国家形象——以谢芳主演的影片为例》④一文就是将谢芳主演的六部影片分为三个时期来论述,指出谢芳的银幕形象不仅有效地折射出当时的国家形象,也成为知识分子命运的投影,这些影片中国家形象的构建与当时意识形态需要是相符的。

二、外国电影中的中国形象

外国电影呈现出的我国国家形象,体现了他国对于中国的文化想象,不仅为我们提供了参照和比对的文本,同时也为我们自身构建国家形象提供了思考。

(一)美国电影中的中国形象

我国学术界关于美国好莱坞电影中的中国形象的研究较早的文章是1997年李一鸣发表于《大众电影》第7期上的《银幕谎言:好莱坞电影中妖魔化的华人形象》。新世纪以来,对此的研究主要集中在:美国电影中华人形象特征及变化的研究,有周观武《略论美国辱华影片的衰退和消歇》、李渝风《他者的形象:

---

① 沈义贞:《塑造国家形象:影视艺术的新使命》,《南京师范大学文学院学报》2007年3月第1期。

② 陈旭光:《"创意"制胜与"国家形象"的重建》,《当代电影》2009年第11期。

③ 吴匀:《通俗叙事与喻象符号——〈黄飞鸿〉电影中"国家形象"的考察》,《当代电影》2009年第1期。

④ 潘国美:《新时期银幕知识分子与国家形象——以谢芳主演的影片为例》,《当代电影》2009年第1期。

质疑好莱坞电影中的华人形象(1980—1999)》、张英进《种族、性别与政治冲突的体现——论美国电影中的华人形象》、方艺玲《美国电影里的中国人形象》、刘柯兰《美国电影生态变迁中的中国形象解读》等文。多数学者认为美国电影对中国的表现具有"妖魔化"倾向,同时指出两国关系变化影响着美国电影中的中国形象的变化,即不同时期中国形象不尽相同。但这些研究中对当下美国电影的关注还不够,研究的范围多锁定在 20 世纪上半期,研究观点也会有重复,缺少较有新意的论点。

(二)欧洲电影中的中国形象

目前学术界对欧洲电影中的中国形象的研究较少,具有代表性的是王田《欧洲电影中的中国人形象》一文,他选取了四部欧洲电影,从想象—现实的维度与男星—女星的维度进行案例分析,推演出西方影像中的中国人形象在真实性与合理性上的贴切程度,并横向比较欧洲电影与好莱坞电影中之中国形象异同①。

(三)个案研究

一方面是整体上西方对中国国家形象刻板认识的研究。柳迪善在《辫子情结——关于西方电影所反映的东方学中国形象的讨论》一文中指出,蓄辫华人是以美国为代表的"西方"对中国形象的表征,随着时间的发展虽然有变化,但依然根深蒂固、重复出现。

另一方面的个案研究是对具体影片的关注,如《从〈2012〉看中国形象在西方媒体人眼中的变化》②和《影像与国家形象的表征——对电影〈2012〉中国符号的解读》③。学者通过中国形象在西方人眼中的变化,强调了影像传播中国家形象表征作用的启示,即通过不同形态的媒介影像传播国家形象,结合国家的文化等特征进行有效传播,达到传播的目的,是影像传播中国家形象表征作用启示的意义所在。

三、结　语

纵观我国对国家形象影像构建的研究,国内关于此的研究一直没有中断,作为中国核心学术刊物的《当代电影》,近年来就发表了不少关于国家形象研究的学术论文。尽管研究成果呈现丰富的图景,但也存在一些不足:概念仍存在误区,即把国家形象简单等同于某些固化的形象;多数研究成果是

---

① 　王田:《欧洲电影中的中国人形象》,《当代电影》2009 年第 1 期。
② 　张妮:《从〈2012〉看中国形象在西方媒体人眼中的变化》,《新闻战线》2010 年第 1 期。
③ 　高新林:《影像与国家形象的表征》,《新闻爱好者》2010 年 6 月第 12 期。

单篇的论文,缺少此类的专著;观点重复率较高,尤其是在对大片中国家形象的探讨上;在全球化语境中的研究,缺乏真正的跨文化视角的研究,很多是借助"全球化"的名目和噱头,没有深入其本质;缺少对港台影像中的国家形象构建研究;缺少对我国电影中某一具体片种的研究,如可以细化到喜剧片这一片种的国家形象。

"中国式大片"与国家形象建构

王　珏

（浙江大学传媒与国际文化学院）

摘要：进入新世纪以来，中国开始制作自己的"大片"。相对于"主旋律影片"和"小众电影"，"中国式大片"经过十年发展，不仅在国内，甚至在海外也有广阔的市场。因此，选用"中国式大片"作为国家形象塑造与传播的分析对象，具有现实意义。本文拟从中国大片的兴起与现状、中国大片与国家形象的关系入手分析，具体通过与好莱坞影片的比较，研究得出中国大片在塑造国家形象上存在的不足与弊端，以推进"中国式大片"在建构国家形象中的作用。

关键词：大片；中国电影；国家形象；建构

"Chinese Blockbuster" and Construction of National Image

WANG Jue

(College of Media and International Culture, Zhejiang University)

Abstract：Since the beginning of the new century, China began to produce its "blockbuster". Relative to "mainstream film" and "cult film", "Chinese blockbuster" gains a vast market not only in domestic market but also abroad after a decade of development. For this reason, it manifests a practical significance for choosing "Chinese blockbuster" as the analysis object of national image's construction and dissemination. The paper plans to analyze the relationship between Chinese blockbuster's rise and current situation, and between Chinese blockbuster and national image. We study and find out the shortcomings and disadvantages of Chinese blockbuster on national image's construction in order to promote the function of Chinese blockbuster in national image construction, especially through the comparison with Hollywood.

Key Words：blockbuster；Chinese film；national image；construction

一、"中国式大片"兴起与现状

"大片"这一说法源于英文 Blockbuster,原指重磅炸弹,后被引申为某人或某事取得巨大成功并引起轰动,尤指文艺界引起轰动的事件,比如电影、歌曲、话剧等。早在 1916 年,国外就已出现大片。① "中国式大片"虽无标准界定,但已有一个约定俗成的范式,即中国电影公司制作及导演执导的以大投资、大明星阵容、大场面、高技术、大营销和大市场为主要特征的影片。

1993 年,中国电影的市场化改革开始,国家决定每年从国外引进 10 部"代表世界艺术与技术最高成就"的影片。很快,国人被好莱坞大片曲折离奇的故事情节、精美细腻的电影画面深深吸引,传统国产片因此受到很大打击。在这种情势下,中国电影人开始了新的探索。2002 年张艺谋执导的影片《英雄》以 2.5 亿元的票房神话横空出世,开启了中国内地大片的序幕,被评论界誉为内地第一部真正意义上的商业大片,并在 2004 年成为美国外语片票房冠军,成为一个改变中国电影史的重要转折点。

随后,2003 年《天地英雄》,2004 年《十面埋伏》,2005 年《无极》,2006 年《夜宴》、《墨攻》、《满城尽带黄金甲》,2007 年《投名状》,2008 年《画皮》、《赤壁(上)》,2009 年《十月围城》、2010 年《赵氏孤儿》、2011 年《战国》、《关云长》等影片悉数登场,无论从电影上映、选题类型还是制作规模上都让国人领略了中国式大片的风范。

---

① 王一川,郭必恒,张洪忠,唐建英:《中国大陆电影现状及其软实力提升策略》,《天津社会科学》2010 年第 4 期。

从电影市场说，"中国式大片"最大限度地开发了黄金档期，扩展了电影时段的经济价值。有资料显示，暑期档肇始于 2004 年，国庆档起源于 2005 年。目前，贺岁档、暑期档、五一档、国庆档已成为我国四个成熟的电影放映黄金档。"中国式大片"逐渐摸索出了一条中国节假日与电影档期相结合的市场运作模式。

从故事题材看，"中国式大片"基本以历史为背景。相比其他类型的影片，中国电影人似乎更擅长拍历史题材的作品，而历史题材有深度、有厚度、投资大，宣传更可以大手笔，风险比较小，导演选择题材也往往偏爱历史。

从制作规模看，"中国式大片"成本过亿，在场景、服饰、道具上追求极致，给观众带来的是前所未有的视觉盛宴。最典型的莫过于场景之大，这也成为目前中国大片提高票房屡试不爽的招数。"中国式大片"的出现让中国电影有了跨越性进步。

二、"中国式大片"与国家形象分析

一个国家的国家形象是指其他国家（包括个人、组织和政府）对该国的综合评价和总体印象。[1] 国家形象被认为是国家"软实力"的重要组成部分。在全球化大背景下，展现怎样的国家形象已成为一个十分现实的问题。

本文所指的国家形象主要是指通过电影媒介，用虚构的画面、声音、视听元素、人物、场景和故事塑造的国家形象。作为受众面最广、"国际流通水平"最高的艺术形式，电影对于国家形象的塑造有着天然的优势和责任。

由于中国的国家形象，是有关具有千年文明史和百年受难史的中国整体，因此中国的国家形象大于本文所指的国家形象。2002 年，中国电影出现以历史古装为系列的象征性国家形象。《英雄》、《十面埋伏》为其先；《夜宴》、《满城尽带黄金甲》和《战国》继其后，掀起了古代英雄和大国神话的银幕风潮，形成一种新的国家形象表达方式。

（一）国家形象的依托——古代历史

中国的国家形象与中国千年来的整体形象有着密切关系。中国作为一个文明古国，现代中国由古代中国演化而来，现代中国形象与古代中国形象紧密联系，因此，国家形象的塑造，不仅是一个现代中国形象的呈现，也包括对古代历史在内的中国形象的重释。中国是世界上历史最悠久的国家之一，在数千年的古代历史中，中华民族以顽强意志和聪明才智创造了同期世界历史上灿烂炫目的物质文明和精神文明。

---

① 刘继南：《大众传播和国际关系》，北京广播学院出版社 1999 年版，第 25 页。

电影艺术因其大众文化属性，在展现历史进程、揭示历史规律、塑造历史人物、传播中华民族思想文化方面，具有巨大的优越性和广阔的发展空间。中国古代历史为我国的电影创作提供了丰富的可资利用的故事和题材。《英雄》中有关战国时期刺客刺杀秦王的故事早已家喻户晓，《十面埋伏》和《天地英雄》把历史背景放在了中国历史上最辉煌的唐朝，其后《满城尽带黄金甲》、《赤壁》、《战国》等"中国式大片"均涉及中国历史上富有激情的朝代。

历史题材承载着一个民族最美好也最深沉的文化信仰和文化寄托。对一部历史题材电影来说，深入发掘民族文化资源、尊重文化，是电影所应负载的重要内涵，但现实状况令人担忧。近年来，"中国式大片"任意改编历史故事，并力图以颠覆经典的历史故事来"创新突破"，而完全忽略了中国千百年来的文化积淀与历史情结。当常识被违背、历史被篡改、人物被恶搞，中国历史大片最终沦落成娱乐大片，不能不说是悲哀。

（二）国家形象的代表——英雄人物

英雄崇拜是人类一种最古老的感情。英雄是一个国家和民族的精神象征，没有英雄的民族是可悲的民族。战争时期、和平时期有各种英雄，不同时代、不同阶级都要求塑造自己的英雄形象，而英雄精神的延续不仅在战场上，还在银幕上。在客观上，英雄起到了国家形象的另类塑造，是国家形象的代表。

《英雄》里支持刺秦和不支持刺秦都出于侠义气概，或孝，或小忠于祖国，或大忠于天下。《满城尽带黄金甲》里的杰王子明知无法与强悍、狡诈的父王匹敌，可为了拯救备受折磨的母后，在忍无可忍的被动情况下，热血冲动地造反起事。中国是一个崇尚集体力量和集体主义的国家，因此，"英雄"大多恪守忠孝仁义，多半具有为他人牺牲的崇高思想。但是，"中国式大片"在树立英雄高大完满形象的同时单纯强调民族性，而忽略了情感传达与共鸣。英雄人物类型化、脸谱化，且不食人间烟火，成为主要弊病。

一个时代的国家形象往往是通过个人和国家的关系确定和展现的，要成功创造凝聚社会力量、体现主流价值的英雄人物，首先要把历史融入"人"的经历中，围绕"人"展开情节。而"英雄"与常人一样，也有爱有恨，有朋友与爱人，对"英雄"作出人性化处理，让其具有普通人的血肉感情，这也是观众对英雄产生认同感的关键，不仅可以满足观众的英雄崇拜心理，也能带动人们从对英雄的向往中汲取勇气智慧，对于传播积极健康的国家形象十分重要。

（三）国家形象的核心——意识形态

国家形象高度凝缩国家意识形态。但"中国式大片"除了表现古代宫廷的豪华奢侈或爱恨情仇，在视觉上给观众带来感官刺激与故事情节重复文学经典之外，还剩下什么？

从大众传媒塑造国家形象的理念出发,不同媒体有着不同的意识形态倾向、价值观和世界观。"塑造一国形象时,由于媒体所遵循的理念不同,围绕不同的轴心,就会形成不同的坐标参照系。"①在不同的坐标参照系下,映照出的国家形象也是不同的。

当媒体的价值取向与被塑造的对象国家的总体价值取向符合时,这个国家在媒体中会被放入正面形象区(第一象限)。仔细观察美国好莱坞不同题材的影片,可以发现好莱坞大片虽然提供的是一个闭合的故事,但实质上就是美国"国家形象"的体现,代表美国民主、自由、博爱的意识形态内核处于消隐状态,被影片的主人公所取代。因此,不管美国的真实情况如何,在影片中的国家形象总是正面的。

而当被塑造的总体价值取向不符合媒体的价值观时,这个国家的形象就会被放入负面形象区(第三象限),或是部分价值取向符合、部分不符合时,就可能被放入负面偏多(第二象限)或正面偏多(第四象限)。如《英雄》中武侠精神的消亡使得威权、暴力的国家意识形态被无形放大,《夜宴》《满城尽带黄金甲》依然沿用王朝更迭、宫廷争斗来揭露人性的黑暗和权力的丑陋,并且直接把"国"压缩为"家",政治演变成情感,表现出了过度热衷于权力的市侩主义。

"中国式大片"作为商业电影,其核心价值观必须符合大多数人的接受心理,阴暗、负面的价值观必然招致观众的反感,所塑造的国家形象也难以赢得世界的认同。

三、推动"中国式大片"在国家形象建构中的作用

(一)首先需要制造认同感

所谓认同感,是指国家形象不能以一种贴标签的方式嵌入电影叙事,而是要让观众在潜移默化中认可影片传递的文化逻辑。古装题材、武打桥段、宏大场面、东方特色综合而成的"中国式大片"除了给观众带来嘉年华式的观影经历,不过徒具古壳外表,缺乏人文精神。

历史题材电影往往因拍摄人而异,这其中,对于历史中英雄人物形象的塑造尤其耐人寻味。创作者不妨试着用电影表现中华民族的传统精神和思考方式、凡人小事和宏大史诗、个体生命和英雄群像,发掘、升华中国历史文化中蕴含的古典人文情怀,以此创造出一个触动心灵的故事载体,让广大观众接受。

此外,历史作为大片的重要题材,笔者认为可供发掘的空间仍是巨大的,因为我们有深厚的历史积淀和丰富的文化资源。

---

① 刘小燕:《关于传媒塑造国家形象的思考》,《国际新闻界》2002 年第 2 期。

（二）重视细节的力量

细节，可以还原一段历史、一个英雄人物。然而，"中国式大片"的基本情节和主要人物，往往不注意细节的真实，比如拔高人物、说话行动脱离生活，因而使观众与电影"距离太远"，以致难以产生情感上的共鸣。

一个国家在电影媒介中的形象塑造是多元素的，可能是中国的一座城墙、一种小吃、一首民歌……而电影中那些独具中国特色的细节，对消除国外受众对中国先前形成的刻板印象、促进国家形象的提升可以起到很好的作用。

（三）立足拓宽题材，开发类型电影

"中国式大片"实现了从无到有的跨越，但在题材方面，仍有很多空白地带需要开拓。另外，有效改变单一类型片也是"中国式大片"需解决的一个问题，科幻片、恐怖片、喜剧片、灾难片等都是亟待填补的类型。

四、结　语

在当今社会，时代的主题内涵不断延伸，关注和构建本国国家形象既是一种创造良好对外交往环境、适应形势变化的需要，更是一种自身存在和发展的需要，我们必须重视电影这个建构国家形象的最好武器。

而在全球化的背景下，中国电影走出去面对国际受众的机会越来越多。在国家形象传播并不理想的"中国式大片"环境下，尤其需要电影创作者更加不懈地努力。这样，中国的国家形象才可以更健康真实地在全世界传播。

跨国文化对话

——乌克兰人眼中的中国电影

宋明翰

（乌克兰克里米亚国立文化艺术旅游大学）

摘要：本文通过简述中国电影史的发展过程和中乌两国的影视剧合作互动，调查乌克兰观众对中国电影的看法，分析乌克兰人眼中的中国国家形象。因为文化差异和传播过程中形象定位的不准确，使得乌克兰观众与中国电影的"对话"形成"隔离"，电影叙事方式的不同和汉语翻译的准确度加深了中乌两国文化对话的复杂性。

关键词：国家形象；中国电影；乌克兰观众；文化对话

Transnational Cultural Dialogue

——Chinese Film in Ukraine's Eyes

SONG Minghan

（National University of Culture，Arts and Tourism of Crimea，Ukraine）

Abstract：This paper investigates Ukrainian audience's view on Chinese film and analyzes the Chinese national image in Ukrainian eyes through a brief introduction about Chinese film development process and the interaction and cooperation between Chinese and Ukraine's film and television. The cultural differences and inaccuracy of image

positioning in the dissemination process，creates the isolation be-
tween the "dialogue" of Ukrainian audience and Chinese film. The
different narrative of Chinese film and the accuracy of Chinese trans-
lation have deepened the complexity of cultural dialogue between
China and Ukraine.

Key Words：national image；Chinese film；Ukrainian audience；cul-
tural dialogue

一、电影媒介搭建中乌两国文化对话的桥梁

在今天这个全球一体化的时代，针对不同的民族、不同的信仰、不同的社会
文化价值之间如何进行文化的对话这个问题，越来越多不同行业的学术研究者
给出了自己的答案。在这个过程中特别要提出的是，作为文化传播的一部分，
电影在这个相衔接的桥梁上扮演了一个尤其重要的跨文化交际角色。

文化对话是指通过自身对另一种文化的认识，与之相互理解和彼此适应的
过程。文化对话可以使自己国家的人民更好地了解他国的文化价值和独特性。

首先，从中国电影史上来说，作为中国人，我们相信现代电影的原型是汉代
时期就已出现的皮影戏。演出的银幕用长长的白布拉起，通过幕后的火光，将
影像投射在挂起的白色屏幕上，而另一侧的屏幕后传出的则是演员们的声音。
1896 年，电影现身于上海，中国本土的电影业便从商业放映起步了。之后，随着
时代的变迁，传统的皮影戏剧场慢慢演变成为现今的电影院。

目前，乌克兰观众比较熟悉的中国电影导演是中国内地"第五代导演"陈凯
歌、张艺谋、田壮壮、黄建新等，他们的作品主观性、象征性、寓意性特别强烈。
而"第六代导演"贾樟柯、张元、王小帅等，他们的作品敢于打破传统的电影形
式，风格鲜明。

至今为止，中乌两国在影视制作方面合作甚少。2000 年由中国人根据外国
原著自己投资、改编、导演的电视剧《钢铁是怎么炼成的》，剧中服装、化妆、烟
火、置景、道具等由乌克兰方面人员担任，片中演员也全部由乌克兰人担任。这
部 20 集的中乌合作电视剧一举获得第 20 届中国电视剧飞天奖"优秀导演奖"
和"长篇电视剧特别奖"。饰演保尔·柯察金的男主角安德烈·萨米宁也因此
剧一举成名，成为乌克兰和中国家喻户晓的明星。

第二部中乌合作的电视剧是根据《牛虻》改编的同名 20 集电视剧，由中国
导演吴天明执导，全剧在乌克兰进行拍摄，主演全部起用外籍演员。

张艺谋导演的电影《十面埋伏》(2004)，片中大量的外景是在乌克兰拍摄完

成的,乌克兰利沃夫市的花海也深深留在观众的印象中,因为该片是在乌克兰拍摄,所以乌克兰观众对该片情有独钟,也使影片在乌克兰收到了很好的票房。

二、从乌克兰人眼中的中国电影来看中国国家形象

根据在乌克兰本国所作的调查,乌克兰观众接触到的中国电影类型主要有武侠或功夫片、剧情片、文艺片、喜剧片、歌舞片。而受欢迎的比例是武侠或功夫片 68%、剧情片 25%、文艺片 20%、喜剧片 12%、歌舞片 7%。片源是影响乌克兰观众接受程度的主要问题,功夫片的片源是最多的,其他的相对较少。另外 72% 的乌克兰人最喜欢的中国演员是成龙,其次是李连杰和李小龙。

中国功夫片发源于中国香港,功夫电影能取得这样的国际地位,最大的功臣是香港的功夫电影人。在乌克兰观众眼中,这类影片都有着相似的情节:一个值得骄傲的英雄或女英雄,常常忍辱负重,被逼无奈下,爆发神威的状态;或者是在孤立无援的情况下偶遇奇人相助,从而绝地逢生,最终克服一切困难获得胜利。

从人物形象上分析,这样的人物塑造是东方文化和民族遭遇冲撞的产物。角色的忍辱负重获得了下层百姓的共鸣和认同感,同时也铸造了东方式英雄的基本形象;而因意外得到高人相助,令其获得最终成功,这是因为在现实社会中实现不了的愿望,人们总希望通过另一种方式实现,所以把希望寄托在世外高人上,满足了当今社会人们的精神需求。

在乌克兰观众眼里,功夫电影给观众呈现的中国人形象主要有三种:第一,以和平为主的东方式英雄人物。这类人物是通过打斗来获得声誉,但是在逆境中一般以和平的方式处理问题。他们很少使用武力来对待恶人,而是耐心地劝导恶人改邪归正。第二,以阴谋诡计为主的反叛人物形象。这类人物通常为了达到个人利益而不择手段,甚至可以杀害身边最亲近的人。第三,残酷暴力的恶霸人物形象。这类人物处理任何问题都是以暴力、流血的方式解决。他们随处杀人,无法无天。注意:乌兰观众从中国功夫片中看到大量的暴力、流血、残忍的镜头,让人容易联想到中国人是否也比较残暴,或者是有暴力倾向。

值得庆幸的是,中国真功夫也通过电影传播给了千千万万的乌克兰观众。李小龙、成龙和李连杰的出现开创了武术全球化的发展。李小龙功夫电影开创了电影传播武术的先例,首次使武术风靡世界。其电影中的截拳道思想奠定了世界武坛无限制综合格斗的发展方向,并改变了中国人“东亚病夫”的形象,彰显了武术的民族精神。成龙功夫电影的喜剧风格符合现代人的审美需求,加快了武术在世界的传播,其电影突出的经济价值为武术商业化发展提供了实例借鉴。李连杰则以一部《少林寺》震撼世界,他的电影演绎功夫禅学,把传统的中

国武术传播到了世界。

从《卧虎藏龙》开始，古装动作大片带给了观众一场场视觉盛宴。乌克兰观众对中国文化独具特色的各种景致很感兴趣：戈壁荒漠、雪山冰峰、激流溪谷、苍翠竹海、皇城宫阙、市井庭院、镖局作坊……加上武侠功夫、刀光剑影、飞檐走壁、丹青书画等等，更容易置身于非常"中国化"的氛围中。

乌克兰的观众普遍认为：许多著名的中国电影都喜欢在影片中再现历史场景和体现诸子百家思想，并给这类影片的主人公定型为一个普通战士，时刻准备为国家牺牲自己的生命。以张艺谋的《英雄》为例，主人公对国家的爱和忠诚，形成个人利益和国家利益之间的冲突，从而建立起一个英雄的形象。这是中国儒家思想精髓：忠于职守，忠诚，感恩，智慧，尊重长辈，勇敢。

总体来说，中国电影给乌克兰观众留下的独特印象主要有：

（1）视觉美学方面，结合民族传统美德情理交融、形神兼备、虚实相生等特殊气质，形成了影片不同的张力。

（2）中国人的微笑。比之美国电影里美国人的微笑，中国人的微笑有所不同。美国人的笑容表示乐观，永远都表示"没问题"，证明他是自信的、有能力的。中国人的微笑却含有古老的哲学：永恒的佛像微笑、道教中神仙的微笑，或是骑着一匹马或水牛圣人老子的微笑，即使是伟大的中国哲学家孔子也充满微笑地对着他周围的世界，甚至残酷的秦始皇也面带微笑出现在中国导演张艺谋的电影《英雄》里。一条微笑的龙，象征着力量、庄严、自信和五千年的中国文明的坚定性。

（3）体现了中国的哲学，既有诸子百家特别是儒家、道家思想，也有佛教、存在主义思想。比如道家的"阴"和"阳"，以及老子的宇宙论和宇宙起源的关系。

（4）强调国家的责任和为国奉献的精神。

（5）独特的民族视觉艺术、音乐、书法、诗歌、舞蹈，贯穿于整个中国人民的精神和日常生活，包括哲学和宗教。

（6）中国电影英雄的典型是普通居民或战士，拥有一身好功夫，身怀绝技，他们的信条永远都是建立在儒家思想上：忠诚、感恩、智慧、勇敢、献身国家。

（7）暴力场面极其丰富，有时夸大。行事怪诞，梦幻般的故事情节摇摇欲坠。

（8）武打动作不现实，更像是一种仪式舞蹈。

三、中国电影与乌克兰观众进行"对话"中所显现的"隔离"

（一）在宣传推广中与乌克兰观众的"隔离"

据调查显示，超过 1/3 的乌克兰人一点都不知道中国电影，半数以上的乌克兰人大概知道一点点，只有 1/5 的乌克兰人了解和知道中国电影，但在这当中有超过 41％ 的人表示从来不看中国电影。

此外，在有中国电影观影经历的乌克兰人中，55％ 是通过租借 DVD 或通过互联网观看。这主要是因为中国电影在乌克兰市场缺乏推广。美国国际数据集团 IDG 全球常务副总裁熊晓鸽曾经在接受访问时表示，乌克兰 60％ 的观众是通过亲友介绍而了解到中国电影的。这足以说明中国电影在乌克兰宣传上的极度疲软。另一方面，中国电影在乌克兰影院上映和音像 DVD 发行也很少。

（二）文化差异的"隔离"

研究结果显示，大部分乌克兰的观众认为很难理解中国的电影。其中有47％ 的观众认为是由于文化思维和文化价值的不同，43％ 的观众认为是因为翻译汉语的精准度，33％ 的观众认为很难理解中国电影的叙事方式，还有 40％ 的观众只热衷于中国的功夫电影。

（三）谋取商业利益又与本身的文化价值产生"隔离"

中国现在每年生产 500 多部电影，继印度和美国之后成为世界第三大电影生产基地。但世界的评论家开始批评中国电影业过多地倾向于商业利润，导致影片往往为了收取高额票房而迎合观众口味，丧失了自身的文化价值。中国电影在乌克兰所遭受的冷落恐怕与此不无关系。

（四）风靡世界的中国功夫电影不能与完整的国家文化形象对接形成"隔离"

中国的功夫电影得到了乌克兰观众的认可和推崇，甚至中国文化被认为就是功夫文化。可是我们需要注意的是，中国文化作为国际舞台上崭新的文化构成，引起了国际上广泛的好奇和兴趣。这种兴趣与其说是对中华文明之"博大精深"的敬畏，不如说是出于对新鲜事物的"围观"冲动。作为中华文化的一部分，功夫不能完全代表中华文化，功夫人物也不能完全代表中国人民形象。

（五）视觉"奇观"不能突出本身的核心价值体系产生"隔离"

中国电影的叙事多少显得平淡无奇，更多是制造视觉"奇观"，并未能在思想深度和艺术探索上有可喜成绩。从中国近些年来的大片来看，之所以华而不实、讲不出故事，就在于缺乏坚强而稳定的价值观支撑。与好莱坞大片相比，这一点显得尤为突出。好莱坞大片之所以流畅而感人，不仅在于技术或艺术层面,还在于故事包含"自由"、"民主"、"爱"等价值观。中国电影往往不能展现中国的核心价值体系,就只能任由乌克兰观众一头雾水、自由想象了。

总而言之,中国电影所塑造的国家形象,是中国文化软实力的重要组成部分。通过电影,可以让全世界不同国家的观众,包括乌克兰观众了解和认识中华民族的无价财富。影片应合理满足观众的个体欲望,展示真实的中国历史传统,要结合新中国和谐与正义的社会形象综合表现。这样的形象才能够增强中华民族的自豪感,并能够为世界文化提供更具生命力的价值选择。

全球语境下国家形象片的制作

姜荣文
（浙江大学传媒与国际文化学院）

摘要:国家形象片是一个以影像为载体的传播形态的视觉文本。在国家形象片中,制作者们等是如何将中国国家的不同元素,如具体的人、典型的建筑、多样的民族特色,转换为一个个视觉符号隐藏在短短的 60 秒中？是如何运用视觉的方式建构和传达出中国的国家形象？ 对《中国国家形象宣传片——人物篇》进行影像文本分析有助于我们理解:以影像为主体的视觉符号是如何建构国家形象,以及人们是如何通过视觉符号来理解《中国国家形象宣传片——人物篇》所要表达的国家形象。

文章运用视觉文化传播理论、影视传播理论和跨文化传播理论,从形象宣传片的制作要求入手,提出"'把关者'要有'跨文化'视域"、"巧用影像功能给'受众'一个良性的'解码'空间"、"减少视觉噪音、慎用文化差异大的元素"等国家形象宣传片的建议。

关键词:国家形象;把关人;受众

Production of National Publicity Film in Global Context

JIANG Rongwen
（College of Media and International Culture，Zhejiang University）

Abstract: National publicity film is a visual text of communication form used images as vector. In national publicity film, how the producers converts China's different elements, for example, specific people, typical architecture, diverse national characteristics in visual symbols one by one in only 60 seconds and how they construct and convey China's national image in visual way? The visual and text analysis on *National Publicity Film—Chapter Figure* would help us understand how the visual symbol takes image as main body to construct national image and how people understand the national image presented in the film through visual symbols. The paper uses visual cultural communication theory, film communication theory and intercultural communication theory and analyzes *Chapter Figure* and puts forward some opinions in light of film's disadvantages—aprosexia of subject, absence of ordinary people, and monotone of expression. Some advices have been put forward from the demand of publicity film's production, such as, "'gatekeeper' should have 'intercultural' field of vision", "cleverly using image function gives the 'audience' a healthy 'decode' space", "reducing visual noise, carefully using the elements in large cultural differences".

Key Words：national image；gatekeeper；audience

一、找好契合点——"把关者"要有"跨文化"视域

在全球化语境下,形象片创作者应该具备"跨文化"视域,用一种现代化、全球化的视野,来观照中国本土文化和中西文化之间的差别,找到双方文化所拥有的共性,寻求认知上的共鸣。

2001 年北京申奥片中的"戏、绿、都、水、动、愿、乐、健、艺、韵"10 个视觉单元,承担了主要的叙事功能,由 200 多个镜头组接而成。申奥片要在极短时间内浓缩中国的古老风情与现代风貌,并达到震撼人心的效果,对创作者来说无疑是一个巨大的挑战。那么,如何用 200 多个镜头涵盖、代替、展现具有五千多年的中国形象呢? 如何用最美的视觉景致与最佳的画面角度来表现中国呢?在镜头的挑选、画面的拍摄、色彩的选择、后期的剪辑等方面,显然导演充当了很好的"把关人"的角色。申奥片中,在视觉画面选择上,导演组精心编排,还针对全球化语境传播设计出一系列画面形象。如为了消除西方受众对中国就是落后、刻板的"代名词"的印象,申奥片中多次出现了北京现代化建筑的镜头;此

外,片中除了专门表现中国的现代都市建筑群、发达的交通之外,还以现代建筑
为背景针对性地设计镜头和场景,如打篮球、跑步、舞龙等场景都是以现代建筑
和北京高楼大厦为背景。导演通过画面语言向西方受众传递和展示新中国的
现代化信息和景象,重点表现了改革开放后,一个充满活力和希望的现代化中
国国家形象;还有大量地植入了笑脸、儿童、篮球等元素,充分利用了画面符号
的隐喻功能和多义性,实现了"跨文化"的无缝对接。片中通过儿童和老人灿烂
的微笑等视觉符号元素,来隐喻出中国以开放姿态欢迎世界。一张张笑脸的汇
集,隐含了一幅幅中国人众乐的景象;一张张笑脸的背后,正是中国亲切、友好、
开放的表征,从而树立了一个"有朋自远方来,不亦说乎"的好客的国家形象;另
外,在全球化背景下,为了塑造"新北京、新奥运"的形象,申奥片中穿插了大量
世界性体育活动元素(街头篮球、滑板、棒球等),让民族本土性代码与世界共同
性代码,有机地嫁接、融合在一起。

申奥片在短短五分钟内,通过影视技艺和手段向国际奥委会委员们作出了
精彩的视觉宣传与民族情感的传达,将中国古老的历史建筑、现代化的城市面
貌、人民对体育的热情建构为一组组视觉符号、一个个可感的画面,以西方文化
容易理解和认同的视觉形象,改变了西方评委们原有的"东方主义"式的中国刻
板印象。

为什么对于《中国国家形象宣传片——中国制造》,有海外学者认为"有很
强的自卫性",而此后的《中国国家形象宣传片——人物篇》,CNN 有评论认为
令美国人产生"更多的是恐惧而不是友谊"? 这也许是传播学上的"误解",也许
这种"误解"不能代表所有的海外受众,也足以令人重视和警醒。"误解"固然有
受西方媒体长期对中国形象的失真传播语境影响,而形成"刻板印象"的原因,
但主要是来源于国家影像的符号表达及传播主体的价值取向。

看来,如何在中西方文化差异之间找到一个"契合点",是形象片能否成功
实现"跨文化"传播的关键所在,因此要求形象片的"把关者"要有"跨文化"
视域。

二、巧用影像功能——还"受众"一个良性的"解码"空间

英国文化学派斯图亚特·霍尔认为,影视语言流通过程可以分为三个相对
独立的阶段:"编码"阶段、"成品"阶段和"解码"阶段。其中,受众的"解码"阶段
尤为重要,占主导地位。受众在对影视语言"解码"时,不仅要受个体的价值观、
世界观和国家意识形态等影响,而且呈现在他们面前的视觉"文本",已是被"编
码者"选择、过滤、加工过的成品,不是视觉"文本"呈现出来的社会原始事件本
源。受众必须能够"解码",才能获得文本的意义。如果受众看不懂,无法获得

意义,那么受众就不会消费,意义就没有进入流通领域,就没有效果。

斯图亚特·霍尔等人将人们的解码活动分成三种类型:第一,契合型,是指解码者的理解与编码者想要传递的意义一致;第二,协调型,是指解码者部分理解符合编码者的本义,部分违背了本义;第三,背离型,解码者所理解的意义与编码者的本义截然相反。

在《中国制造》中,编码者巧用了硅谷科技、美国技术、欧洲设计等西方容易理解的"契合点"元素,通过一个个"契合点"画面,隐藏了"中国制造"主题思想,并通过蒙太奇处理方式,使画面中的隐喻功能进一步得到强化和释放,从而深化了"中国制造"其实就是"携手世界一起制造"主题。"编码者"为了能顺利地传递这一主题思想,并顺利地让"解码者"的理解接受和消费,使"解码者"的理解与"编码者"想要传递的意义一致,在片中安排了"解码者"容易理解和接受的视觉符号,巧妙地运用影视语言来佐证"中国制造"是"携手世界一起制造",也是给了那些质疑"中国制造"是低廉、劣质的说法很好的回击,从而树立了"中国制造"良好的国际形象。

《人物篇》使用了"不同面孔的中国人"这一视觉符号,用人物来诠释国家形象,是一种进步。《人物篇》利用具体的中国人作为视觉传达的符号,无疑是国家形象宣传理念的一种进步。但由于片子时间短、人物多、部分景点过大等,观众难以看清画面中的主体人物。"问卷星"网站设计的调查表中,在"您认识片中出现的人物吗?"一项里,选择"都认识"的只有9.09%,"大部分认识"的仅有39.39%,这两项相加为48.48%,还不到一半(见图1)。片中的部分人物连国内的受众也未必全部认识和了解,更何况是西方受众。这则中国国家形象宣传片的主角中,既有因为体育与美国结缘的姚明、郎平,也有因好莱坞为美国观众认识的吴宇森等,此外还有被华尔街熟知的丁磊、李彦宏,但其中的更多人,例如"杂交水稻之父"袁隆平等,并不为美国及西方社会的普通民众所识,尽管他们在各自领域成就卓越。将一些精英人物分成几拨,一拨代表财富,一拨代表艺术,一拨代表科学,如此这般罗列出来,边上写上名字,看过等于白看,什么也记不住。关注自己没有错,但关注宣传对象的需要才是取得效果的关键。从这个角度看,这则中国国家形象宣传片确实难以代表中国。

"很多人说,看了这个广告很紧张,第一个想法是:中国人来了,而且来了这么多。"香港浸会大学学者孔庆勤在接受媒体采访时表示,《人物篇》播出后,对中国持负面看法的美国人数量反而有所上升,传播效果并不理想。

为了能让"解码者"更直接、更有效地理解和消费"编码者"所要传递的信息,笔者认为,形象片制作者要巧用影像功能,在"编码者"和"解码者"之间找到双方都认同的视觉文本"契合点",还受众一个良性的"解码"空间。

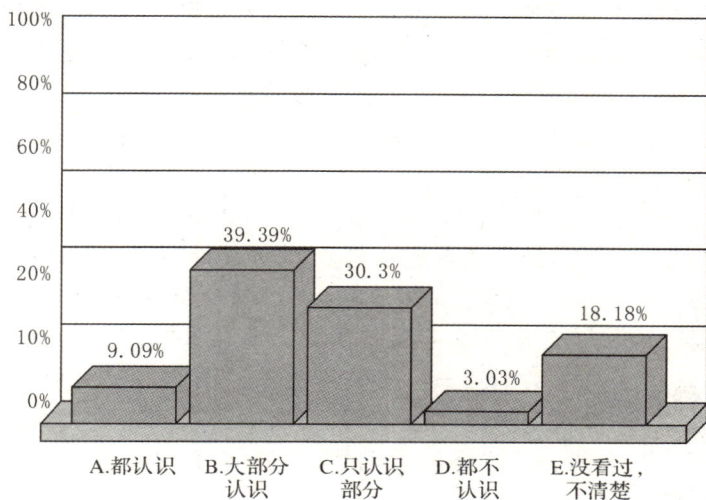

图1　您认识片中出现的人物吗?

数据来源:问卷星 www.sojump.com

三、减少视觉噪音——慎用文化差异大的元素

形象片作为影视文本的一种,是通过画面和声音来传递信息的。画面作为影视文本的基本单位,是通过色彩和光线这两个元素,来结构影像中的主体造型的。色彩作为画面造型的一种重要手段,在烘托气氛、营造主题、传递感情等方面起着重要的作用。

首先就色彩的间接性心理感受来说。所谓色彩的间接性心理感受,是指由色彩基本性质形成的直接性感受外,派生出另一种更为强烈的感受,由印象导致联想,以某种心理的刺激、联想为媒介,来知觉于人的感受。

色彩除了本身的意义外,还隐含着象征意义。在不同的文化背景下,人们对色彩的理解存在很大的差异。在色彩的运用上,东方注重文化传统,古代中国曾经用色彩来划分等级;西方则注重科学原理,以及巧妙配合人的色彩感观。色彩中的红色和白色是最明显的例子。在西方,红色主要指鲜血,容易使人想到火、暴力、危险,常常被用于危险的地方。如美国学者阿恩海姆在《色彩论》中指出色彩能有力地表达情感,红色被认为是令人激动的,使人想到火、血和革命;但在中国,红色象征喜庆和吉祥。中国人认为白色是枯竭、无血色、无生命的表现,是死亡和凶兆的象征;但是在西方,白色象征着高雅、纯洁和无邪,是西方人喜欢的颜色。

不同颜色象征不同意义,这是文化区别导致的。我们在制作形象片时,要注意到中西方文化的区别。张艺谋导演是用色彩的高手。为了让画面更容易被西方人接受,在北京申奥片中,张艺谋作了许多调整,如本应色彩绚丽浓艳的京剧片段,被后期调整成以棕色为主色调,仿佛将西方受众引领到古代历史语境中去感受古老的中国文化。但《人物篇》选择了中国人喜欢的喜庆颜色"红"色,这个颜色是西方的禁忌色。

我们在制作形象片时,要照顾到不同对象的文化特点,而不是按照我们固有的方式和习惯。在选择颜色表达主题时,要处理好东西方文化差异,慎用观念反差大的颜色,以避免给受众带来理解上的歧义和误会,而产生视觉噪音。

在当前的国际形势下,用世界听得懂的语言来介绍中国的发展情况,用世界公众能够接纳和理解的形式来讲述中国故事,引导国际社会形成正确的"中国观",显得尤为必要。要告诉世界一个真实的中国,形象宣传片做的不仅仅是"解密中国"工作,更要拉近中国与世界的距离,为世界构架起一座认识中国、了解中国的桥梁。

华语电影对国家形象的建构

——戛纳电影节获奖华语电影分析

廖梦天

（浙江大学传媒与国际文化学院）

摘要：电影作为丰富的艺术和文化载体，是国家形象建构和传播的重要途径。本文通过分析戛纳电影节中获奖的华语电影，以及华语电影在中国国家形象建构方面的影响和作用，探讨如何通过华语电影对我国的国家形象进行更加符合全球化、多元现代背景的建构和传播。

关键词：华语电影；国家形象；建构和传播；戛纳电影节

Construction of Chinese Language Film on National Image

——Analysis on Awards Films in the Cannes Film Festival

LIAO Mengtian

(College of Media and International Culture, Zhejiang University)

Abstract： Film, as the carrier of various art and culture, is an important approach of the construction and communication of national image. The paper discusses about how to conduct construction and communication of our national image more in line with globalization and multiple modern background by using Chinese language film, through the means of analyzing the awards films in the Cannes Film Festivals and the influence and functions of Chinese language films on the aspect of Chinese national image's construction.

Key Words：Chinese language film；national image；construction and communication；Cannes Film Festival

　　大众耳熟能详的"奥斯卡金像奖"主要针对的是好莱坞电影体系及以西方视觉来关注全球的热点社会文化走向,与之相较,戛纳电影节坚持以艺术美学情趣为评判标准,参赛、获奖作品集艺术价值、现实意义、社会意义于一身,因而本文选取戛纳电影节作为分析对象,通过分析戛纳电影节获奖华语电影,以及这些华语电影在国家形象建构方面的影响和作用,探讨如何通过电影对我国的国家形象进行更为现代、真实、积极、多元的建构和传播。

一、华语影片戛纳获奖情况

　　在戛纳电影节 65 届的历史上,我们暂时无法统计有多少华语影片曾入围过各项奖项。笔者整理了自 1962 年华语影片首次戛纳获奖至今的获奖情况,如表 1 所示①：

表 1　华语影片戛纳电影节获奖情况

年　份	影　　片	导　演	奖　项	类　型
1962 年	《杨贵妃》	李翰祥（香港地区）	最佳内景摄影色彩奖 入围最佳影片（金棕榈）奖	剧情
1964 年	《小蝌蚪找妈妈》	唐澄	荣誉奖	动画、短片
1975 年	《侠女》	胡金铨（香港地区）	最高综合技术奖	动作、冒险
1983 年	《阿 Q 正传》	岑范	入围最佳影片（金棕榈）奖	剧情
1990 年	《菊豆》	张艺谋	入围最佳影片（金棕榈）奖	剧情
1993 年	《霸王别姬》	陈凯歌	最佳影片（金棕榈）奖	剧情、爱情、战争、同性、音乐
1993 年	《戏梦人生》	侯孝贤（台湾地区）	评委会奖	传记、剧情、战争

---

　　①　数据来源：戛纳电影节官网,www. festival-cannes. fr/fr. html；百度百科戛纳国际电影节。

续表

年　份	影　片	导　演	奖　项	类　型
1994 年	《活着》	张艺谋	评委会奖 葛优：最佳男演员 会外赛国际影评人周单元天主教人道主义精神奖 入围最佳影片（金棕榈）奖	剧情
1995 年	《摇啊摇，摇到外婆桥》	张艺谋	最高技术奖	犯罪、剧情
1996 年	《春花梦露》	林正盛 （台湾地区）	会外赛国际影评人周单元天主教人道主义精神奖	剧情
1997 年	《春光乍泄》	王家卫 （香港地区）	最佳导演奖	剧情、爱情、同性
1997 年	《美丽在唱歌》	林正盛 （台湾地区）	会外赛金棕榈奖	剧情、同性
1998 年	《洞》	蔡明亮 （台湾地区）	会外赛国际影评人费比西奖	剧情、歌舞、奇幻
1999 年	《荆轲刺秦王》	陈凯歌	屠居华：最高技术奖	剧情、历史
2000 年	《花样年华》	王家卫 （香港地区）	张叔平、杜可风、李屏宾：艺术成就奖 梁朝伟：最佳男演员 李屏宾、张叔平：最高技术奖 入围最佳影片（金棕榈）奖	剧情、爱情
2000 年	《鬼子来了》	姜文	评委会奖 入围最佳影片（金棕榈）奖	喜剧、剧情、战争
2000 年	《一一》	杨德昌 （台湾地区）	最佳导演奖 入围最佳影片（金棕榈）奖	剧情、音乐、爱情
2001 年	《蔷薇的名字》	侯孝贤 （台湾地区）	杜笃之：最高技术奖 入围最佳影片（金棕榈）奖	剧情、爱情
2001 年	《你那边几点》	蔡明亮 （台湾地区）	杜笃之：最高技术奖 入围最佳影片（金棕榈）奖	剧情、爱情
2002 年	《车四十四》	伍仕贤 （台湾地区）	入围"导演双周"	短片、剧情
2002 年	《哭泣女人》	刘冰鉴	"一种注视"特别提名奖	剧情、喜剧
2004 年	《清洁》（法语）	奥利维耶·阿萨亚斯（法）	张曼玉：最佳女演员	剧情、音乐
2005 年	《青红》	王小帅	评委会奖 入围最佳影片（金棕榈）奖	剧情

续表

年　份	影　片	导　演	奖　项	类　型
2005 年	《呼吸》	何蔚庭（台湾地区）	会外赛国际影评人周周柯达发现奖最佳短片奖及 TV5 青年评论奖	剧情、爱情、短片
2006 年	《江城夏日》	王超	"一种关注"最佳影片奖	剧情
2007 年	《蓝莓之夜》（英）	王家卫（香港地区）	入围最佳影片（金棕榈）奖	剧情、爱情
2009 年	《春风沉醉的晚上》	娄烨	梅峰：最佳编剧奖 入围最佳影片（金棕榈）奖	剧情、同性
2010 年	《日照重庆》	王小帅	入围最佳影片（金棕榈）奖	剧情
2012 年	《浮城迷事》	娄烨	入围"一种关注单元"	爱情

　　据不完全统计，从 1962 年至今，共有 28 部华语影片获奖或入围戛纳。在 50 年中，有 12 部影片入围金棕榈奖，仅一部华语电影折桂。有四部电影获评委会奖，两部获最佳导演奖。另外，分别有两位男演员——葛优和梁朝伟荣膺最佳男主角，而仅有张曼玉一人摘得影后桂冠，且是通过法语影片。从影片题材来看，名单中 86% 的影片是剧情片，其中爱情题材（10 部）、战争（3 部）、同性（4 部）、音乐（2 部）。

二、获奖华语影片特点综述

（一）华语影片入围奖项增多，获奖数量较少

　　迄今为止，戛纳电影节已经举办过 65 届，自 1962 年李翰祥导演的《杨贵妃》获最佳内景摄影色彩奖开始，到第 65 届结束，50 年的时间里有 18 部华语影片获奖（包括"正式竞赛"单元以外的其他奖项），平均每 2～3 年才有一部华语影片获奖，数量其实是非常少的。与华语影片相比，据笔者的不完全统计，各国最佳影片（金棕榈）奖的获奖纪录分别如下：美国 18 次，意大利 12 次，法国 10 次，英国 8 次，丹麦 4 次，日本 4 次。可见，在戛纳电影节上频频折桂的仍是国际上公认的几个电影大国。

　　从获奖年代来看，如图 1 所示，华语获奖及入围电影，20 世纪 60 年代 2 部，20 世纪 70 年代 1 部，20 世纪 80 年代 1 部，20 世纪 90 年代 7 部，21 世纪 10 年代 13 部。改革开放之后，随着现代化建设水平的日益提高，华语电影制播水平呈加速发展态势。20 世纪 90 年代，第五代导演领头华语影片在戛纳电影节中崭露头角并获丰收，十年中，张艺谋三次获奖，陈凯歌两次。其中 1993 年《霸王

别姬》获金棕榈奖,是华语电影目前唯一一次斩获金棕榈大奖,这无疑是 20 世纪 90 年代华语电影圈的骄傲,同时也是需要反思的。另外值得注意的是 2000 年,这一年姜文、王家卫、杨德昌集体发力。进入 21 世纪后,有 9 部华语影片曾入围金棕榈奖,从某种程度上反映了华语电影在国际地位和影响力上的进步;但这十几年中,华语影片从未折桂,而且 2007 年至今,华语影片仅获过一次最佳编剧奖,其他奖项颗粒无收。可见,华语影片与戛纳电影节最高水平仍有一定距离。

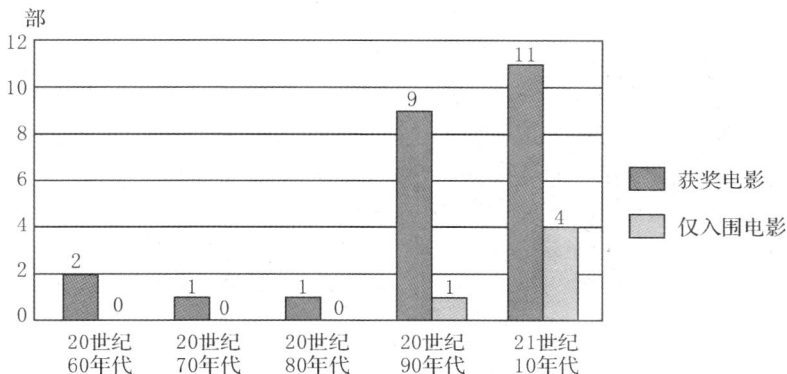

图 1　华语影片戛纳电影节获奖及入围情况(按年代统计)

(二)获奖华语影片题材局限,未展现多元文化特色

从题材上看,内地从第五代导演到第六代导演,从《活着》、《霸王别姬》到《青红》、《日照重庆》,电影主题以表现大历史背景下小人物压抑、被抛弃、被束缚的悲剧命运为多,或表现专制背景下个体情欲和人性自由的失衡与挣扎为多。如《霸王别姬》涉及"文革"题材,《日照重庆》中两对父子的情感救赎折射出当代中国都市的孤寂与无助,《菊豆》和《活着》触及中国的国民性,相对压抑而沉重;港台地区影片主要倾向关注现代都市的家庭、伦理和爱情(包括同性题材),相对而言,关注的点更小而且更为现代。

同时我们注意到,戛纳入围和获奖的华语影片以文艺片和独立制作电影为主,在国内的传播效果已经较弱,更何况是在国际范围了。在笔者看来,这些影片关注和表达的主题并没有全面展示和反映当代中国的风貌和状态,反而更多地呈现贫穷落后、"伪民俗"的影像。诚然,戛纳电影节以及欧洲语境下的电影艺术更偏好实验性、艺术性的影片,但为什么华语电影中的灰色元素往往能够博得国际评委的注意和认同,而我们试图并且需要传播的中国文化和国家形象中现代、积极、多元、智慧的部分却收不到相应的传播效果?这便又要回到电影与国家形象建构的话题中来。这些影片在戛纳影展开枝散叶,在肯定它们的成绩和贡献的同时,也要清醒地认识到欧洲和国际评委的喜好倾向其实从某种程度上反映了中国的国家形象建构。中国的国际形象没有改善,而华语电影又希望通过在国际级的电影节上斩获奖项来提高华语电影的影响力,如果"曲意迎合",为了获奖而选材、拍片,以负面的形象迎合西方对东方的固有印象,对于中国文化和国家形象建构是无益处的。

三、华语影片对国家形象建构的探讨

中国电影已经有近百年历史,客观说来,近二十年,尤其是近十年,华语电影在产出规模上增长迅速,艺术创作类型也呈丰富态势,其文化传播力、渗透力、艺术影响力应该说是愈来愈强。尤其是第五代、第六代导演和港台几位导演屡屡发力,让更多的华语电影、华语电影人在戛纳等国际重要电影节上崭露头角。虽说这些电影在不同程度上加强了我国国家形象的塑造,但华语电影仍未走入世界主流电影核心圈。因此,如何通过电影这一大众媒介建构我国国家形象,积极引导世界关注、了解中国,是很有必要思考的问题。

(一)华语电影立足生活选材、健全电影类型

电影与国家形象的建构和传播是息息相关的,电影如何表现国家形象也是电影界关注和讨论的重点。正如中国影协主席、著名导演李前宽所说,"电影怎么表现国家形象?最好的办法还是表现生活在这个国家里的人"。笔者认为,电影在选材上应该立足多元化,多类型、多风格,不局限于我们熟悉或者擅长拍摄、制作的某几个题材。青年导演陆川也表达过类似想法,他认为在呈现国家形象时,"应该考虑的是我们的影片是不是在讲一个全人类都能听得懂的话题,我们是不是在用一种全人类都能听得懂的语言讲故事"。[①]

注重国家形象的建构并不意味着塑造、传播大时代、大人物、大英雄。同时,作为国家形象重要传播途径的电影,在题材选取上也不能过多展现诸如吸毒、嫖娼、偷窃、腐败、落后、不公之类负面的社会现象,这样久而久之会使外国观众对该国形成落后、刻板、消极的印象,理所当然地认为电影里反映的是该国常态。笔者认为,华语电影在选材上应该力图多元化,关注传统中国和当代中国,关注全球化背景下的中国和中国本土化、民族化的元素。

(二)华语电影文艺片、商业片并进发展

我们从表2中能够看出文艺片和独立制作片受到戛纳以及欧洲语境下三

---

① 《电影艺术如何建构国家形象》,文化艺术世界网,http://culart. zjol. com. cn/09culart/system/2011/12/28/018109089. shtml,2011 年 12 月 28 日。

大电影节的青睐。娄烨和王小帅曾经是戛纳的座上宾,但近几年东欧、北欧、中东等地的青年导演群体崛起势头非常凶猛,北美独立电影在欧洲电影圈更是高歌猛进,而中国电影在艺术品质、个性风格、关注题材上十余年没有明显的突破,华语电影连续几年在戛纳电影节重要奖项上颗粒无收也就不足为怪。与此同时,在每年的全球票房排行榜上,也很难觅得华语片的踪影。根据一份截至2012 年 5 月的《世界影史票房排行榜》①,排行前 200 位的电影中,没有一部华语电影。一个国家的商业片在艺术价值上并不一定代表该国的最高水平,但一部好的商业片不仅能够带来经济效益,因其传播广泛性和通俗性、大众性,也是国家形象建构的一个重要方面。

表 2   戛纳电影节近十年金棕榈大奖获奖情况(2003—2012)

	获奖电影	国　家	类　型
第 56 届	《大象》	美国	犯罪、剧情
第 57 届	《华氏 911》	美国	纪录片、历史、战争
第 58 届	《孩子》	比利时、法国	剧情、爱情、犯罪
第 59 届	《风吹稻浪》	爱尔兰、英国、德国、意大利、西班牙、法国	剧情、历史、战争
第 60 届	《四月三周两天》	罗马尼亚	剧情
第 61 届	《墙壁之间》	法国	剧情
第 62 届	《白丝带》	德国、奥地利、意大利	剧情、悬疑
第 63 届	《能召回前世的布米叔叔》	泰国	剧情、科幻、鬼怪
第 64 届	《生命之树》	美国	剧情、科幻
第 65 届	《爱》	法国、德国、奥地利	剧情

　　笔者认为,为了加强华语电影在国家形象建构和传播中的作用,在鼓励多元题材、展示现代生活的同时,应该双管齐下,共同推进商业片和文艺片的发展。只有商业片和文艺片共同引领中国电影市场的发展,中国电影市场才有可能持续发展。一味制作大成本、明星云集的商业片,可能达不到国际上的艺术价值标准;只锁定文艺片则可能无法获得大范围的传播效果。笔者认为,商业片应从名演员、大制作、先进技术等方面提升价值和影响,艺术片则通过以小博大,抓住生活和社会中的某一个点来展现艺术特性。

中国电影作为中国文化的重要传播载体,需要向国际呈现的是"确实的中国文化精神"。① 近年来,国产商业大片渐趋成熟,其中中小成本电影更是异军突起,但与欧美发达国家相比仍然缺乏足够的竞争力与影响力,更别说走向世界、以电影提升"国家文化软实力"和构建中国国家形象。危机和机遇总是并存的,在这个信息高速发展的时代,每一位华语影视人都应该承担起自己的使命和责任,通过更具传播价值、艺术品质、多元个性的电影作品,向世界展示一个现代化、多元化的中国!

---

① 戴元光,邱宝林:《全球化语境下中国电影文化传播策略检讨》,《现代传播》2004 年第 2 期。

媒介融合与全景中国

新媒体，"微托邦"：
崛起于网络的"青年中国"形象

聂　伟　冯　凝
（上海大学影视艺术技术学院）

摘要：近年来，中国国家形象以多种形式出现在媒体传播中，但收效大都低于预期。新媒体时代为网络影像提供了新的创作、传播平台，一个"青年中国"的形象由此而生。本文通过对网络影像创作的划代梳理，探讨"青年中国"影像构建的叙事特征、运作机制与未来发展可能。
关键词：新媒体；"微托邦"；影像叙事；青年中国

New Media, "Micro-Utopia": "Young China" Image rising from the Network

NIE Wei　FEN Ning
(School of Film & TV Arts and Technology, Shanghai University)

Abstract: In the era of globalization, how to shape the national image of the highest national identity internally and how to disseminate the national image of highest idea externally, are the problems which the country in rapid development needs to face. The paper is based on Chinese reality. Through the analyses of important works' aesthetic forms and social effects that have taken place since appearance of network images，it summarizes network images' partial advantages and potentials in the process of active construction and passive reflection of national image，and points out their feasibility in operational level in the future.

Key Words：new media；national image；network image

全球化时代，国家概念不限于地理疆域，更诉诸文化形象层面。所谓"国家形象"，是指"一国内部公众和外部公众对该国政治、经济、社会、文化与地理等方面状况的认识与评价"。① 如何对内塑造国民认同度高的国家形象，对外传播"文化折扣"（Cultural Discount）低的国家形象，快速崛起的中国积极谋求"属己"的叙事创新，因为"现在世界上不仅有一个西方的美国梦，也有一个东方的中国梦"②。

一、"自律"或"他滤"：反思当前媒体中的国家形象呈现

2011 年 1 月 17 日，一则时长 60 秒的《中国国家形象宣传片——人物篇》在纽约时报广场户外大屏幕播放，其中精心挑选 59 位中国人的微笑，展示了日益崛起的中国勇于向世界呈现的文化自信。从早 6 点至翌日凌晨 2 点的 20 小时内，这则宣传片每小时播放 15 次，总计播放近万次。③ 该片体现出主流影像塑造国家形象的普遍特征，即官方理念主导、国有资本支撑、主流宏大叙事，其主旨是进入国内乃至国际最重要的话语表意空间。这种由国内主流媒体打造、登陆国外主流媒体的文本，面世之前势必遭遇层层审查或自审。过于强调"自律"的影像叙事其价值取向绝对正面，美学表达却常失之片面，"文化折扣"过高，反而不利于改善西方世界对中国的形象认知与理解。

自律式影像叙事已然成为当前中国主流电影与商业大片制作的思维定势。此类影片试图模仿好莱坞电影工业体系下的大片形态，生硬注入中国主流意识形态，其结果是尚未可见的"文化价值"总是胜过它相对薄弱的经济价值。④ 抑或沿袭武侠类型电影传统，沉溺于古装与功夫元素的单调搭配。事实上，在《英雄》上映后的十年间，由"第五代"导演担纲的"中国式大片"，其观众口碑与社会

① 孙有中：《国家形象的内涵及其功能》，《国际论坛》2002 年第 3 期。
② 李源潮：《中国也有一个可以追求的梦》，《国际人才交流》2012 年第 1 期。
③ 中国新闻网：《中国首部国家形象片在美亮相 外媒赞展现软实力》，2011 年 1 月 22 日，参考网址：http://www.chinanews.com/gn/2011/01-22/2805019.shtml。
④ 聂伟、冯凝：《让市场真正成为繁荣中国电影产业的决定性力量》，《电影艺术》2012 年第 1 期。

效益疲态尽现。

除此之外，一批小众电影向国际电影节的"后殖民"路线靠拢，常常表现为"他滤"式影像叙事。以"文化精英"自称的导演们重点描写转型期中国社会成员"在进退之间失去了分寸"①，在"介入现实、干预历史"的口号下构建出他者喜闻乐见的"恶托邦"。此外，影片在情节设置和人物形象塑造方面维系了密切的"家族相似性"，通行的低照度摄影、低品质声画、少对白，刻意重复国际电影节选片人的模式化印象——"一部非常慢、用固定镜头拍摄的影片，呈现了即将死去的人的悲惨生活，配上很差的声音和难以理解的字幕"②。

讲述贴近当代生活的"中国梦"，建构新的情感召唤机制，要求政府、传媒、公众共同参与其中，构成完整而开放的观念—制作—传播链条。实际上，借助传媒塑造国家形象的行为并不新奇，通过报章杂志、宣传手册乃至文献纪录片构建或反映本国风貌的做法一直都有。改革开放以来，政府借助影像传媒在世界文化舞台频频发声，积极传递包容、融合、进取的当代中国形象。尤其随着新媒体时代的到来，网络进入全球民众的日常生活，其数字信息化、传播高速化、公开透明化的特质深刻地改变了人们的生活方式。新媒体的介入，不仅表现为技术层面的革新，更重要的是带来了社会结构的重组与社会文化的重构。由此，国家形象的塑造主体从单数迅速衍生为复数，"中国梦"的讲述方式由一元拓展为多元。

二、包容与多元：网络影像与草根自塑

新媒体视频行业的发展可以追溯到 2005 年 Youtube 的诞生。作为世界上最具影响力的视频分享网站，其视频创作与传输模式为大众自媒体（We Media）提供了充分的技术平台支撑。此后的 2006 年被称为"P2P"时代元年，点对点信息交流平台搭建起来了，这个免费的网络平台具有低/零成本、隐蔽性与国际化等特点，迅速拓展了大众电影文化消费的新空间。③ 2006 年年初，自由职业者胡戈根据陈凯歌新片《无极》和中国中央电视台《中国法制报道》栏目改编的网络视频《一个馒头引发的血案》，首次将主流媒体、中国商业大片与网络影像置于三边对峙的格局。在广电媒体与社会化媒体的对局中，胡戈赢得了粉丝群

① 参见 2011 年 5 月 17 日王德威在北京大学图书馆所作报告《乌托邦，恶托邦，异托邦：从鲁迅到刘慈欣》。

② 张亚璇：《与葛文谈话：鹿特丹电影节与当代独立电影制作》，《当代艺术与投资》2010年第 6 期，第 79 页。

③ 聂伟：《"经典"之后：视觉奇观与后"P2P"时代的电影生态》，《杭州师范大学学报》2010 年第 4 期。

体、社会声望与网络话语权,俨然成为网络"草根文化"的代言人。他所能表述的是一种非主流、非正统、非专业或曰爱好者,甚至纯然出自民间草泽的人所构成的群体,他们区别于那种故步自封、唯我独尊的所谓正统的、主流的声音,有其独立存在的理由和独特优势。① 自发独立于主流媒体之外的草根中国形象,是建构多元的国家形象不可或缺的部分,体现了国家文化精神内部更大的包容性。

网络视频在制作和发行环节的草根性,去除了国家形象这一宏大概念的神秘感,吸引更多网民加入创作,进行亲历式讲述。由于观看介质一般是家用电脑屏幕或手持平板设备,影像的分辨率和照明规格无需达到影院公映电影的标准,因此其拍摄成本极其低廉,手机自带的摄像头足可堪用,拍摄时甚至一镜到底而不需要剪辑。与此同时,以 Movie Maker、iMovie 及"绘声绘影"等为代表的非专业或准专业级别剪辑软件的普及,也填平了非线性编辑的专业鸿沟。这些"零成本"影像的上传方式也极其简便,创作者只需在众多视频门户网站(如土豆、优酷、酷 6 等)中任选一家,注册账号后可以一键完成上传,而几乎所有视频网站又都提供即时下载与转载功能。

具体到影像作品的发行环节,网络宣发成本几乎可以忽略不计,网络影像更多依靠网民自发推荐、转载所积累的口碑。来自民间 P2P 的有效传播更易得到民众的广泛认可,其中微博转发与"点名"功能发挥了重要作用。最初,Very-CD、BTChina 等一批 P2P 下载门户网站通过强大的网络影响力,决定了绝大多数网民的观看选择。上述网站乐于为草根导演于放"首页资源"②,为这群"作者"打造依靠作品发言的传播平台。网络动画短片《李献计历险记》依靠 Very-CD 的推送聚集了巨大人气,进而获得大银幕电影化的机会。未来将会有更多的年轻创作者通过网络吸引投资者的关注,从而获得拍摄院线长片的资金。③新世纪第十个年头以来,随着民间 P2P 网站集体没落,网民逐渐转向门户视频网站的正版资源。但是,出于对电影网络播映权高昂成本的考量,且为了避免网络视频放映同质化,各大视频网站纷纷开发自制小成本网络电影。那些在视频制作行业边缘打拼的年轻作者,由此浪潮纷纷浮出水面。如 2010 年,筷子兄弟的《老男孩》红遍大江南北。

除此之外,网络影像还提供了观众与作者前所未有的零距离互动可能。如果说传统电影与影评之间的关联度越来越微弱,那么网络影像在播放窗口之下

---

① 胡忠青:《博客电影:在"玩"与创新中行走》,《电影评介》2006 年第 18 期。

② 聂伟、吴舒:《微电影:演变、机遇与挑战》,《上海大学学报》2012 年第 4 期。

③ 张成:《电影应如何面对数字技术? 网络电影培养怎样观众》,《中国艺术报》2011 年11 月 11 日。

直接提供评论栏，从技术层面堪称完美地解决了沟通问题。地球任何一个角落的网民都可以在观看的过程中畅所欲言，实现作品与批评的零时差互动。观众们甚至可以通过"聊天室"功能与同时在线的观看者即时进行跨区域交流。

借助新媒体平台，草根创作者真正获得了自媒体叙述的平等话语权与传播空间的拓展。以此为基础，无数草根故事汇聚而成的感性文本共同构成了"文化中国"最为丰富活跃、多元包容的方面。国家形象无疑是宏大的叙述工程，但说到底，这一工程需要每一位中国人参与讲述，其蕴含的精神内核也需要每一位中国人勉力践行。塑造、提升国家形象，离不开多元文化构成中的每一个维度。一般情况下，网络影像集中表达"草根中国"，创作者与观看者都无权也无意进入宏观叙事。他们自在自为地表现出草根群体在微观层面上更为真实的生活本相，与国家主流意识形态构建的国家形象并行不悖。拥有广泛基层影响力的网络影像如同一面镜子，"一个追求健康、积极向上的国家，善于透过这面镜子发现自己的优点和瑕疵，并及时调整自己的行为和修正自己的形象"①。

事实上，各国政府文化主管部门已经充分意识到草根化的网络影像媒介在传播国家形象过程中所扮演的重要角色。与其上演全球媒体"新冷战"②，不如各美其美，美美与共。2012 年 1 月，由法国电影联盟主办的 2012 法国在线电影节正式在全球同步启动，中国视频网站优酷作为其中国区独家合作伙伴，也举办了为期一个月的在线电影展映。③ 法国电影联盟是隶属于政府部门的官方组织，致力于向全世界推广法国电影。更近的例子是韩国政府正着力将风靡全球的《江南 Style》提升至国家品牌推广层面，试图借此重振几近式微的"韩流"。国家品牌与网络形象重合在一起，借助新媒体平台向全世界施放国家文化的正能量，或将成为未来各国文化宣传战略中新的选项。

三、青年中国"微托邦"：国家形象叙事的新可能

根据中国互联网络信息中心 2012 年 7 月 19 日发布的《第 28 次中国互联网络发展状况统计报告》，截至 2011 年 6 月底，中国网民规模达到 4.85 亿，其中网民年龄结构继续向成熟化发展，10～19 岁的网民占 26%，20～39 岁的网民占 54%。2011 年 6 月，中国网络视频用户达 3.01 亿，用户使用率为 62.1%。同样，网络影像作为网络文化的重要组成部分，其生产/消费的主要阵营依旧是青年群体。当代中国网络传播平台与微电影创作合力建构出一个充满生机的青

---

① 刘小燕：《关于传媒塑造国家形象的思考》，《国际新闻界》2002 年第 2 期。
② 参见吕虹编译：《全球媒体"新冷战"正在上演》，《社会科学报》2012 年 11 月 1 日。
③ 《优酷成"法国在线电影节"独家合作伙伴》，优酷网 2012 年 1 月 17 日。

年中国"微托邦"。面对"网络影像如何表达国家形象"的问题,"70后""80后""90后",以自媒体的方式提交了各具特色的答卷。

(一)70后:置身"家国"文化的集体怀旧

网络影像"70后"的代表人物是目前最活跃的草根创作组合——由肖央、王太利组成的筷子兄弟。通过极尽夸张甚至过度的表演,取道经典文化,回归青春记忆,渲染怀旧情绪。

筷子兄弟早先两部作品《老男孩》与《赢家》,极富内在性地贯彻了儒家的"入世"哲学与"重义轻利"的思想。这两部作品奠定了筷子兄弟的风格,即永远在"过去"与"当下"两个时空跳跃,通过对比呈现现实的迷惘,寻找失落的价值信仰。《老男孩》与《赢家》都在鼓励人们不问出身、不问年龄,敢于"入世"追逐最初的梦想。《老男孩》中,两位不再年轻却怀有歌手梦想的老同学参加"欢乐男声"选秀栏目,虽遭失败却在各自本来的行业里找回事业信心。作为参照,他们的同学"包子"一方面享受着事业的成功,一方面忍受着道德良心的煎熬,迷失在都市生活的喧嚣之中。导演借此反思了都市白领在义利之间如何权衡取舍的难题。

2011年12月21日上线首播的青春感恩记《父亲》之《父女篇》,讲述一位自幼被女孩视为偶像崇拜的父亲,随着岁月流逝与社会变迁,逐渐沦为社会边缘人,及至患病成为女儿生活中的"拖累"。令人称奇的是,父亲在影片结尾处再次身着正装出场,如同回光返照,为女儿的婚礼献出最后一分父爱、祝福与尊重。《父女篇》一面呈现父亲英华消失后的窘态,一面以"样板戏"弘扬正面人物的拍法追忆主人公当年的飒爽英姿。欲扬先抑的手法突出体现了物质时代个体与历史记忆的关系,包括女儿在内的当下生存对往昔那个被称作"父亲"的他者的亏欠。一种虽不厚重却足以撩人的情感怀旧,让无论是否经历过那个时代的观众都陷入莫名的感动,进而体认传统的家国伦理与父辈的文化尊严。无独有偶,张扬执导的微电影《老人愿》被誉为大电影《飞越老人院》的番外篇。片中以女儿的视角,向迟到的父爱遥相致意。怀旧版青春叙事、Flash风格、通俗剧式的叙事手法,构成了20世纪70年代生人网络影像制作的集体特征。

(二)80后:粗糙而真实的社会关怀

卢正雨的网络剧《Office嘻哈四重奏》和管晓杰的《青春期》系列,集中关注"80后"面对工作与生活时的困扰,是80后网络影像作品中的代表。与70后略显凝重的价值追问相比,80后的网络影像叙事更具有当下的体验感,故事情节结构更具开放性。

《Office嘻哈四重奏》以不无夸张的口吻讲述刚刚步入职场的青年白领的办公室生活。全剧制作以"在线观看"为目的,采取情景喜剧的方式,成本极其低廉，笑料多出自网络，堪称"糗版"办公室题材网络剧。值得一提的是，翻版、借鉴美国情景喜剧如《生活大爆炸》和《老友记》等已然成为"80 后"导演网络剧创作的模板。管晓杰的《新生活大爆炸》与韦正的《爱情公寓》①在网络平台上大受欢迎，其叙事手法概莫其外。

管晓杰的《青春期》系列堪称校园青春题材的中国式另类书写。主人公为一群"90 后"高中生，既不是传统教育模式下的优秀典型，也不是沾染恶习气的"混混儿"，而是更趋向日常化的、有着符合其年龄特征的心理生理的血气方刚的少男少女。剧中台词大量充斥"猫扑语"②，对留级宅男与叛逆少女另类生活的描述，弥补了传统电影呈现中国新一代青少年学习生活状态的题材空白。

当然，80 后青年的视野并非单一限定于个人化的生活私语，还体现为积极以网络影像传达社会关怀。《爱的联想》是网络电影中罕见的纪录片，分别描绘三个"正在发展过程中的非政府组织"（多背一公斤、十二邻、科学松鼠会）在成立、活动开展阶段的诸多喜悦与辛酸。这三部纪录片因为极其贴近当下中国不平等甚至稍显丑陋的现实——养老院、乡村小学等，而极易被西方观众视为"后殖民主义"作品。然而，《爱的联想》并没有陷入"恶托邦"的展示怪圈。80 后导演陈涛拍摄的《科学松鼠会》陈述当代中国青年的理性思考，向世界传达他们的决心。《十二邻》在养老院开办回忆剧场，通过"空椅"扮演，积极正面地刻画民间非政府组织关爱老年人的行动。在这里，没有被误读的"水深火热"，年青一代无偿服务，开启民智，积极发动民间互援，恰恰证明"这一代"对中国当前社会责任的自觉担当，以及运用科学知识进行社会理性建构的勇气。

（三）90 后：戏谑解构背后的文化反思

与 70 后、80 后的网络创作相比，90 后或准 90 后的影像风格显得尖锐甚至更为刻薄，体现出自我拷问的勇气与真诚。这些类 90 后作者尚未从院校毕业，大多为自筹资金拍摄，以学生作业的形式创作，完全不考虑收益。这些作品天马行空，基本毫无禁忌，极大地体现出网络影像自由表达的特征。

1988 年出生的向歌在《红领巾》中以游戏化的方式，解构了神圣图腾在当代小学生心中的意义。中国传媒大学 2007 级动画班完成的《红领巾侠》，用超级英雄的模式包装了一位反抗班主任"强权"的小学生。

单就戏谑与反讽特质而言，中国网络电影的"解构主义"鼻祖胡戈更具备横跨"代际"的特色。他一贯坚持以网络影像抨击华语商业大片与好莱坞巨制。

---

①　《爱情公寓》虽然属于标准规格的电视剧，但其因充分借助网络的力量获得了流行。

②　猫扑网是中国互联网流行文化和公共舆论的策源地之一，以炮制新锐语词与另类文化闻名。

《一个馒头引发的血案》传达出青年网络群体对中国主流导演盲目跟风好莱坞、扎堆拍摄古装大片的失望与不屑。此后真人拍摄的恶搞作品《乌龙山剿匪记》和《007 大战黑衣人》则将反讽"第一世界"推向极致。《乌龙山剿匪记》表现美国前总统小布什与萨达姆围绕大规模杀伤性武器展开匪夷所思的对峙；《007 大战黑衣人》则毫不留情地调侃好莱坞的商业制作。此外还有 2009 年末流行的网络动画《李献计历险记》。故事讲述一个患有差时症的北京青年李献计不断穿越时空云浮去找寻失去的恋人王倩，此间漂移到阿富汗，运送走私玉玺，并拯救了美国总统的女儿。导演在此部分完全戏仿了美国好莱坞动作大片的套路，将一名角色绘制成尼古拉斯·凯奇的容貌，频频制造"笑果"。在以个人风格浓烈的网络电影作品对好莱坞典型桥段进行夸张重现的同时，《李献计历险记》完成了对"第一世界"的叙事逆反，进而质疑好莱坞电影输出的价值观。

四、余　论

2011 年被媒体冠以"中国微电影元年"，网络影像的发展速度令人瞩目。除上面提及的影响力广泛的作品外，还有不计其数的网络影像以宣传片、播客、视频日记等多种途径广泛传播。事实证明，新媒体时代中国青年群体的网络影像创作与传播，为国家形象的塑造提供了更为丰富而多元的表意空间。他们熟练地借鉴经典通俗情节剧的叙事模式，以"微托邦"的多元形态竞相展示当代"青年中国"生机勃勃的新形象。在尊重法律知识产权、网络传播标准与道德规范的前提下，社会应给予他们更多的文化宽容，鼓励年青一代利用新媒体平台进行相对自由的个性化创作。

中央电视台大型纪录片视阈下的
国家形象建构

赵　瑜　　闻光凯

（浙江大学传媒与国际文化学院）

摘要：中央电视台的大型纪录片体现了国家主流意志对中国历史、发展模式的阶段性共识，为国内外观众提供了中国国家形象的电视文本。本文以此为研究对象，分阶段阐释三个历史阶段国家形象在主流媒体的建构，以认识国家社会发展、社会思潮激荡和媒体创作理念革新共同作用下的国家形象建构。

关键词：中央电视台；纪录片；国家形象

Construction of National Image in the View of
CCTV Full-length Documentary

ZHAO Yu；WEN Guangkai

（College of Media and International Culture，Zhejiang University）

Abstract：CCTV full-length documentaries reflect national mainstream mind's stepwise common view of Chinese history and development mode. These documentaries provide TV versions of Chinese national image to the audience home and abroad. The paper chooses these documentaries as research subject，and illustrates the construction of national images in the mainstream media in three historical periods by stages. We can see from the construction of national images through interaction among national social development，surging of social thoughts and media creation innovation.

Key Words：CCTV；dɔcumentary；national image

对于"国家形象"一词，国内已有较多学者从传播学角度予以界定。国家形象是国内外公众对一个国家在世界体系中的总体认知与态度。它不仅表现为国内民众对该国的总体认知与态度，更表现为国外民众对这个国家的总体印象与评价。刘继南教授认为，"国家形象是指一国在其他国家人们心目中的综合评价和印象，主要体现在别国的大众传播媒介上"。张毓强先生则认为，"一国主权国家在系统运动过程中发出的信息被国际公众映象后在特定条件下通过特定媒介的输出"。管文虎先生在《国家形象论》中基于跨学科研究提出，"国家形象是一个综合体，它是国家外部公众和内部公众对国家本身、国家行为、国家的各项活动及其成果所给予的总的评价和认定。国家形象具有极大的影响力、凝聚力，是一个国家整体实力的体现"。① 国家形象有其客观存在性和物质本源性，但其中可能更为重要的是基于一国历史文化及其在国际社会中的表现所形成的"软实力"。它是国家文化软实力的重要标志，也是一个国家基于文化的生命力、创新力、传播力而形成的思想、道德和精神力量。

其中，纪录片作为一种以"非虚构"为本质特点的媒介形式，借助摄影或录像等技术手段对国家的政治、经济、文化、军事、历史事件等进行比较系统和完整的记录和呈现。它从现实生活中选取典型，真实地反映生活，无疑成为国家形象建构中的具有重要说服力和影响力的材料。

"一个国家没有纪录片，就像一个家庭没有相册。"智利纪录片导演顾兹曼，曾用这样的话语来阐述纪录片刻画时代精神、保存群体记忆的功用。纪录片之于国家形象，就像是展示在国人及世界面前的历史相册。而中央电视台自建台以来一直没有放弃书写的大型纪录片和政论片是尤其需要关注的对象。

一、中央电视台大型纪录片与国家形象的构建

第一，国家媒体的地位和使命使得中央电视台自觉地进行历史中国、革命中国和现代中国形象的电视化表达。

---

① 孟建：《中国形象不能被"他塑"为"沉默对话者"》，转引自人民网，原载于《中国社会科学学报》。

　　作为国家媒体,中央电视台承担着阐释当代中国价值观念的重任。从国家主流意识形态高度诠释中国的发展,一直是其大型纪录片的创作主旨。从改革开放之初的《话说长江》《话说运河》到千禧年之后的《大国崛起》《复兴之路》,中央电视台力图以电视的方式对中国历史进行宏大叙事,从而探寻富国强民之路,而纪录片"非虚构"的艺术特性使其对国家形象的建构更令人信服也更直观。

　　第二,中央电视台的大型纪录片是国家意识形态传播的一种有力方式,也力图在民众中构建共有观念和信念体系,形成国家形象对内的传播和构建。

　　中央电视台创作的不少大型纪录片已经成为一代人的共同记忆,对于塑造中国国家形象起着重要作用。国家形象的认知主体是国内民众和国外民众。当然,由于国家形象概念是在全球化背景下彰显的,因而在理论研究中更加注重国外民众对一国形象的认知。这一现实也部分回应着中国理论界的焦虑:中国国家形象的"他塑"现象严重,而国家形象的构建与传播被期待成为改变这一现实的途径。但我们必须认识到,国内民众对国家形象稳定的认知是国际传播的基石,若本国民众对本国历史、文化和内在特质的认知没有一致,国家形象的国际传播也必然暧昧不明。

　　中央电视台的大型纪录片一般有三种基本风格:其一描绘祖国壮丽河山,通过讴歌生活其间的中国人民来唤起观众的爱国热情,代表作有《话说长江》、《望长城》等;其二书写中国重大历史事件,在新、旧中国的对比中直接表现党和国家领导人集体的历史功绩,代表作有《百年中国》、《旗帜》等;其三对中国发展模式和道路选择进行直接论证,通常会诉诸"中国、西方"、"传统、现代"的二元对立的话语对中国问题进行分析,代表作有《大国崛起》、《复兴之路》等。也有部分源自中央电视台的国家媒体身份,如近期投拍的大型纪录片不仅在国内引起热议,也成为国外观照中国战略意图和国情民意的窗口。

　　第三,中央电视台大型纪录片和政论片是当下社会问题和社会思潮的直接体现,体现了社会对中国历史、中国问题的阶段性共识。

　　中央电视台大型纪录片的命题直指中国发展的核心问题,是政治、经济、社会议题的直接反射。中央电视台综合频道副总监任学安表示,《大国崛起》、《复兴之路》、《公司的力量》三部纪录片都有一个清晰的理念,即"解读历史是为当下中国的现代化发展寻找镜鉴",在历史变迁中"寻找推动国家发展的根本力量。"[①]而这些话题正是自近代以来中国知识界力图解答的问题,也是中国国力

　　①　任学安:《电视媒体还可以表达什么——由〈大国崛起〉、〈复兴之路〉、〈公司的力量〉引发的思考》,《电视研究》2011 年第 1 期,第 33 页。

强盛之后政治经济圈层普遍关心的命题。

"一切历史都是当代史",中央电视台所涉议题必然有着背后宏大的"所指"。彰显当代中国的现实寄托,思考中国未来命运,包括在全球化背景下对社会发展模式的反思,都是题中应有之义。"媒体是各种支配性力量角逐的场所"①,主流价值观或曰社会核心价值观从来都不是单向度的。电视文本所展现出来的历史观、发展观有其纷繁的一面,无法整体纳入到某一思潮学说之下,也趋于保守和中庸。但央视的大型纪录片完全可以看做是体制内的空间,对国家历史的梳理、对未来的思考可视做阶段性主流价值观。

基于上述论述,纪录片的纪实主义美学特征,以及中央电视台的媒体地位,使得在此平台上展映的大型纪录片成为直接塑造国内民众共识的有力途径,也提供了观照国家形象国内传播及其内核变迁的研究材料。国家形象是一个持续建构的过程,改革开放至今,国际局势及我国基本国情不断产生变化,中国的国家形象也不断变迁。通过不同时代纪录片对中国问题的电视化表达,我们至少可以窥见政治精英对时代命题的基本态度、文化精英对中国发展道路选择的思考乃至激辩,以及媒体发展本身带来的技术革新和理念更迭。本文尝试用断代史的方式粗略描摹不同历史阶段大型纪录片所展现的中国形象,及其背后社会思潮的交锋争鸣,从而拉出一条分析中国国家形象及其媒介表征的脉络。

二、中央电视台大型纪录片中的国家形象

(一)80 年代:"形象化政论"渐变下的"印象中国"

自近代以来,中国知识界的历史反思集中于中国如何实现现代化和为什么中国未能成功地实现现代化。改革开放给中国的社会主义发展带来了新的道路,而之前以真理标准问题大讨论为起点的思想解放运动直接点燃了 80 年代的"新启蒙主义"思潮。如果说思想解放运动主要诉诸政治变革的话,那么,新启蒙运动的诉求则转移到了所谓的"文化的现代化"上。②

新中国成立之后,绝大多数的电影管理制度、制作理念(包括纪录片)都采用苏联模式,主张"让纪录片成为一种为政府传播意识形态和主流观念的工具"③。无疑,苏联是当时中国接触世界的一扇窗,通过它,中国纪录片同世界纪录片第一次进行了系统的交流,并将吉加维尔托夫的"电影眼睛"理论和格里尔逊的"英国纪录片学派"的观点引入国内。"广泛报道消息的新闻片,这种新闻

① 汪晖:《去政治化的政治》,生活·读书·新知三联书店 2008 年版,第 91 页。

② 许纪霖:《当代中国的启蒙与反启蒙》,社会科学文献出版社 2011 年版,第 8~9 页。

③ 聂欣如:《纪录片研究》,复旦大学出版社 2010 年版,第 53 页。

片要具有适当的形象,就是说,它应该是形象化的政论,而其精神应该符合我们优秀苏维埃报纸所遵循的路线。"①列宁所指的是新闻片的指导原则,但在引入国内后,却被广泛地推及新闻纪录所有领域。这一指导思想下的电视纪录片充满说教,激昂的文字和高亢的音乐都在强烈地暗示其内容的不容置疑。这些观念和理论作为纪录片创作的指导思想一直延续到1978年。

改革开放使得中国再次回到世界舞台,中国人民渴望社会安定、国家富强的意愿被强烈激发。纪录片的美学特征虽然没有突破解说加画面的静态样式,但也很大程度上将题材从理论说教转化为祖国风情、人文生活,这本身就是创作的一大突破。

《话说长江》无疑是那个时代纪录片的代表。人们在长时间思想、眼界的闭塞后,充满着对知识的渴望。《话说长江》通过新生的电视向国人呈现长江如何从冰川发源,如何汇流成江,如何孕育滋养两岸同胞,又如何奔流至海的场面,在当时创下了40%收视率的收视奇迹。

一系列以中国人文地理为描绘主题的大型纪录片激发了全国人民的爱国热情,在这些纪录片洋溢着文学气息的解说词中,中国是一个地大物博,有着悠久历史文化的泱泱大国,中国人民勤劳勇敢地在党和政府的带领下书写了新的篇章。其间隐含的精神贵族气质塑造了一个个凝聚国人的精神图腾。回到改革开放、思想启蒙的这一历史大背景,这一国家形象背后真正强调的是当下中国所焕发的活力和无限可能性。

> 长江在这个世界上已经生活了千千万万个春秋了,可他还是这样年轻,这样清秀! 他总是像初生的牛犊一样不知疲倦,永远充满着青春的活力。
>
> ——《话说长江》第一回"源远流长"

新启蒙运动是一个复杂的思想运动,有渴慕西方现代化的同质性诉求,又有对其进行批判和反思的潜在性格。②1988年播出后被批评的《河殇》,其在建构所谓的"蔚蓝色"海洋文明的国家形象中过度地解构了黄河这一充满文化符号的国家形象,这与文化寻根中的共识产生了矛盾。这也在一定程度上预示了《河殇》最后的命运。

80年代的纪录片风格,正努力地同"形象化的政论"有所差别,在纪录片中

---

① 列宁:《论苏维埃电影生产的三种形式》,H.列别杰夫编、徐谷明等译,中央电影局艺术委员会编《党论电影》,时代出版社1951年版,第50页。

② 许纪霖:《当代中国的启蒙与反启蒙》,社会科学文献出版社2011年版,第4页。

采用主持人形式,比如主题的选取偏向自然地理,解说词更偏重文学性而非政治性。但由于缺乏理论支持,其并未在本质上脱离"形象化的政论"。同时,作为视听艺术的纪录片在当时更多的是搀扶着文学的拐杖来实现其对国家形象的建构,这也使得 80 年代的纪录片在建构国家形象中存在先天的局限。

随着改革开放的深入,业界同 NHK 等国外媒体的合作也越发全面,以及 80 年代学界对理论著作不遗余力的引入,为后续纪录片风格的改变以及国家形象建构方式的变化做了铺垫。

(二)90 年代:"纪实美学"思潮下的"具象中国"

整个 90 年代是中国持续深化改革的时期。市场双轨制、国有化转制等一系列尝试都在 80 年代末展开,社会结构显得日趋复杂。改革开放初期建构的以民族记忆、文化地理为核心意象的国家形象已经无法满足来自不同阶层的人民对于当下国家形象的期许。在越发复杂的社会中,人们从历史的眺望和遐想中回到当下,期待更为具象的中国形象,一个可以触摸的当下中国。

在 80 年代的启蒙思潮中,精英文化逐步进入社会的话语中心。而在精英话语的推崇中,西方的影视理论被介绍到中国。"1982 年,德国电影理论家齐格弗里德·克拉考尔在 60 年代作为西方电影中纪实学派的理论被翻译到中国。与此同时,法国电影理论家巴赞的电影美学理论也登了陆。"①随后,"直接电影"的理论也由美国进入中国。而一直受困于"形象化政论"的中国纪录片似乎突然寻到了一扇门。正如黎小锋导演所说,"真实电影"与"直接电影"在中国汇流,推动了纪录创作中的"纪实美学"运动。中国纪录片再次和世界接轨。

在 1987 年播出的《让历史告诉未来》中,已能看到同期采访,更为重要的是,影片中对毛泽东直呼其名,让领袖从神又再次还原为真实存在的人。1988 年开拍的《望长城》②被公认为"形象化政论"与"纪录美学"的转折之作。其所展现的已经不仅仅只是作为文化标识的长城,而更多地把视角投向了长城周围的人。本片的总编导刘效礼说:"长城要拍,重要的是拍长城两边的人。"③这一纪录片被认为是"新纪录片运动"的开山之作。

从国家形象建构来说,《望长城》起到了承接的作用,它将文化地理的中国形象和现实中国的中国形象串联了起来。在未被完全消解的以民族记忆、文化地理为核心意象的国家形象中,纪实美学用同期声、采访、长镜头以及跟踪拍摄

---

① 司徒兆敦:《中国纪录片创作前瞻》,《北京电影学院学报》1991 年 1 月,第 74 页。

② 《望长城》于 1988 年开拍,参见李灵革《纪录片下的中国——20 世纪中国纪录片的发展与社会变迁》,清华大学出版社 2008 年版,第 94 页。

③ 杨伟光:《往事如歌——老电视新闻工作者的足迹》,人民出版社 1997 年版,第 274 页。

构建起了一个有个体及生活质感的具象中国。

　　20 世纪 80 年代的知识界把自己看做是文化英雄和先知,90 年代的知识界则在努力地寻找新的适应方式,面对无孔不入的商业文化,他们痛苦地意识到自己已经不再是当代的文化英雄和价值的塑造者。① 20 世纪 90 年代思潮的突出特点就是"新启蒙运动"的态度同一性不复存在,思想界、学术界对于中国发展道路的选择和实现路径产生意见分裂。

　　　　新启蒙运动"态度的同一性"在整体上肯定了西方的现代性,然而,西方的现代性传统却是一个具有内在紧张和冲突的结构。②
　　　　多元现代性是"去时间性"的,也就是说,不再将中国与西方的空间关系理解为一种发展先后的时间系列,不再认为中国必定重复西方的道路。③

　　90 年代的理论界,新左派与自由主义产生激辩,新权威主义面对"现代化后果"提出开明权威政府的药方。这些学术论辩都在精英圈层引发涟漪,但就社会发展的现实看,1992 年南方讲话之后,中国改革开放的步伐加快,经济发展持续升温,为大众文化的兴起提供了有利的经济条件。

　　电视以其媒介特点,成为大众文化的宠儿。电视纪录片也在这个过程中实现了栏目化,进行定期播出,其中以 1993 年中央电视台创办的《东方时空——生活空间》以及上海电视台创办的《纪录片编辑室》影响最大。它们利用其主流媒体的话语优势,将"纪实美学"的纪录影像向大众输出。这些将镜头对准普通大众的影像,"讲述老百姓自己的故事"蔚然成风,一时间,引发了国内的"纪实热",《远在北京的家》、《毛毛告状》、《德兴坊》等系列影片都取得了不俗的收视成绩。

　　同时,纪实美学指导下的中国纪录片开始在国际上崭露头角,开始践行对外国家形象的建构功能。《最后的山神》、《龙脊》、《三节草》、《老头》等影片在国际上获奖,开始消解世界对中国的刻板印象。世界看中国的眼光渐渐不再是神秘的东方、红色的中国,他们会发现同样有血有肉的中国人是如此真实地生活在这片古老的土地上。

　　同时,随着 DV 技术的发展,纪录片的个人化叙事成为可能。部分纪录影像的非官方化制作开始在国内出现,以 1990 年《流浪北京》为起点的中国独立

---

　　①　汪晖:《去政治化的政治》,生活·读书·新知三联书店 2008 年版,第 60 页。
　　②　许纪霖:《当代中国的启蒙与反启蒙》,社会科学文献出版社 2011 年版,第 13 页。
　　③　许纪霖:《当代中国的启蒙与反启蒙》,社会科学文献出版社 2011 年版,第 34～35 页。

纪录片开始进入人们的视野。

在"纪实美学"的发展中,最为活跃的可能是独立纪录片对底层群众的描写。这些关注边缘人群的作品在国内外都极易引发关注。适当呈现此类题材,对国家形象的建构的全面与可信度有加分作用,但由于其往往被过度放大,而在对国家形象的建构造成消极影响。

综上所述,90 年代中国的发展主旋律是继续深入改革开放,并形塑着社会机构、国人的思维模式、行为方式。这一时期是大型纪录片衰落的时期,除了《望长城》《龙脊》等作品外鲜有佳作,而且这一时期的纪录片所呈现的国家形象和美学追求也各有不同。

市场经济意识的萌发、精英文化的分裂,给大众文化带来勃勃生机。这一期间纪录片所呈现出来的国家形象居于多元,一个明显的特征是"两极叙事"得以深化,即在国家宏观背景梳理的基础上加大对于个体的描摹,在民族独立、国家富强的背景下塑造一个个有血有肉的中国人,呈现了发展中的都市文明和多元化的价值观。在最原始、最本真的生活现场,纪录片展现出细致、真实的人物内心和生活状态,中国崛起的信心真实地附载于一个活生生的平凡人身上。香港回归、澳门回归使得中国的民族自尊心、自信心获得了极大提升,一个追求经济快速发展、渴望重现历史辉煌的中国形象跃然屏幕。

(三)新世纪:"戏剧美学"及多元共生下的"复兴中国"

90 年代中期以后,中国面临在全球化的世界经济政治和文明网络中应占据什么样的位置、扮演什么样的角色的问题。中国在经济上取得了举世瞩目的成绩,这也使得步入 21 世纪的中国呈现出久违的大国气息。

当代中国开始面临现代化危机,环境污染、社会不公、人文失落等现状引发深刻的忧虑。中国现代化发展过程中出现各种思潮,如自由主义、新权威主义、新左派、民族主义、文化保守主义。不同思潮之间也存在着竞争、交汇与思想碰撞,是社会多元性在文化领域的反映,"这也是中国走向真正的常态社会的进步标志"[①]。

在综艺节目和电视剧的熏陶下,纪实美学在大众媒体中已不如 90 年代这般受到追捧。2000 年后,国内电视媒介生态发生巨大变化,电视台均引入市场机制,将收视率作为衡量电视节目优劣的主要标准。这使得新闻、电视剧、综艺节目基本瓜分了电视的主要时段。纪录片在这个过程中逐步边缘化,国内多家电视台取消或者缩减了原有的纪录片栏目。几乎同时,国家对影视产业作出调

① 萧功秦:《当代中国六大社会思潮的历史与未来》,转引自马立诚《当代中国八种社会思潮》,社会科学文献出版社 2012 年版,第 326 页。

整,放宽了影视制作的准入门槛,使得民营制作单位获得了合法的摄制资格。

市场的深化以及对"纪实美学"的审美疲劳,使得纪录片不得不转变自身的美学样态,"戏剧美学"就在这样的环境下应运而生。

在新世纪的后现代语境中,纪录片的"过政治化"或者"过纪实化",使得大众对于乏味的纪录片的传播带有天然的抵触心理,而"戏剧美学"巧妙地利用戏剧的冲突、故事的演进化解观众的抵触,并将观众带入故事。

在政治、经济、文化共同繁盛的当下,纪录片在美学上呈现出多元共生的境况。"戏剧美学"才刚兴起,尚未在实践中产生重大影响;纪实美学虽在大众文化中逐渐失宠,但仍有较大的影响,尤其在其借鉴"戏剧美学"后展现出新的生命力;同时,主流媒体在宏大叙事上依然无法完全抛弃政论的形式。

而在国家形象的建构中,以中央电视台为代表的主流媒体仍是主力军。2005 年至 2007 年的短短三年中,以中央电视台为代表的主流媒体向国内外的观众呈现《故宫》、《圆明园》、《大国崛起》、《再说长江》、《新丝绸之路》、《复兴之路》、《公司的力量》等多部宏大叙事的大型纪录片。而对比 80 年代的大型纪录片,这批纪录片已不再只是打捞民族的过去以寻求精神的慰藉,而更多的是以即将复兴的大国心态,从过去看向未来,探寻更为理性的前进道路。

尤其是《大国崛起》,其全面分析西方九国的崛起过程,虽未提及中国,但学者与民众对于其隐喻的中国之崛起已形成共识。《大国崛起》播出后,引起了来自社会各个阶层的关注,产生了热烈的讨论。而《复兴之路》更是直白地将复兴崛起的中国形象搬上荧屏。

　　　　《复兴之路》前两集的主色调是青、灰色及黑白画面,是一种压抑的、苦难深重的时代情绪的表达;随着新中国成立,尤其是改革开放之后,画面逐渐变得绚丽多彩,明亮欢快,富于动感,是时代逐步走向繁荣富强的写照,这样的镜头语言点出"复兴"的寓意,可以使观众更加直观地感受到历史的沧桑巨变和今天的幸福。①

2008 年北京奥运会召开,中国金牌总数历史性地超越美国成为世界第一。同年,始自美国波及全球的金融危机不仅动摇了传统强国的经济实力,而且其中中国政府快速的反应、良好的经济发展数据让各国政府将救市的希望寄托于东方。2010 年,中国经济总量超越德国、日本位居全球第二。当然,中国经济的发展质量和人均资源占有率皆无法与上述国家抗衡,但一系列的经济发展,极

---

① 任学安:《用纪录片的语法重现历史》,《电视研究》2008 年第 8 期,第 75 页。

大激发了中国人的爱国热情,并使得一个新的精英阶层——企业家日益走上舞台。他们追求公司强大、推动中国市场经济发展的意愿也得到正面表达。《公司的力量》以世界现代化进程为背景,梳理公司起源、发展、演变、创新的历史,讨论公司组织与经济制度、思想文化、科技创造、社会生活等诸多层面之间的相互推动和影响,旨在以公司为载体观察市场经济的演进,探寻正在社会主义市场经济体制下成长的中国公司的发展道路。片中,公司是汇聚人类智慧、带动社会进步和创新的载体,这体现了当代主流价值对公司及市场经济的肯定。

2009 年,讲述汶川地震事件的大型纪录片《人民至上》公映。它有别于大多数灾难主题,并未陷入宏大叙事之中。影片始终将叙事焦点投射在具体人物的身上:从国家领导人到村民百姓,从年逾古稀的老人到不满周岁的孩童,从奔赴一线的战士到源源不断的志愿者,怀着对生命的尊敬和感动,影片细致地记录着一个个表情、一个个动作、一个个眼神。它呈现了一个负责任的政府形象,呈现了解放军对党和人民的忠诚,呈现了国人在灾难中表现出来的凝聚力、国家归属感。它以大灾为切入点,以大灾中整个民族从上至下呈现出来的人性光辉为素材,构建了一个“多难兴邦”的国家形象。

近期热播的《舌尖上的中国》在国内引起巨大的反响。饮食文化一直以来是中国文化的一个重要组成部分。影片呈现的中华美食,让受困于食品安全的大众对吃又提起了兴趣,它唤醒了我们关于传统食物的记忆,让人有落地生根的安定感。陕北的饽饽商贩、查干湖的捕鱼老者、云南的火腿匠人、兰州的拉面师傅……影片中每一个鲜活的个体背后都洋溢着朴实的气息。在这个意义上,《舌尖上的中国》已经超越了一部美食纪录片。正如文化学者胡野秋所言,“其实它讲的不是美食,而是深入美食背后讲文化传承,探讨当今社会中人类该如何善待食物、如何与大自然和谐相处”。

新世纪以来,中国崛起、和谐发展成为主流话语的关键词。中国人切实地感知到国家地位的提升,迫切地希望中国重回世界大国行列,获得与其经济地位相匹配的国际地位,打破一直以来我们在国际对话中所处的弱势地位。这一时期,伴随着戏剧美学的兴起,大型纪录片重回央视黄金时间。其间的纪录片在国家形象塑造上有以下特色:

首先,传媒技术的发展使得对国家历史文化、人文地理的描摹更具宏大气象,大片化的拍摄思维体现了制作水平的提高与国家实力的增强。

其次,中央电视台大型纪录片仍然没有突破历史与传统、东方与西方这样二元对立的思维体系,但是努力探寻有自身特色的发展道路,更多的历史功绩支撑起更为强大的民族自信心来面对未来。

中国国家形象的影像表达是一个着眼宏观、着力微观的当下问题,始终回应着中国经济高速发展之后如何成长为一个综合性强国,尤其是具备文化传播力的现代化国家的宏大命题。

三、总　结

通过对 20 世纪 80 年代至今中央电视台大型纪录片的梳理,本文初步探寻出中国在不同历史阶段对自身形象的预设与构建。80 年代的改革开放同时也带来了纪录片理论的突破,而 80 年代末与社会思潮一起云涌的还有对中国发展模式和传统文化的反思,其态度之决然、语言之激烈在后来的主流纪录片中再未得见。这也从侧面反映出中国现代化道路中面对传统和现代、东方和西方时的矛盾心态。

90 年代是大型纪录片衰落的年代,媒介格局的变迁、市场经济的发展使得中央电视台大型纪录片不再具有传播优势,大众文化的兴起、关注个体命运的人本主义的发展,使得宏大叙事不再讨好。这一阶段的大型纪录片的成就主要集中于纪实主义美学的突破,而打造社会合意的能见度却极大地让位于大型事件的直播报道和主题报道。但也正是这一阶段,中国的形象不再单纯依托历史地理,出现对个体命运的关注,展现出了中国人的群像,让国家形象更为鲜活可感。

新世纪之后,大型纪录片也不再遮掩寻求强国之梦、追求大国地位的诉求。媒介技术革新、国家实力提升,使得大型纪录片对于再现历史辉煌更为得心应手,“现代性危机”初露端倪也迫使国家媒体直接发出大国崛起、复兴之路、公司的力量这样的追问。当然,大型纪录片仍然无法脱离时间、空间二元对立的叙述思维,对中国发展道路的展现多少流于平面化,而其中某些提法不够慎重,进一步引发国际社会的揣测。

中央电视台的大型纪录片体现了国家主流意志对中国历史、发展模式的阶段性共识,为国内外观众提供了中国国家形象的电视文本。从中我们可以窥视国家社会发展、社会思潮激荡和媒体创作理念革新,这三方面的动力汇流,共同塑造了一个屏幕上的中国。

自然之中国

——从 BBC 纪录片《美丽中国》中的中国形象得到的启示

曲　帅

（浙江大学传媒与国际文化学院）

摘要：本文以英国 BBC 电视台拍摄的中国自然纪录片为范本，来探讨国家形象这一问题。通过我们的影视作品所表现出来的中国形象，是一种自我塑造，有时候难免会夹杂民族感情和主观视角。因此，直接分析国外媒体中的中国形象，是一种相对来说更为客观和有效的方法。当然我们也期望能够得到"他山之玉，可以攻石"的效果，从优秀的作品中得到启发，去发现一个我们可能尚未发现的中国形象，或者一种更为有效的传播途径。

为达到以上目的，本文采用文献研究法来分析"国家形象"这一概念，采用了个案研究法和比较研究法来分析国内外作品等。

关键词：国家形象；美丽中国；自然类纪录片

China's Nature

——the Lesson about Chinese Image in BBC's documentary *Wild China*

QU Shuai

（College of Media and International Culture，Zhejiang University）

Abstract：The paper chooses Chinese nature documentary shot by BBC as an example to discuss the question about national image. The

Chinese image which was presented in our video production is a kind of self-shape, so it's inevitable to mingle with ethnic emotion and subjective perspective. Therefore, the direct analysis of Chinese image in foreign media is a relatively more objective and effective way. Certainly, we expect to get an effect of "By other's virtue, wise men adopt their own" and get an inspiration from the good works, so we can discover a Chinese image that we may never find before or a more effective dissemination approach. In order to achieve the above purpose, the paper chooses literature research method to analyze the conception of "national image" and adopts case study method and comparative research method to analyze these works from home and abroad.

Key Words：national image；Wild China；nature documentary

《美丽中国》于 2008 年由中央电视台和 BBC 联合摄制完成，历时四年，是第一部表现中国野生动植物和自然人文景观的大型电视纪录片。全片共六集，记录了 50 多个国家级野生动植物和风景保护区、86 种中国珍奇野生动植物和 30 多个民族生活故事，曾荣获第 30 届艾美奖"新闻与纪录片大奖"最佳自然历史纪录片摄影奖、最佳剪辑奖和最佳音乐与音效奖。

《美丽中国》通过对野生动植物的记录，反而把人的形象展现得自然、通透。醉翁之意不在酒也好，无心插柳柳成荫也罢，《美丽中国》的成功不仅对国内纪录片创作者、跨文化传播者有深刻的启发性，对我们研究如何借助媒介塑造和传播国家形象也有一定的借鉴意义。

一、世界语境中的中国

《美丽中国》将中国以及中国文化作为世界的一部分来进行展示，这是其成功的原因。没有字斟句酌的长篇累牍，也没有怪异荒诞的异域文化，在《美丽中国》的镜头下，一切都是自然的一部分，一切都是自然的结果。

那些被记录的生物，他们的可爱与美好需要全世界的人们共同守护，中国只不过恰好是适合其生长繁育的地方。跟其他许多稀有生物一样，他们不是任何一个国家的私有财产，而是作为这个星球的居住者存在。镜头里那些一次次起飞又降落的候鸟，那些在荒漠长途跋涉的牦牛和骆驼，在人类努力为其营造更好的居住环境的同时，他们自己也在跟恶劣的生存环境抗争，跟随他们足迹的是温和、寡言但同样不轻易屈服和放弃的中国人。生命与生命因为生存的本能而联结在一起,感动我们的与其说是动物们的智慧,不如说是中国人的顽强。然而,即使是这种顽强也并不是中国人特有的,在残酷的大自然面前,任何一个种族的生存都不容易,影片借助在中国这片土地上生存的生物,表达了对生命的敬仰和热爱。

就像对于中国志愿者和政府在保育工程方面所做的努力和取得的效果只是简单陈述、不赞颂也不急于乐观一样,《美丽中国》对于中国在经济发展过程中所产生的环境问题也不回避和夸大。中国的问题也是世界的问题,任何一个因为中国经济发展而获益的人都应该对此负责。况且这些问题并不能埋没中国人在处理与自然关系上的智慧,而且这种关系对于未来中国的意义不是可以妄下结论的。

正是基于这样的前提,《美丽中国》拍摄了一个世界的中国。以最奇特的、最独有的野生动物为着眼点,展现了一个包容的、能够融入世界文化的中国形象。这个形象因为可以感知和容易理解而让人倍感亲切,甚至可以理解和原谅一些原本存在的问题。

二、富有中国特色的中国

但是,在从世界视野解读的过程中,《美丽中国》并没有抛弃中国所特有的智慧。这并不矛盾,因为中国人所有的智慧几乎都与自然有关,这就是"天人合一"的思想。

影片不止一次提出这样的疑问:这些稀有动植物是怎么和世界上最庞大的人类族群共同生活几千年的?万物始于天,生于地,而人类成就了他们,既不是主宰者也不是拥有者,是管理者。这是我们"天人合一"思想的主旨。在这一精神的指引下,我们善待身边的物种,谨慎处理与它们之间的关系。在香港的深水湾泥滩,每年有大量的候鸟不远万里迁徙到这旦,度过寒冷的冬天。各种鸟类有自己的觅食区,以水深、喙长与觅食技巧作为划分界限的标准。这种既保持自己的独立空间又不妨碍他人生存的智慧,不知道是谁先向谁学来的,不过也没有必要刨根究底,因为中国人本身就跟自然万物有密不可分的关系。不仅如此,我们还善于向动物学习,取长补短。在第五集中提到中国人模仿猴子、螳螂等创造了武术这一神奇的文化,就是最好的证明。

因此影片提出的这个问题,本身就是对中国形象的最好诠释——海纳百川、有容乃大。几千年来,我们接纳了各种或凶猛或残暴的动物,对于其他民族的优秀文化又有什么理由拒之门外?前段时间网上流传一部叫《外国人眼中的中国》的纪录片,不到12分钟的时长,是由一名中国留学生拍摄的。内容很简单,邀请来自不同国家的年轻人对着镜头发表他们对中国以及对中国人的印象。其中有一名在北京和上海生活过的法国学生,这样发表了自己和他人不同的看法:"我最喜欢中国人思想开放。外国人认为中国人很保守,只认同自己的文化,但这是不正确的,我认识的中国人都能明白不同文化之间的差异……因为人们都很喜欢我,欢迎我。他们只是想知道更多关于我的事情。"当然我们并不能要求每一个外国人都像这位法国学生一样来中国生活一段时间,因此影像和媒介就起到了这种作用,那些候鸟、鱼类、猛兽是最好的证明,比起人类尽管它们的要求更简单,但是也更容易受到伤害,他们选择中国作为自己子子孙孙繁衍的家,是环境所需,也是情之所钟。

我们有责任为世界的和谐发展尽一份力量。但是地球是圆的,没有固定的中心,任何一个点都可能成为中心,中国有中国的问题,未来会怎样谁都无法预测。我们不妄自菲薄,但也从不妄自尊大,这不符合中国人的处事原则和价值观念,《美丽中国》深谙这一道理。因此才会有上面第六集《喧闹海岸》作为整部影片的结语的一段话。相对来说,中国的实际国情提供了一些最有可能解决环境问题的条件,但这不是欲加之罪,在保护自然环境这一义务上世界上任何一个生命个体都是平等的。只能说这只是一种期望和美好祝愿,但毫无疑问对塑造中国形象来说起到了正面效果,因此我们可以怀着感激的心情欣然接受。

三、通过自然类纪录片展示中国形象的必要

(一)自然中的人文精神

像《美丽中国》这样展现自然的纪录片,近年来在国际上颇受好评。如法国纪录片导演雅克·贝汉的两部片子——《海洋》和《迁徙的鸟》。前者耗时五年,耗资 5000 万欧元,动用 12 个摄制组、70 艘船,在全球 50 个拍摄地,有超过 100 个物种被拍摄,超过 500 小时的海底世界及海洋相关素材,是史上投资最大的纪录片,同时也创造了全球 5.5 亿的票房神话。后者历时四年,跨越七大洲 40 多个国家,消耗 460 千克胶片,动用 450 多人,包括 17 位世界上最优秀的飞行员和两个科学考察队,短短三个星期内就有 250 多万法国人为它走进影院。此外还有像《帝企鹅日记》、《北极传说》这样关注极地世界的纪录片等等,都在世界范围内引起广泛关注。国际自然类电视节目主席帕萨·萨拉斯说:"自然类影片绝不只是动物、树和昆虫等非常近的镜头和放大镜头,还有被称为自然精神的东西。也就是说拍摄自然类纪录片,首先需要摄制者对自然的热爱和了解,要懂得珍爱生命、尊重生命。它需要一种人文精神,而绝不只是为了追求感官刺激……现今社会强调的人文精神,并不是单纯地指对人的价值、人的个性、人的尊严、人的地位、人的发展与人对自由的关怀、看护和尊重,还有我们所处的这个大自然,包括自然中的一切生命。人文精神就是一种关怀,真诚地对自

然世界的一种关怀。"①也许人们正是感觉到了这种蕴藏在自然背后的强大力量和伟大精神，才一次次将镜头对准那些从前被冷落的朋友。就像《迁徙的鸟》开篇提到的那样："鸟的迁徙的故事是一个关于约定的故事——对于回归的约定。"自然早已将它的智慧告诉我们，只是我们一直没有勇气聆听。

另外，对自然的探索是自然类纪录片永远的主题，而这种探究和冒险精神几乎是全人类共有的天性，是最普世的价值观。人类之所以对自然感兴趣，是因为我们通过观察自然创造了自己的文明，也希望通过了解自然来减少内心对未知的恐惧。因此只要人类仍旧不是完美的，科学仍旧不是万能的，我们对自然的痴迷就不会有停止的那一天。

（二）中国在拍摄自然纪录片上的优势

自然类题材的纪录片在世界范围内受到欢迎，对中国来说是千载难逢的好机会。尽管近几年来也不断有像《长征》、《唐山大地震》、《我的宝贝》之类的中国纪录片在国外上映和获奖，但自然类纪录片实在是少之又少，号称"中国自然纪录片突围"的《森林之歌》让我们看到了些许希望，但与其他国家的优秀作品相比，无论是在拍摄技术还是人文精神上都还有很大的距离。我国拥有最丰富的自然资源和最具有潜力的纪录片市场，为自然纪录片提供了很好的发展环境。更重要的是，中国人关于和自然和谐共处的智慧从五千年前延续至今，我们的文化资源和自然资源一样丰富，任何一个农民都有一套自己的自然理论，任何一个小学生都可以背诵和自然有关的诗歌。

四、结　语

尽管近几年以四川电视台为代表的媒体也制作了类似《峨眉藏猕猴》、《度过生命的危机》、《袁扁的鹭鸶》、《传宗接代——大熊猫的爱》、《萨马阁的路沙》这样优秀的自然纪录片，但是我们既没有专门的自然纪录片奖项和有资历的评选专家，也很少有投资方主动进入这块市场，所以不管是在评奖引导还是市场取向上，自然类纪录片都还没有引起足够的重视。目前世界上拍摄自然类纪录片比较活跃的国家主要有英国、美国、法国、日本等。从另一个层面讲这也是一个国家经济实力和科学技术的体现，而这两者又是判断国家形象的重要因素，所以说投拍自然类纪录片本身就是一次国家形象有力的展示。

我们那么引以为傲的壮丽山河不应该只出现在人民币的后面，那些可爱的生物不应该只是古诗词中的意象，它们能够在这片古老的土地上，和最庞大的人口共同生活，本身就是中国形象最好的见证。

---

①　彭吉象：《影视鉴赏》，北京高等教育出版社 1998 年版，第 56、70 页。

民族想象共同体与非传统安全的电视新闻空间

——基于媒介逻辑的视角

傅正科

（宁波大红鹰学院）

摘要：电视新闻空间形塑着"民族想象共同体"，媒介肩负着公共利益，而最基本的公共利益则为安全。非传统安全研究，将其研究视角从外部指向媒介话语内部，媒介即讯息。本文从媒介的硬性逻辑出发，来剖析媒介逻辑如何影响着非传统安全视角下的电视新闻空间，并给出了初步的建议与对策。"民族想象共同体"是上天所创造出的个人的延伸，社会正在为技术垄断，让工具时代重新回归，让媒介逻辑生产的"电视新闻空间"以安全为基本诉求为"民族想象共同体"服务，是本文的愿景。

关键词：民族想象共同体；电视新闻空间；媒介逻辑；媒介非传统安全研究；媒介地理

Ethic Imagined Community
and Non-Traditional Security TV News Space

——Based on the Perspective of Media Logic

FU Zhengke

(Ningbo Dahongying University)

Abstract：TV news space shapes "ethic imagined community", media shoulders public interest and the most fundamental public interest is security. Non-traditional security study points its research perspective from outside to internal media discourse, which means that media are the messages. This paper proceeds from media rigid logic, analyzes how the media logic influence TV news space under non-traditional security visual angel, provides preliminary recommendations and solutions. "Ethic imagined community" is an extension of individuals created by Gods. The society is monopolized by technologies, this paper's vision is to let tool time return and let TV news space produced by media logic serve the ethic imagined community with security as a basic demand.

Key Words：ethic imagined community；TV news space；media logic；media study on non-traditional security；media geography

一、媒介空间中的民族想象共同体——基于公共利益的视角

韦斯特里与麦克莱恩于 1957 年提出的传播研究概念化模式实则贯穿了麦奎尔的《大众传播理论》一书,该模式所勾勒出的是大众媒介与社会、个人发生互动的核心路径,即大众媒介为我们每个人塑造了一个基于媒介的"拟态环境",我们每个人通过这个"拟态环境"来认知社会现实并进行自我认同,而原子化的社会现象进一步加强了这种趋势。

麦克卢汉"地球村"概念的提出,形象地勾勒出相隔万里的人与人之间基于媒介互相认知的景象。而直到邵培仁教授的媒介地理学的提出,民族想象共同体这个概念才变得鲜活且重要。邵培仁教授指出,空间作为地理学的一个核心尺度,会与媒介、个人、社会、地理产生互动。对于原子化生存模式下的个体,个体与社会、地理的关联逐渐弱化。对于一种作为语境假定物的空间而言,媒介中的空间往往会替代现实中的空间,来构建我们对于空间的认知,从而使得我们形成一个基于媒介空间的"想象中的社区"或者民族想象共同体。

媒介即人的延伸,影视媒介延伸了我们的耳朵与眼睛,在让我们看到一个个由电视新闻所构建的生动的媒介空间的同时,也必将影响我们头脑中对于民族想象共同体的认知。

在麦奎尔的视角之中,媒介与社会的话题集中体现在社会与个人两个层面上,而这两个层面的问题实则是解决一组矛盾,即媒介所建构的媒介空间中社会现实以及对于个体的文化形塑、定位与受众头脑中的社会意义以及自我认知之间的矛盾。

而基于这组矛盾所构建的媒介核心任务在笔者看来无非是两个:其一是基于哈贝马斯的公共领域视角的促进社会的稳定与发展,其二是基于马克思视角的保障个人的自由以及在自由基础上的全面发展。两者统一于一个核心关键词——公共利益。当下,我国正在构建以和谐为主题的社会形态,而民族安全是和谐的前提,同时更是社会秩序与发展的前提,是个人自由与全面发展的先决条件。

当我们处于公共利益的角度时,可以看出,大众媒介从其诞生之始,就与公共利益有着密不可分的关联。当公民社会中的公民相聚议事、监督政府的时间减少时,他们就将权利让渡给了媒介,他们期许媒介可以为他们监督政府,为他们提供信息。而正是社会多方面的期许,使得媒介必须以社会的秩序与文化的品质为规范。而这两者的达成都离不开媒介安全。媒介需要担负起公共利益,无论是社会层面的稳定、进步,还是个人层面的自由、全面发展,均离不开一个核心关键词:安全。

二、安全:从政治安全到认知安全的转变

哈贝马斯在其提出的公共领域的概念之中提到:理想的社会是建立在公共领域的基础之上的,生存于公共领域之中的公众的行为要受到公共利益的监督与指导。为了保证每个公民的利益受到维护,公民将其权利的一部分让渡出去,从而形成了国家。国家的任务应当是保障每个公民的权利。

西美尔言及,社会只有两个部分:组织与功能。国家在系统论的观照之下,

只是结构中的一个部分,处于系统之中的国家承担着相应的功能。系统会随着时间的推移以及空间的转移而不断发生变化。系统的变化,必然导致国家所承担的功能的变化。

无论是马基雅维利所提及的国家用安全的对立面恐惧来控制民众,还是在霍布斯的理想模型中的"利维坦"所提及的国家的永不凋零,直到冷战时期的美苏军事装备竞赛,其大的背景均是公民的安全受到外在的威胁,而对公民而言,要保障其安全则需依靠政治的统治以及由此所产生的政治安全。

而当整个世界系统迈入后现代社会,全球一体化背景下的和平主题抹去了外显的威胁,社会步入了以经济与公民幸福为主旨的状态,安全的主题则势必从国家层面向公民层面转移。原先以政治安全为主的安全研究受到了批判安全学派的挑战,琼斯认为,过去的安全观念以国家为核心,对国家的盲目崇拜产生了严重的后果:民族国家成为安全话语的指涉对象,对民族国家的威胁来自其他国家特别是邻国,以至于将国家安全等同于其居民的安全。由此,对于安全的认知必须进行重新考量,在这个背景之下,基于公民视角的安全成为安全研究的主题,其实质为一种自下而上的安全观。

三、非传统安全:基于话语安全的认知安全是公民安全的核心

自然权利学派的代表密尔说过,天赋人权,每个人都有其绝对的自由。美国的《独立宣言》多少立足于此。[1] 由此,我们不难理解美国的历代总统将公民的自由置于一个至高无上的位置。1941 年 1 月 6 日,美国总统罗斯福提及公民具有四项基本自由:言论自由、信仰自由、免于匮乏的自由、免于恐惧的自由。值得注意的是最后一个自由,即免于恐惧的自由。从反面理解,免于恐惧的自由实则就是安全的自由。当我们基于公民视角来看安全时,罗斯福的发言无疑具有震撼作用。同时,他还说过另外一句话:我们唯一恐惧的就是恐惧本身。即我们恐惧的不是引发恐惧的事件,而是恐惧。

当我们结合孟德斯鸠与哥本哈根学派的观点时,就很容易理解罗斯福的这句话。孟德斯鸠提出,政治自由的关键在于人们要有安全,或是人们自己认为享有安全。其后,哥本哈根学派的巴瑞布赞提出,社会安全是以社会为课题而不是国家,社会安全是"认同安全",社会安全有更强的主观性。由此可知,安全是一个认知的结果。如果我们从影响的视角来看待传播,就可以知道,人们的信息传递最终目的在于影响他人,或更进一步说是影响他人的认知。基于这个

---

[1]　科恩:《论民主》,聂崇信等译,商务印书馆 1994 年版,第 129 页。

逻辑,认知的前提必然是信息的输入。此时,我们对于安全的理解,必须从两个层面加以认识:一个是对自我认知的分析,一个是对外在信息的话语分析。由此,建构出一条非传统安全的重要路径。

在媒介的社会宏观效果的视角之下,媒介对于个体与社会的影响是深远的。无论是框架理论、议程设置理论还是培养理论,都指出媒介话语正在影响着个体的话语。而与想象的共同体相关的理论,多集中于邵培仁教授所提出的媒介地理学的相关理论中。

四、电视新闻空间:形塑民族想象共同体的重要手段

邵培仁教授在媒介地理学中,将空间的四种模式整合在一起,使我们对空间的想象力得到进一步发散。形而下的第一空间与第四空间构建了我们对于空间以及地方的认知,但是我们对于空间和地方的认知往往源于头脑中的意义与形而下的空间的结合,意义由媒介形塑,这也为媒介空间的重要性做了伏笔。第二空间是以艺术手段形塑出来的一种叙事结构,因此往往变动不拘且充满了种种幻想,该空间通过叙事符号的使用,例如"这是一个发生在××时代××地方的故事"这样的手法,为我们构造出一个形而上的虚构空间,我们通过对符号的解读以及对能指所对应的所指的联想,对自身形而下的空间认知产生一定的影响与作用。

在笔者看来,这几个空间的意象是互相流动的。第三空间中介于第一空间与第二空间,并影响着第四空间,即第三空间是将现实空间转化为媒介空间,并影响着我们地方认知的核心路径。而在第三空间中,由新闻媒介所形塑的媒介空间对于我们的空间认知以及"民族想象共同体"的产生有着极其重要的影响。而当电视与新闻媒介结合在一起时,媒介的硬性逻辑则更是将这种影响直观化。

五、与非传统安全的电视新闻空间相关的概念

威胁路径:在当代的国际关系研究领域,对于"安全"概念的实质内涵至少已经形成一个基本共识:安全意为消除威胁。安全的核心是围绕威胁的根源(造成不安全的原因)、威胁的本质(不安全和安全的领域)、威胁的对象(安全指涉对象、威胁的消除,包括消除威胁的施动者即安全行为主体)和基本途径展开(安全的途径)。

媒介安全系数:借鉴何镇飚教授在《媒介安全论》中所勾勒出的媒介安全模型,以及"媒介安全系数"的概念。

媒介逻辑:媒介内容的生产需要符合一定的生产逻辑。虽然实际上大多数

的电视新闻制片并不会按照该逻辑进行操作,原因在于媒介的流水线生产的隐喻即为以最少的成本(时间、金钱、精力)获取最大的收益。但是,当媒介恐慌性事件爆发的时候,社会的利益远远大于媒介的利益。这个时候,媒介就需要以社会利益为导向,而我们也就需要分析下电视新闻制作逻辑。

艾瑞克生等人认为,新闻机构处理新闻可以表示为两个主要的活动路径。第一条路径是故事发展线,第二条路径是"来源"线。麦奎尔认为,这两条路径与巴斯的双重行动两阶段论是对应的。

国内对于电视生产逻辑研究较多的为钟大年教授,他将流程归纳如下:

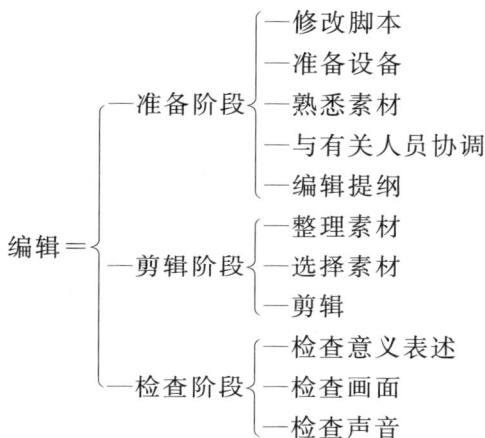

```
                    ┌─ 修改脚本
                    ├─ 准备设备
          ┌─ 准备阶段┤─ 熟悉素材
          │         ├─ 与有关人员协调
          │         └─ 编辑提纲
          │         ┌─ 整理素材
编辑 = ───┼─ 剪辑阶段┤─ 选择素材
          │         └─ 剪辑
          │         ┌─ 检查意义表述
          └─ 检查阶段┤─ 检查画面
                    └─ 检查声音
```

笔者结合自己的实务经历,对其进行进一步梳理,影视制作流程具体包括如下几个环节:

—选题(即针对该新闻采用怎么样的主题作为切入视角)

—文案(即在该选题之下如何来建构自身的新闻文案)

—分镜头脚本(即将文字的符号转化为视听符号,一个分镜头脚本包括景别、摄法、视角、内容、手法等要素)

—拍摄

—剪辑出片

六、对非传统安全的电视新闻空间的研究不足:从媒介逻辑看安全话语研究

国内外诸多学者对于"电视新闻空间"进行过一定程度的探讨。国内对于非传统安全的电视新闻空间研究并不多,笔者从宏观、中观、微观三个层面,对较有代表性的观点做了一定的梳理:在宏观的"泛传播"层面,郑恩从传播学角

度揭示了危机信息的传播模式，以情境式危机传播理论（SCCT）分析了危机传播的主要特征和研究框架，并通过考察新媒体赋权特征，分析了危机舆论的生成与转化机制，指出政府应通过"媒介治理"动员多元主体的危机共治，实现"泛传播"安全。在中观的电视新闻空间的建构层面，邵静以一些公共性新闻事件为例，揭示突发性公共事件新闻报道中的失度现象，并对报道的数量、质量、角度、尺度等方面进行了一定的总结，宏观概括了新闻的把度方式与路径。在微观的话语研究方面，郑恩、龚瑶从生态的视角对电视新闻评论进行研究，并指出新闻评论作为一种话语表达，不仅反映社会现实，且具有生产性力量，推动着社会事件的发展，并在其研究中将新闻评论话语分为四类：人道主义话语、启智话语、理性话语和危机话语，从话语建构的角度分析了国内主流媒体对日本地震分阶段的新闻评论类型及特点。

当下基于非传统安全的视角对媒介安全进行研究的在国外的集大成者是基于话语研究的哥本哈根学派，其领军人物是巴瑞布赞以及新一代的重要人物莉恩汉森。而在国内的集大成者则是浙江大学宁波理工学院的何镇飚教授。他们都基于话语研究对媒介的非传统安全进行了全面且系统的分析。

纵观国内外的论文以及专著，大多都是将研究目光停留在纯话语研究层面上。但是麦克卢汉说过，媒介即讯息，如果我们对于媒介的话语脱离具体的媒介生产逻辑、媒介自身的属性，或许会漏掉媒介的逻辑对媒介的话语安全所起到的作用。笔者认为，宏观的研究以及基于文案的纯文字符号的研究至少忽略了三个关键点：

第一，仅仅从内容制作层面上分析所有内容的叠加所导致的恐慌或者安全效果，而没有对恐慌事件的电视新闻的内容逻辑与威胁的安全路径之间的对应关系进行分析，即没有从安全路径的层面将内容与路径进行一一对应。这样做的目的不是为了破坏整体的研究，而是为了对整体做出更好的剖析。德里达认为，解构首先是肯定性的运动，而不是破坏性的运动。解构的关键不在于把人们从这个过程中移开，而是赋予"解构"被思考的可能性。

第二，仅仅就内容分析内容，而没有将内容与电视的硬性逻辑，即将分镜头的每个要素与媒介安全进行对应的分析，导致对电视硬性逻辑的忽视。麦奎尔在《大众传播理论》中提及，要分析视觉语言，并不能照搬索绪尔分析符号的那套方法。因为对于视觉语言，不存在一套与自然语言等同的规则体系，自然语言的规则能使我们还算精确地解释字词，但是视觉语言就没那么容易解释清楚了。视觉语言运用得当时，其指示力要强得多。

第三，以上两者最终忽视的是安全系数的问题。

七、媒介安全:让我们将目光放到媒介空间内部

邵培仁教授曾提出过一个精辟的观点:媒介是社会的大脑,新闻是社会的镜子。在以"和谐"为主题的社会大背景下,媒介的隐性功能"安全功能"在何镇飚教授的《媒介安全论》中与媒介的另外四大功能整合在一起,并升为媒介的第五大功能。

何镇飚教授指出,由于媒介播发了不实的或夸大的新闻信息,造成了媒介"不安全"的后果,直接危害了公共安全甚至国家安全,对社会造成了危害。造成这一系列社会恐慌的直接根源是媒介。

何镇飚教授创造性地提出了媒介安全模型与媒介安全系数的概念。媒介安全系数 $S=C_1/C_2$,C_2 是真实风险,C_1 是媒介风险。我们可以用该模型去探究假新闻"纸馅包子"的案例。"纸馅包子"作为一条假新闻,其真实风险 $C_2=0$,当我们用媒介风险 C_1 与之相除时,会发现媒介安全系数 S 趋向于无限大,即由媒介营造的虚拟环境中,风险被无限地放大了,是媒介制造了这个无限被放大的恐慌事件。

假设真实风险 C_2 是一个常量,诸多的媒介恐慌事件均来自 C_1。电视新闻在报道一条监督社会的新闻时,如果该选题是容易引发社会恐慌的事件,那么,其内容往往由以下几个部分构成:(1)出了什么问题;(2)什么范围内出现了问题;(3)对哪些范围构成影响;(4)正在采取哪些措施解决问题。以"纸馅包子"的案例为例,分别为:(1)发现小贩用纸馅做包子;(2)这是一个食品安全范围内的问题;(3)会对吃早点的民众产生影响;(4)相关执法部门已经采取了处理措施。

如果我们对应威胁路径的话,可以看出,以上四点基本上已经在电视新闻空间的内部完成了从"威胁的出现"到"威胁的解决"这样一个循环,而这个循环在其他与恐慌事件相关的电视新闻空间的建构中往往都会出现。李普曼说过,我们基于"拟态环境"进行着思考,如果电视新闻空间内部从逻辑上而言已经遏制住了恐慌,为何仍然会对公众造成恐慌感?

这就不得不作进一步的反思:电视新闻空间的建构是一个流程化的工作,包括了选题、文案、分镜头脚本、拍摄、剪辑、播出。那么,就电视新闻选题层面而言可以遏制住的恐慌,在电视新闻的文案、分镜头脚本、拍摄与剪辑过程之中究竟出现了哪些问题,导致了恐慌?

更进一步,我们需要反思的问题是:对社会的监督是媒介作为公民信托来完成公共利益的重要使命,在媒介进行报道的时候,其所用的一些手法或者规范是否合适?我们需要从影视的制作流程的层面对该问题进行逐步的解构。

1976—2005 年间德国官方公民教育期刊中对中国例证的认知

乔安纳斯·鲍曼

（浙江大学人文学院）

摘要：本文主要分析和比较了由德国政府机构（德国联邦公民教育机构）发布的与中国相关的官方期刊。论文的关注点是调查评估期间（1976—2005）出版者对于中国的认知。鉴于关注点和相应的观点和观念是相互依存的，这次评估的重点是多样性的主题，以及其中最基本的观点。这两者都是主要标准，以便得出对中国认知的结论，并最终阐述在评估期间各自的变化趋势。

（因论文篇幅较长且使用英文，在此遗憾将正文全部略去，只保留题目与摘要。）

The perception of China using the example of German official civic education publications between 1976 and 2005

Johannes Baumann

(Faculty of Arts and Humanities, Zhejiang University)

Abstract：In this master thesis official publications on China released by the German governmental institution Bundeszentrale für politische

Bildung(Federal Agency for Civic Education) are analysed and compared. Its focus is the examination of the perception of China on the part of the publisher throughout the evaluation period (1976—2005). In view of the interdependency of both focus and accordingly perspective on the one hand and perception on the other, in this evaluation the emphasis is put on focuses in terms of the variety of subjects dealt with, as well as underlying perspectives in general. Both are the main criteria used in order to be able to draw conclusions on the perception of China and finally elaborate respective tendencies for the evaluation period.

对新闻立法与国家形象塑造的思考

杨新晶

（浙江大学传媒与国际文化学院）

摘要：国家形象的塑造与新闻传媒有着密切的联系，在现阶段，我国尚缺乏一部规范的法律来对新闻传媒的行为进行约束和引导，同时对于新闻从业人员的正当权利也未予以法律的保护。在日新月异的传媒环境下，这对于塑造良好的国家形象是非常不利的。本文试指出新闻立法对于国家形象的必要性、紧迫性，以及在新闻立法的内容考量上做了思考，并指出了新闻立法对于塑造良好国家形象的长远意义。

关键词：新闻立法；国家形象

Reflections on the News Legislation and Construction of National Image

YANG Xinjing

（College of Media and International Culture，Zhejiang University）

Abstract：There is a close relationship between the construction of national image and news media. At the present stage，our country is lack of a standard law to restraint and guide new media，at the same time，media workers' legitimate right is not protected by law. In the current media environment which changes with each passing day，it's very unfavorable to the construction of good national image. The paper attempts to reflect the news legislation's necessity and urgency to national image and content consideration of new legislation, and it points out the long-term significance of news legislation on creating a good national image.

Key Words：news legislation；national image

近年来，国家形象塑造、国家形象传播、国家形象提升成为热门话题，承担这方面工作的研究者，大都在新闻传播学界。而近几年出现的社会现象和国际事件，由于新传媒手段的发展和新传媒环境的形成，其造成的影响是空前的。这些影响，直接关系到中国国家形象的塑造。因此，中国的新闻媒体，对于树立中国积极的国内形象与国际形象责无旁贷。其中，与新闻媒体密切相关的一个问题，便是新传媒环境里的法律规范。目前我国新闻媒体的法律环境是如何的呢？新闻立法与中国国家形象塑造又有怎样的关系？

一、新传媒环境下新闻立法的缺失

国家形象是一个比较笼统的新概念。任何一个国家及其民众都很看重本国的国家形象，但迄今为止国际上还没有一个有关国家形象的确切定义。有专家将国家形象定义为"国际社会公众对一国相对稳定的总体评价"，也有的定义为"一个主权国家和民族在世界舞台上所展示的形状相貌及国际环境中的舆论反映"，等等。总体来说，一国国家形象应该既有国内形象，又有国际形象，但以国际形象为主，与国外舆论、传媒塑造密不可分。

在现代社会，媒介扮演着越来越重要的角色，社会媒介化的趋势已渐渐形成。作为一个沟通各方的信息平台，新闻机构及其从业人员与社会各方面发生着密切的联系，新闻媒体与国家形象的塑造息息相关。一旦两者之间产生矛盾和背离，就需要法律的调节。然而，目前中国尚没有一部专门针对新闻业的法律法规，这使得新闻活动没有了调节各方关系的准则。在如此重要的一个领域形成法律真空，必然会影响到中国国家形象的塑造。

二、新闻立法对于国家形象塑造的必要性和紧迫性

新传媒环境，就是传媒技术和传媒手段的突飞猛进。其中，网络最为活跃和最为迅速，同时也是新闻传播规模较大的途径。通过互联网进行的新闻活动，有着自身的特点，这些特点对于国家形象的塑造利弊共生，立法的规范显得极为迫切和必要。

　　由于互联网的匿名性，个人制造和传播信息的顾虑消失，对自己的言论是否会造成国家形象的损害的思考完全依赖个人素质。互联网的复制性导致国家形象的控制越来越困难，越来越被动，留给政府的反应时间越来越短，一则涉及国家形象的消息可以在一两天之内传遍网络。互联网的这一特点造成了国家形象的脆弱性。

　　网络上没有传统媒体的把关人，造成信息的不可控制，涉及国家形象的信息更加难以控制。这样一来，对国计民生有重大影响尤其是有很大负面影响的消息，常常被推到显眼位置，而这些消息常常未经准确核实，国家形象建设在这个时候就会遭遇麻烦和困难。

　　在这种状况下，必须通过新闻立法的手段来规范新闻传媒的行为，从而减少负面新闻对国家形象的损害。同时，立法也是对于从事新闻媒体行业工作人员进行正当正义的媒体活动的保护。目前我们所缺乏的，正是这两方面的立法规范。

三、国家形象塑造与相应之新闻立法内容的考量

　　新闻立法应该如何考量其内容？笔者认为，当从惩治和保护两个层面入手。对于危害国家形象的传媒行为，《刑法》等法律已有相关规定，笔者要强调的，是对于新闻媒体从业行业人员正当权利的保护。因为只有新闻媒体的活动主体权利得到确认，才有可能运用传媒力量来维护和塑造良好的国家形象。

　　2010 年 7 月 23 日，《经济观察报》记者仇子明因报道上市公司关联交易内幕而遭到全国通缉，罪名是涉嫌"损害公司商业信誉罪"。事件起因于其在《经济观察报》上发表的关于凯恩集团的两篇负面报道。凯恩集团所在地浙江省遂昌县公安局对其发布全国通缉令。而其后随着大量媒体的介入报道以及《经济观察报》对相关证据的披露，7 月 29 日上午，浙江省丽水市公安局责令遂昌县公安局依法撤销 2010 年 7 月 23 日对《经济观察报》仇子明采取刑事拘留的决定；7 月 30 日下午，遂昌县委宣传部及县公安局负责人前往北京，向《经济观察报》记者仇子明及报社当面赔礼道歉。

　　这只是近几年来众多针对记者的事件中的一起。记者的工作没有法律的保护、职业生存状态非常差已是不争的事实。喻国明教授说："即使记者的报道有问题，那么报道的责任主体也应当是媒体，而非其从业人员。"目前大量记者被起诉，则是被报道者的一个诉讼策略：虽然不会取得很大的成效，但是可以给记者群体一个威慑的作用。从越来越多的"抓记者"事件中可以看出，当事人向记者施压的成本是非常低的，最多就是赔礼道歉，而记者在这个过程中却会遭受巨大的精神和身体上的压力。最可怕的是，整个社会的舆论监督受到了挑战

和威慑。这也使得新闻立法越来越受到我们的关注。笔者在这里仅对几个有关新闻立法的核心问题进行讨论。

在中国现行的法律中,《宪法》第 35 条提到"中华人民共和国公民有言论、出版、结社、游行、示威的自由",其余还有一些行政法规和部门规章。总的来说,形成了包括宪法、行政法规、部门规章和地方法规等各种层次的新闻立法在内的新闻法律体系框架。这个框架主要强调了新闻主管部门对各类新闻活动及新闻主体的行政管理权,最大的弊端就是确认保护新闻主体各种合法权利和利益的授权不足,使得公民和新闻单位的合法权益难以得到切实保障。也就是说,现行有关新闻的法律法规中,多是规定了新闻事业所承担的责任和义务,以及各地权力机关对新闻的控制权,并没有涉及新闻机构及其从业人员的职业权利。因此,这是未来新闻法所应重点涉及的。

现在业界对于未来新闻法的内容几乎没有争议,大致是两方面的内容,分别是记者的权利和义务,也就是保护记者的正常工作和规范记者的行为。但是这两方面更加倾向于谁是相关利益群体博弈的焦点。另外一个我们还要考虑的问题是,既然法律代表了一定阶层的意识形态,那么未来新闻法的内容是更偏于公众的舆论监督,还是更偏重于限制记者的采访范围,这也是我们应该考虑的问题。

当然现在最重要的是不管它到底代表了谁的意识形态,首先要有这部法律的出台。只有法律的正式出台,才会从法制意义上确保了国家形象的塑造。

四、新闻立法对于国家形象塑造的长远意义

国家形象通过新闻媒体的塑造而成为某种价值观和行为准则。随着国家形象被新闻媒体赋予了一定的合法性,国家形象在新闻媒体的作用下具有更强的传播力,国家形象中所包含的某些理念、价值观和行为方式会扩散出国界之外而成为某种国际性和地区性的准则。从塑造国际形象的意义上来讲,及时公正的新闻立法,对于确立本国的价值观具有不可替代的作用。

从法理学上来看,法律是人类在社会层次的规则,是社会上人与人之间关系的规范。从这个角度来看,新闻立法的逻辑起点则归咎于调整新闻事业与社会其他系统的关系,进而维护整个社会的稳定和发展。社会是一个大的系统,在它的下面涵盖着非常多的子系统。新闻事业属于社会信息系统,是整个社会的神经系统,其触角几乎延伸至社会的每个角落,与社会其他方面有着千丝万缕的联系,任何社会的存在和发展都在其自身拥有的一个平衡系统中进行。但是,在不断的社会运动中,总是能够产生和出现使社会主体不平衡的问题,这就必须要有规范去协调。新闻法的逻辑起点便是去协调这种关系,新闻法所体现

的是一种集体主义精神,集体意识的基质不是单一的机构,从定义上说,它扩散于整个社会空间;可是它仍然有着使其成为一种有别于他物的现实特殊性质。实际上,集体意识是独立于个人置身其间的特殊情况的;个人消失了,它仍旧存在。这就摆脱了人治的弊端,并且有利于整个社会的平衡发展。

总之,无论是从保障新闻事业的健康发展的角度来说,还是从保障新闻活动对现代社会和现代人的生活的有序介入来说,都应该把新闻立法问题提高到一个必须认真思考的地位。加强新闻立法,是社会主义民主法制建设的必然要求,也是塑造良好国家形象的必要手段。

对于国家形象的内部意义而言,国家形象是作为一个社会共同体的国家的理性和价值的社会化,是一种集体叙事的社会化和合法化;对于国家形象的外部意义而言,国家形象是作为一个个体叙事在国际社会为叙事主体的环境中,与其他叙事相互竞争并得到承认的结果。在这两个不同的形成过程中,新闻媒体无疑作为一种舆论环境起到了限定性和构建性的作用。作为国家形象所面临的舆论环境之一,由于其代表着时代的特性,新闻媒体对国家形象的影响是深远的。我们每个人都是新闻媒体的参与者,因此我们每个人参与社会舆论的过程就是一个构建国家形象的过程,这种过程必须有一部规范的法律来进行参照和约束,只有这样,国家形象才会随着新闻媒体形式的发展而不断得到积极的构建和塑造。

全媒体语境下中国风物的电影制造

邹贤尧

（浙江师范大学文化创意与传播学院）

摘要：全媒体时代，电影、网络、卫视等媒体将不同语言、习俗、生活方式的人们联结到一起，使全球化成为可能，同时，在联结的过程中，媒体文化自身也在相互的交流与碰撞中越来越趋同。如何既汇入全媒体的行列中，多向互动，共同作用，又在这一链条中彰显自身的特色？本文提供了一个思路，从一个切面来讨论全媒体时代媒体同质化与各媒体自身特色化的平衡问题。这个切面是电影人张艺谋所首创的大型实景演出。

关键词：中国风物；实景演出；全媒体链条；媒体同质化

Film Production of Things Chinese
in the Context of All-Media

ZHOU Xianyao

(School of Culture Creative and Communication，Zhejiang Normal University)

Abstract：In all-media era，film，network，satellite TV and other media join people of different languages，customs and lifestyles together，it makes globalization possible. At the same time，in the process of joining，media culture themselves are becoming more and more convergent in mutual communication and collision. How to not only integrate in the ranks of all media with multi-directional interaction and mutual action，but also manifest their own characteristics in this chain is difficult to answer. The paper provides a perspective that we discuss the balance between media homogeneity and media characteristic in the era of all media from large-scale virtual show Impression Sister Liu as a section. This section is the moviemaker Zhang Yimou's first large-scale virtual show.

Key Words：Chinese local special products; virtual show; all media chain; media homogeneity

自张艺谋首推《印象刘三姐》之后，其他类似的演出如《印象丽江》、《印象西湖》、《印象海南岛》、《印象大红袍》、《云南映象》、《禅宗少林音乐盛典》、横店影视城《梦幻谷》等缤纷出台，各地富于特色的风光景物、风情习俗、风俗物产等等中国风物元素，被文、图、声、光、电、实物、舞台形象等丰富立体地打造出来，以视、听、形象乃至触觉、嗅觉等各种综合性的现场感知作用于观众。

这些实景演出转换成其他的媒体形式：做成纸质的旅游文化宣传册，刻录成光盘，做成网络视频，进入电视荧屏，成为纪录片等等，全息地、全景地展示了中国风物的独特景观与无限魅力。即使从其主创人员的结构看，也是一种全媒体的构造：印象系列的主创是电影导演张艺谋、电视导演王潮歌、舞台导演樊跃。

这种全媒体打造的实景演出，明显具有媒体文化的同质化倾向，其中有我们似曾相识的流行音乐，也有与电影大片相似的大场面、大调度和视听冲击，等等。电影的思维、电影的表现手段被大量移植进去。

一是主创人员的电影身份。推出一系列"印象"的主导人物是著名电影导演张艺谋，他被认为是表现中国民俗的高手，他的电影《红高粱》、《菊豆》、《秋菊打官司》、《活着》、《千里走单骑》等中都有对于民俗风情、非物质文化遗产的精彩演绎。颠轿、酿酒、印染、挡棺、秦腔、皮影戏、面具戏等等，都是展示中国风物的著名桥段，为张艺谋表现"印象"系列里的中国风情积累了丰富的经验。担纲《禅宗少林音乐大典》艺术总监的谭盾，是多部电影电视剧的音乐制作人，还曾获得奥斯卡原创音乐奖。

二是电影表现手段的大量运用。我们在"印象"系列里，分明能看到《英雄》、《十面埋伏》、《满城尽带黄金甲》中的大场面调度，强烈的造型感、仪式感、视听冲击，浓烈的意念与氛围等。诸多武侠片、动作片化文化艺术为动作形态，将舞蹈、诗歌、琴棋书画融入打斗，将打斗场面与民族文化的展示相结合，发掘武打动作和场面的形式感，如此种种手法与动作美学都在《禅宗少林音乐大典》里得到相应体现。而在《印象大红袍》中，更有矩阵式实景电影的直接使用。

三是既有的故事片与实景演出构成"互文"并起到导引作用。《印象刘三姐》很大程度上缘起于电影《刘三姐》。1961年拍摄的电影《刘三姐》不仅以其中美丽的桂林山水、美丽的刘三姐与山歌风靡当时的全国以至东南亚，其影响也远播世界各地，对于广西壮族山歌这一非物质文化遗产的保护、传承无疑是发挥了巨大的作用。《印象刘三姐》的实景演出也正是以电影《刘三姐》的片段作为引子，并将其许多片段穿插其间，使演出成为不断有着电影《刘三姐》的引用、参照、回声的"复数文本"。而电影《少林寺》《少林五祖》《新少林五祖》《新少林寺》等更是向全世界充分展示了少林武术这一优秀的"非遗"产品，炫目地呈现了少林武术的巨大魅力，为《禅宗少林音乐大典》制造了强大的气场，成为实景演出的重要参照。

这正是媒体同质化的表现。这种"同质化"并非不好，实景演出对电影媒介各种手法手段的有效借用，丰富了传统演出的表现手法，营构了传统演出所没有的大场面、大气势，更重要的是，在有可能因"同质化"产生的雷同里，由于各地风物浓厚鲜明的地域性、民族性，其独特性得到了充分的彰显。刘三姐山歌的奇美睿智，云南少数民族歌舞的质野奔放，西湖传说的神奇唯美，少林武术的禅武合一，都给我们留下了深刻的印象。我们可以说，全球化与本土化、同质化与特异性在此相遇于风情习俗、非物质文化遗产。

另一面的问题却是，电影没有把握好与这种实景演出的互动。在这种全媒体的链条中，电影在对中国风物的展示、传承、保护方面并没有起到其应有的作用，没有显示出自己的特色优势。

由于电影的诸多优势，如其传播的便捷性、广泛性，电影制作日渐突出的跨国性、跨界性，电影的故事性、引人性，其胶片的可留存性，其影响的显著性等等，它对于中国风物向世界的展示、传播本是更为有效的，可是其功效远远没有得到发挥，还有诸多问题和不足存在。成功如张艺谋，中国风情、中国特有的非物质文化虽然在他的作品里得到精彩的呈现，但仍有诸多不尽如人意处：一是多是零散化的、碎片化的展示，如颠轿、挡棺，不够成体系；二是有些民俗真伪莫辨，引起争议，如《大红灯笼高高挂》里的捶脚、点灯，就被许多人认为是假民俗。虽然站在电影艺术的角度这种艺术加工是成立而且称得上是成功的，但站在民俗的立场上，也确实在一定程度上构成了真伪的淆乱；三是张氏电影在民俗风情的呈现中对民族劣根性的反思固然深刻，但缺乏如他在"印象"系列里对美好的中国风光、风土人情的呈现，这显然造成了对中国风物的另一面的遮蔽。张艺谋在电影里把那些美轮美奂或震撼视听的大场面大制作都给了那些战争杀伐、宫廷阴谋,他在实景演出的"印象"系列里的那些展示民族美好风情风光的大场面却没有移植进影像。再者,其他的一些展示中国风物的电影如《寻找刘三姐》、《一个人的皮影戏》、《十里红妆》等因为导演的知名度不高、宣传力度不足、电影本身质量欠缺等诸多原因,因而上线时间短、传播面窄、影响力小,显得不那么成功。那些过往的经典如《刘三姐》、《庐山恋》、《少林寺》等呈现中国美好风光、风情与非物质文化遗产的电影作品,虽然在今天看来仍然很不错,但毕竟打上了较深的时代烙印。

相对于电影的优势,实景演出有其局限性,场地限制、天气限制、演员流动、保存不便等等,但它对山水与民俗风情的和谐交融的原生态展示,它对中国风物的壮丽呈现,它的各种现代手段的尝试实验等等,都对电影表现中国风物等提供了诸多有益的启示。

综合了声、光、电、文、图、实物、舞台形象等多种媒质的风物实景演出,是原生态与高科技再造的相遇、融合。舞台、背景、剧场是真山真水、苍茫天地,演员的主体是土生土长的当地民众,演出是当地民众的本色演出,他们用歌舞、动作演绎自己真实的生活情景。渔民们白天劳作,晚上划着渔舟演出(《印象刘三姐》);和尚们白天吃斋念佛、打钟习武,晚上将这些日常形态搬演到嵩山的演出现场(《禅宗少林音乐盛典》);《云南映象》的演员70%是来自云南各地州甚至田间地头的本土少数民族群众,演出服装全部是少数民族生活着装的原型,导演杨丽萍吩咐演员们只需将他们日常生活中的舞蹈移到舞台上;如此等等。非戏剧化的自然舞台,非职业化的本色演出,非脸谱化的日常着妆,使独具特色的中国风物得到最为原汁原味的呈现。作为自然光效的必要补充,各类实景演出又都充分利用了现代声、光等高科技手段,打造环境艺术光影和独特的烟雾效果,而这些灯光、音响、烟雾系统又均采用隐蔽式设计,与原生态的自然环境有机地融为一体。这种融汇高科技的原生态呈现,对电影的过于戏剧化、夸大化可以起到一定的纠偏作用。

这种综合性的实景演出,又是山水名胜与非物质文化遗产的相遇、融合。刘三姐的山歌以及她的传说,云南各少数民族歌舞,少林武术,白蛇许仙的民间传说,各地的风俗,如此种种非物质文化遗产,都在美丽的桂林山水之间、丽江之滨、西湖之畔、嵩山之巅得到直观逼真的呈现,形象生动的演绎。山峰的掩映,江水的倒影,竹影的摇曳,不仅构成背景,而且加入了演出。这种借用高科技展示的、融合了非物质文化的美丽山水,既带给观众现场切近感,又带来梦幻疏离感。观众和演员同样置身于山水天地之间,没有舞台的院墙阻隔,还有许多互动环节。演员逼真的、本色的演出,将观众带入风土人情的情景现场。伴随着这种现场带入感的,则是幻境疏离感,光影烟雾的打造,加上朦胧月影、迷离山水本身的作用,演出逼真自然的同时又显得如梦如幻。山水间的实景演出,又变得像一个巨大的梦幻工场。《英雄》、《满城尽带黄金甲》、《十面埋伏》,及至《夜宴》、《无极》等,全明星阵容抓人眼球,精良气派的大制作大场面富于视听冲击,可惜"阴谋"多了点,美好的民俗风情少了;"杀伐"多了点,美丽的风物少了;明星多了点,民间的原汁原味少了点。将《印象刘三姐》、《印象西湖》、《云南映象》等展示民族风物民族精神的大场面移植进电影里,与电影的故事有机嫁接,当会进一步改善中国大片的面貌。

实景演出充分利用网络、视频、电视、纸质宣传品乃至现场推出演出光盘等造势,充分发挥全媒体的宣传功效,使实景演出在各种媒体上延伸、拓展,这种对全媒体的充分运用、全媒体链条的打造,也为相应的风物电影提供了借鉴。

电影与电视、网络等媒体作为实景演出必要的补充、延伸,彼此应良性互动、互相借鉴、深度融合,并且在全媒体的链条上,充分发挥各自的功效,共同打造中国风物的光影世界。

影视个案与镜像中国

视觉文化的多维视域与国家形象建构

——基于 2010 年上海世博会"建筑"、"影像"和"巡游"的分析

孟 建

（复旦大学新闻学院）

摘要：继 2008 年奥运会中国向世界塑造了一改"积贫积弱"、"东亚病夫"的强健形象以后，2010 年世博会，作为东道主的中国希望再度通过软实力打造向世界展示自己悠久而崭新的文化魅力，从而改变世界对中国文化"因循守旧"、"创造匮乏"的误解。从国际公共关系学角度看，一个国家的形象往往可以通过一个国家的民族凝聚力、文化影响力、地区协调力、国际参与力等方面构建。本文对上海世博会"建筑"、"影像"和"巡游"的内容进行分析，认为 2010 年世博会是以"城市"为议程设置，以"和谐"为传播理念，在全球化题域中展示中国传统"和"之智慧，同时在这种价值的普世化传播中实现着中国上述国际形象的建构。

关键词：上海世博会；视觉文化；国家形象

Multidimensional Vision's Visual Culture and Construction of National Image

——Analysis on "Architecture", "Video" and "Cruise" based on the 2010 Shanghai World Expo

MENG Jian

(Journalism School, Fudan University)

Abstract：Following the 2008 Olympic Games in China which shapes a robust image and changes the old images of "poor and weak" and "sick man of East Asia" of China, in the 2010 Shanghai World Expo, China, as the host, hopes to create its long and innovative cultural charm to the world by its soft power again, in order to change the world's misunderstanding of Chinese culture's "following the beaten path" and "creating shortage". From the perspective of international public relations, the national image could often be constructed by national cohesion, cultural influence, regional coordination, international participation and some other aspects. The paper analyzes the contents of "architecture", "video" and "cruise" of Shanghai World Expo, believing that the 2010 Shanghai World Expo takes "city" as the agenda setting and "harmony"as the communication conception. The Expo demonstrates the Chinese traditional wisdom "harmony" in the perspective of globalization and realizes the above-mentioned international image construction in the universal dissemination of this value.

Key Words：Shanghai World Expo；visual culture；national image

一、"园区规划"与"东方之冠"：希冀世界版图涵化天下之尊

建筑空间是世博会最首要的视觉传播层面，整个世博园的园区规划以及各

种场馆的建筑风格,不仅是世博会主题的内在要求,更是国家意志的集中体现。传播学"涵化"理论是美国格伯纳对电视内容之于受众的潜移默化影响效果的概括表述,这里笔者借此理论试图说明,2010 年世博会园区规划与中国馆建筑正是在世界版图上实现了对中国"天下"观念的"涵化",并在这种秩序中建构着中国参与组织国际事务的信心,以及中国于东方乃至于世界的大国尊严。

世博园区规划的空间视觉表征为:黄浦纵轴旁分南北,一轴四馆衬对东西,洲国城企位列九宫,东方之冠统领五区。

这种视觉表征一方面遵循着西方的"世界观",一方面又"涵化"着中国传统的"天下观"。从表层视野上看,世博园区的分布单位基本遵循了西方世界秩序:首先,民族国家单位和五洲地理板块,表现于浦东 A 片区的亚洲馆区,B 片区的大洋洲国家馆区,C 片区的欧洲、美洲、非洲国家馆区;其次,现代世界市场体系,表现于 D 片区的企业馆区;再次,古希腊城邦体系,表现于 E 片区的城市最佳实践区。

在这种西方世界认可的秩序中,同时"涵化"着中国传统"天下观"的秩序。"天下观"是古代中国对于世界秩序在空间上的一个构想,曾影响历代中国王朝处理与外部世界关系的政策。其中,"东方之冠"之中国馆突显出"天下观"之尊者面孔。展馆,英文为 Pavilion,源自拉丁语 Papilio,有蝴蝶、帐篷的意思,世博会赋予其特殊意义:它不是一幢一般居住的房子,而是代表一个民族或一种文化象征。[①] 世博园区展馆建筑是一国之馆、一城之馆、一企之馆,在实验现代建筑理念的同时,尽显身份识别性和意识形态性,即一方面是传统民族符号堆砌而成的身份确认,一方面是政治权力符号运用中的地位认同。中国百年世博会参展史上,中国馆的"传统元素的现代演绎"一直负载了诸多的政治文化诉求。[②]如"国亭"、牌楼、长城等是惯用的视觉符号。对此,国内有评论认为,世博建筑以强调中国的形象特色来保持自尊的态势,反而凸现了刻意隐瞒的自卑感;对中国符号的痴迷反衬出我们对建筑的胆怯,暴露出某种后殖民主义症候群。[③]而笔者以为,在当今世界版图中,中国以"天下观"之王者气魄和"东方之冠"之东方代表来自我指认,已不是当年的"夜郎自大",而是以自己特色文化参与国

---

① Elke Krasny. *The butterfly*, *the garden*, *the island and the mountain*. AVAILABLE: http://www. biennale-schabus. at/images/downloads/biennale_krasny_engl. pdf, accessed on December 21,2006.

② 胡斌:《如何呈现"中国"——世博会中国馆建筑的符号特征》,《荣宝斋》2010 年第 6 期。

③ 冯原:《国家馆的中国症候——世博会中国馆的历史形象与符号策略》,冯原日志 http://blog. artron. net/space. php? uid=78303&do=blog&id=132261。

际事务和组织协调事务的有力证明,是向世界的一次充满自信而有尊严的形象建构,正如美联社库尔滕巴赫所说,对许多中国人来说,上海世博会作为一个现代化的民族主义标志,正好可以与外滩那些殖民主义时期的建筑形成鲜明对比。这座深红色王冠状建筑是中国人自豪感和国力的有形展现。英国《卫报》亦将中国馆列为"最庄严展馆"。

二、《清明上河图》等四大影像展示:普通民众形象隐喻大国向往和谐

展馆展品是建筑内部最重要的视觉元素。除了实物展品以外,屏幕影像展示成为近几届世博会的主要视觉表现形式。本届世博会中国馆在对历史、现在、未来的展示中分别使用三个影像文本:一是 LED 折幕动态版《清明上河图》,二是三折巨幕和一块圆形穹幕围合成的大型投影《历程》与《和谐中国》,三是装置艺术+大型投影的《同一屋檐下》。法国符号学家罗兰·巴特指出,"隐喻"是利用事物的相似与相异之处体现意义。这种隐喻在影像文本中经常通过二元结构来实现。法国结构主义人类学家列维—施特劳斯认为,"二元对立结构"是文化不断进行隐喻与换喻的文化创造,且是意义最基本的生产过程。而费斯克认为二元对立是一种由两组相关联的类目所组成的系统,它最终可以以最单纯的形式囊括宇宙万物。[①] 中国馆三馆影像皆以一种二元结构,即通过城市中的普通人形象来展现中国发展奇观,一静一动,一凡一奇,一不变一变,由此隐喻支撑中国快速发展的民族精神,建构中国的民族凝聚力以及整个社会的进步和谐形象。

(一)动态版《清明上河图》——繁荣古代都市与北宋市民心境的二元结构强化

文化人类学家高丙中认为:"传统文化在当前的复兴,并不是什么都能够复兴,即使那些侥幸得以复兴的也不可能是原封不动。……在相当大的程度上,人们主要是把传统文化作为素材,在国家容忍的框架里重新塑造出来,进行自己的文化生产。"[②]在中国古文明中捡取北宋张择端的《清明上河图》作为镇馆之宝,其国家在场与动态复活,一是出于本届世博会的"城市"主题,据史载北宋汴京是 12 世纪世界上最大的城市,也是中国古代最繁荣的城市。但此外,我们更需关注如高丙中所提出的"不可能是原封不动"的复兴,复兴隐含着国家的意识形态生产,故动版《清明上河图》复活中的"强化点"与"变动处"便是窥视"隐喻"

---

① [美]约翰·费斯克:《传播研究导论:过程与符号》,北京大学出版社 2008 年版。

② 高丙中:《民间的仪式与国家的在场》,参见郭于华《仪式与社会变迁》,社会科学文献出版社 2000 年版,第 324 页。

意义的主要路径。动版《清明上河图》正是通过对普通民众与城市繁荣二元结构的历史强化以及河流上智慧点的历史改写向世界建构了"人心之和"的盛世和谐的中国国家形象。

首先,强化的复活:普通市民形象与城市繁荣意象的二元张力结构。见表1。

表1　动版《清明上河图》对历史强化的二元张力结构

普通民众之多	城市经济之盛
1068 名普通市民 白天出现人物 691 名;夜晚出现人物 377 名	宋城市区的昼夜风景 商贩吆喝声、船夫的号子声、酒楼上觥筹交错的喧闹声,还有人兴奋地叫着"我中状元啦"……

其次,改动的复活:河面上设有八个"智慧点",分别是:乐山乐水、南北通渠、戮力同心、万国咸通、方圆成矩、兼容并蓄、诗礼传家、勤业乐事。它们都是从原版《清明上河图》中提取出来的,但有改动之处。见表2。

表2　动版《清明上河图》对历史改动的二元张力结构

	原作"船过虹桥"——动版"戮力同心"	原作"兼容并蓄"——动版"兼容并蓄"
原作	船上的人在划桨、翻桅杆,岸上的纤夫拉船,桥上的人指挥,往左一点,岸上的人有看热闹的,也有呐喊助威的。但原作中船没过去。	讲市井生活,屋后确实有一口井,大家一起打水,然后分水。
动版	在桥上、岸上、船上的人相互配合下,船最终过桥,赋予"大家为了一件事,从互不相识到齐心协力"的精神层面的含义。	讲述纯阳殿左侧摆着一个说书摊位,大家一起听说书,不同宗教、不同文化背景的人都融洽地做同一件事。

以上强化和改动,国家一方面以西方城市体系公共空间中的"普通市民"形象隐喻了中国当代之繁荣,并试图说明这种繁荣的根基在于民心之和,就如动版《清明上河图》水晶石制作总监于正所言,"人的和谐就是理想的国家形象"。①

(二)《历程》与《和谐中国》——城市化演进与家庭变迁的二元张力

宣传片是世博会各个国家最常用的视觉表达形式。本届世博会在"现代岁月的回眸"展示区,陆川导演的《历程》和郑大圣导演的《和谐中国》在由 120 度夹角展开的三折巨幕(每块屏幕是 8 米 × 22 米,三块连接起来就是 66 米超宽屏)和一块硕大的圆形穹幕的包围中交替放映。其中《历程》以更为现代的大量 CG 镜头(即通过电脑合成的特效镜头)在三块折幕上贯通再现中国改革开放

---

① 《除了熊猫还有谁能代表中国?》,《南方周末》2010 年 10 月 7 日第 1 版。

30年来的辉煌历程,而《和谐中国》以传统水墨动画首尾呼应,并以中间屏幕为主屏,配以两侧折幕大量老照片回放。虽然风格一个很豪放、一个很婉约,一个很现代、一个很传统,但皆通过普通民众生活与改革开放30年发展二元张力视觉表征,在情感之和的价值全球化中建构着中国的快速发展奇迹。见表3和表4。

表3 《历程》二元张力结构

分镜头时长		分镜头内容	
		普通人　家庭　情之和	发展奇观　快速崛起
开头	0′00—0′30	百张普通肖像面孔	城市夜景背景下,天穹落下百家姓
第一代	0′30—1′00	作为农民的爷爷和儿子传承的眼神	新中国民众在贫瘠土地上的奔跑
第二代	1′00—3′00	作为农民工的儿子在劳动中与女工产生情愫的眼神	大炼钢铁
第三代	3′00—4′30		少年孙子奔跑走过改革开放的30年
	4′30—6′00		成年孙子见证汶川地震以及震后重建
	6′00—6′20	作为白领的孙子和孙媳结婚现场仰望庆典天空的眼神	
	6′20—7′10		爷爷回眸30年成就
第四代	7′10—7′30	孙子看着孕育生命妻子的眼神;爷爷抱着曾孙微笑的眼神	
尾声	7′30—8′00	百张肖像化作繁星闪烁	城市日景与自然风景并行展示

表4 《和谐中国》二元张刀结构

分镜头时长		分镜头内容	
		普通人　家庭　情之和	发展奇观　多元发展
起始	0′00—0′47	点墨氤氲成彩荷徐徐绽放;劲笔横亘出现代城市实景	
现代:"逝者如斯夫,不舍昼夜"	0′47—1′30	三代同堂的吃饭场景	1979—1989历史年代照片从左右两屏向中间屏幕淡出
	1′30—2′00	三代同堂辅导孩子学习场景	1990—1999历史年代照片从左右两屏向中间屏幕淡出
	2′00—2′40	四世同堂的过寿场景	2000—2010历史年代照片从左右两屏向中间屏幕淡出

分镜头时长	分镜头内容	
	普通人　家庭　情之和	发展奇观　多元发展
当下："君子和而不同" 2′40—6′26	当今城市1天生活场景	
	爷爷送孩子上学；聋哑人和少数民族婚礼；爷爷和孙女在湖边垂钓	上午：打太极拳、上班骑车、交通、早市、早餐、各行各业工作……；下午：鸟巢建筑、世博航空与航空小姐、飞驰列车、高楼林立……；夜晚：城市夜景中车流穿梭的立交桥、北京上海等地的地标建筑、年轻人在咖啡厅的约会、文艺戏曲表演、街道清洁工人……
未来："从心所欲不逾矩" 6′27—8′00	家庭的阳台上长满了瓜果蔬菜，主妇心花怒放	水治理创造了城市湿地；荷花竞放的河边，螃蟹、小鸭自由自在；减排带来城市空气的净化；小鸟在城市上空自由飞舞；生态建筑与城市绿化浑然一体
尾声 8′00—8′40	白鹭畅鸣划过城市天际线，翱翔在自由天空	

　　《历程》与《和谐中国》有一致的二元视觉结构。一方面，都是普通民众与发展奇观的二元对话结构。"国家有时也通过民众的代表或其符号的在场而让人民在场，这样更能彰显国家形象。"①普通人是见证城市飞速发展的形象代言，如《历程》中的千万张普通肖像面孔，还有作为主角的农民爷爷—农民工儿子—白领孙子的普通形象谱系；《和谐历程》中普通家庭和当下工人、学生、白领、服务员、运动员、文艺工作者等普通阶层以及老人、青年、小孩各个年龄层的普通形象。另一方面，都是发展之变与情感之不变的二元结构。相关数据显示，中国是世界高速城市化史最长的国家，而中国传统的核心价值就是儒家情感之和谐，那么在《历程》中的"眼神"意象的亲情传递与"奔跑"意象的飞速发展的对照，在《和谐中国》中的"家庭和谐一体"与"社会多元发展"的对照，皆试图说明中国要在快速多元的城市发展进程中突出中国恒长久远的和谐亲情价值传递，这是中国的传统价值精神，亦是本届世博会的城市发展主题，将这种传统价值全球化、普世化是中国本土全球化的重要表现；而与此同时，中国正是在这种情感之和的民族精神凝聚中实现了快速崛起与顽强抗争的大国形象建构。正如

---

　　① 高丙中：《民间的仪式与国家的在场》，参见郭于华《仪式与社会变迁》，社会科学文献出版社2000年版，第312页。

导演陆川在谈及《历程》创作宗旨所坦言,"全片用眼神来作为串接手段,表现城市和人的飞速发展,我特别想说的一件事就是,感恩父辈"。"但是从整个外部世界来看,包括我自己的感受,这30年我们中国不断奔跑,我们一直在不停地奔跑。整个的世界被我们抛在后面了,这是我们30年的奔跑换来的。"

(三)《同一屋檐下》——现代家庭关系与诗意的幸福城市

中国馆顶层的"未来希望的大地"展区,多媒体互动装置及大屏幕投影短剧《同一屋檐下》以一座公寓楼中九个普通家庭为主要形象,通过他们生活之间的有趣互动,以隔绝之失落影像与联通之快乐影像的先后二元对照,隐喻了"老吾老以及人之老,幼吾幼以及人之幼"的中国传统智慧,建构了中国未来城市消融空间阻隔和心灵隔膜的幸福形象。最后整个大屏幕孔明灯齐升,由上至下落下万千张普通笑脸,使中国关于大国和谐的迷思又一次得以建构与升华。见表5。

表5　《同一屋檐下》二元张力结构

影像结构	隔绝之影像	联通之影像
影像内容	一单元里,"独苗"男孩独自玩电脑游戏;二单元里,90后女孩不停试衣却无法满意;三单元里,一对独居老夫妇为失灵的遥控器互相埋怨;四单元里,70后单身女子在浇花但花没精打采;五单元里,外籍男子哼着京剧在淋浴;六单元里,两个女孩站在鱼缸边观赏;七单元里,男青年组装家具;八单元里,新婚夫妇在厨房中忙碌;九单元里,三口之家围坐一团。	突然,一只皮球出现了,弹进了男孩的房间,还带来了一个小伙伴。皮球继续弹跳,叛逆女孩随着皮球一同进入到老夫妇的家中,并为他们解决了遥控器失灵问题,电视机随即响起京剧唱腔,也让楼上的外籍男子穿起长衫耍起中国功夫。皮球一路蹦跶,直到最后在三口之家的小女孩手中一跃而起,融入当空明月。

三、欢乐盛装大巡游:跨界仪式交融展露大国胸襟

除了建筑和展品,活动是世博会的又一重要展示介质。活动展示主要包括巡游与表演。本届世博会浦东浦西两条线路三支队伍920多场盛装巡游以及每天约100场共两万多场演艺活动成为世博会上的视觉狂欢。列维—施特劳斯在二元对立结构基础之上还提出了"跨界仪式"的概念,即世间任何东西不属于类目A就是类目B,这样类目之间的界线就显得尤为必要,这个界线就是跨界仪式。① 而当下很多跨文化传播中这种跨界仪式都开始有意消融,世博会的

---

① ［法］克洛德·列维—施特劳斯:《结构人类学》,中国人民大学出版社2006年版,第159页。

活动展示就是最具代表性的体现。贯穿整个世博运行期间的在国家日和地区日联合组成的浦东二号线欢乐盛装大巡游与后滩广场为本届世博特意打造的多媒体舞台主题秀《城市之窗》即通过世界多元民族文化意识形态界线的消融联合,缔造了巴赫金所谓取消等级制度、取消人们相互间任何距离的"狂欢式的世界感受",让世界为中国多民族、多地域的文化魅力动容,并感受中国有容乃大、兼收并蓄的文化开放力与大国胸襟。

世博巡游是通过结队游行的方式来展示地域和民间文化。自 2000 年德国汉诺威世博会以来,欢乐盛装大巡游一直是世博会展示要素。据本届世博会巡游总策划李继诚介绍,近几届世博会巡游都是世博园里吸引观众人数最多的活动。而与往届不同的是,本次世博会的巡游参与者除了主办方之外,还有来自世界各地的多个参展方,二号线巡游就是最突出的代表。二号线巡游的基本视觉符号包括各民族各地方锣鼓喧腾的欢呼踩街、载歌载舞的民俗表演、异彩纷呈的花车花灯、舞龙舞狮的器物模型等。而特别的视觉结构是巡游队伍的中西联袂:前面是某国家、国际组织或企业为期一天的巡游队伍开道,后面是某省市地区为期五天的巡游队伍跟进。如 2010 年 7 月 2 日美国国家日与福建活动周的巡游,在美国花车明星歌舞表演、高跷表演、南加州大学乐队表演的短时活力展现之后,迎来福建"八闽灯会欢腾踩街"浩浩荡荡的民俗风情:"彩车方阵"中象征茶叶之乡的"采茶扑蝶"彩车、音乐文化"活化石""南音"彩车、流传久远的两大地方剧种——莆仙戏和梨园戏——"戏剧"彩车以及展现多民族融合的"福建集景"彩车,还有"民俗表演"中的福州拉线狮、福州 12 婆官、泉州拍胸舞、客家滚灯、漳州大头娃娃、莆田车鼓队等八闽风俗表演。在巡游中西跨界仪式的联合与狂欢中,观众无不感慨中国文化的丰富魅力。

双重编码的中国形象

——论李安华语电影的中国想象

向 宇

（浙江传媒学院）

摘要：在当代华语导演中，李安可以说是最积极、也最善于在全球框架下制作和发行电影的导演。其华语电影的目标观众不仅包括中文社群，也包括全球范围内的其他文化社群。这意味着李安必须有效地协调两者之间的矛盾和差异。事实上，华语社群本身就是一种差异结构。李安不仅要小心协调全球和本土的矛盾，也必须小心处理华语社群内部的差异。本文所要探讨的就是李安电影的文化背景，包括文化想象的影像建构以及中国想象的矛盾与分裂。

关键词：李安；社群；中国想象

Chinese Image of Dual Coding

——Discussion on Chinese Visualization of Ang Lee's Chinese language Films

XIANG Yu

（Zhejiang Institute of Media and Communications）

Abstract：Among these contemporary Chinese directors，Ang Lee can be said to be the director who is the most active and best at producing and distributing the films under the global context. His target audience includes not only the Chinese community，but also other cultural communities around the world. It means Ang Lee could effectively reconcile contradictions and differences between the two. In fact，the Chinese community is itself a differential structure. Ang Lee not only has to carefully coordinate the contradiction between the world and local，but also must deal with differences within the Chinese community. The paper is about to explore the cultural background of Ang Lee's films。

Key Words：Ang Lee；community；visualization

一、华人离散与华语电影

在历史上，华人的全球离散不仅深刻地改变了华语电影的版图，也深刻地影响了华语电影的文化想象。1949 年之后，以上海电影为代表的中国电影分裂为不同的传统。但是传统的中国想象图景一度跨越意识形态的分歧，成为联系华人一条强有力的纽带。1954 年，桑弧导演的《梁山伯与祝英台》上映，并很快在港台地区激起一波重叙梁祝故事的热潮。这个文本在港台的流行显然不在于其潜在的革命内涵——文艺大众化以及配合《婚姻法》宣传的政治企图，而在于它契合了离散所导致的"起源政治（politics of origins）"：对起源的依恋和神话化。在这个文本的启示下，一种充满乡愁的中国想象成为 20 世纪 50 年代至 70 年代港台国语片的主要内容。廖金凤指出，"国语片之于邵氏兄弟，可以（说）是它中原历史文化情结的主要根基"。这些影片之所以在台湾流行，很大程度上是因为"它们与台湾外省人观众分享着一种沦落外乡的飘零自恋姿态"。而台湾本土生产的爱情文艺片、健康写实主义也自发地将"故事场景虚置在中原，并结合历史情境、民俗文化与文学典故，建立起幻象的时间/空间连接（conjuncture），满足国语历史教育下的观众的思乡情绪。"它们"明显地抹去了这块土地的殖民经验……无疑是在建构另一个'共同体'的内涵"。

对于"看岳枫、严俊、李翰祥、胡金铨、李行等人的电影长大的"的外省第二代李安而言，"文化中国"这个"共同体"的价值无疑是非常重要的。港台地区 20 世纪 70 年代中后期逐渐开始兴起的本土认同，正是华人社群在离散中走向断裂和分散、形成新的身份认同的体现。李安电影试图通过"文化中国"的建构重建华人身份的连续性和统一性。李安被台湾媒体塑造成台湾的"英雄"，但事实上他的电影没有一部是局限于台湾身份的想象。不论在美学上、文化上还是族别认同上，李安电影和台湾新电影都存在鲜明的差异：在美学上，李安电影继承了中国电影的通俗剧传统，新电影则终结了这个传统；在文化上，李安电影重视文化的传承，而新电影重视本土文化的表达；在族别认同上，李安电影具有鲜明的中国认同，而台湾新电影则局限于台湾认同。在某种程度上，李安的华语电影可以说是与台湾 20 世纪 80 年代以来日益鲜明的本土认同的对话。对于李安而言，当代台湾社会的"本土意识"过于强化了"台湾身份"，他通过对中国符号的运用、对中国文化的思考、对中国传统美学的继承让我们重温了这个失落的共同体。通过文化中国的想象，李安不仅将自己定义为一个典型的离散华人，也为全球离散所制造的分散的华人社群提供了一个新的认同空间。

二、文化中国的影像建构

作为全球离散的产物，"文化中国"意味着一个以共同的文化和语言为纽带的"想象的共同体"。它是一个超地域，甚至超历史的意义世界，拒绝被镶嵌到任何真实的时空关系中，也拒绝被还原为任何真实的历史和地方经验。我们可以从标志差异的文化符码、泛华人父亲形象的建构、泛中国的空间想象等方面分析李安电影的文化中国的主要特征。

（一）标志差异的文化符码

在李安电影中，自我身份的确认不仅依赖文化差异的戏剧化，同时也依赖对他者的排斥。此时，"自我"和"他者"的差异虽然不再是想象自我的关键，却无疑是其重要的潜文本。从《饮食男女》开始，李安电影开始全面驱逐西方文化和西方现代性对中国的影响，努力建构一个传统的、古老的、前现代的中国。影片的背景设定在现代，但故事空间——台北并非一个去地域化的现代都市，而被表征为一个传统的中国城市。《卧虎藏龙》最为鲜明地体现了排斥他者对于中国想象的重要性。它排除了一切现代和西方的符号，其服装、布景、道具和空间都指向一个未受污染的"中国"。时空的隔绝有效地实现了对"中国"的封闭，将"中国"建构为一个静态的共同体。显然，这个共同体对于当代华人尤其是离散华人的价值就在于其非西方性和非现代性。通过这个共同体的建构而重建与"起源"和"中心"的联系以克服对无根的漂泊的恐惧，这正是李安创作《卧虎藏龙》的主要动机。

（二）泛华人父亲形象的建构

传统中国父亲的形象是李安电影吸引力的重要来源，也是其在艺术上获得肯定的重要原因。虽然一直生活在父亲的压力下，但李安电影中的中国父亲形象基本上都是正面的、积极的，甚至可以说是理想化的。他们儒雅睿智、谦和忍让、宠辱不惊、处变不乱、威严而不失慈爱、幽默背后饱含沧桑。面对现代化和全球化的冲击，他们以一种让人尊敬和同情的方式捍卫传统生活方式与价值观念的尊严。李安曾说，"父亲对我来讲，就是中原传统文化的一个象征"、"是过去封建父系社会的一个文化代表"。李安电影中的中国父亲连接的是正统的中国语言、中国文化，总是在全球化和现代化的背景上坚持传统的生活方式和伦理观念。父亲因此成为他"审视这份深入我血液里、仍不时魂萦梦系、牵动我心的乡愁"的方式。通过父亲形象的建构，李安不仅表达了离散华人对中国身份的渴望，也重建了台湾与大陆的联系，捍卫了中国传统文化在多元文化世界中的位置。

由于父亲形象和父权制的天然联系，李安电影对父亲的理想化表现也引起了一些批评家的质疑。香港大学马兰清教授指出，"在'父亲三部曲'，李安避免探索父权制的黑暗面，向后退缩并沉溺在对那些日子的怀旧中：女儿无条件地服从父亲，儿子一经要求就生孩子以维持父亲血统的延续，没有儿女敢有一点点念头抗拒应该绝对孝顺的父亲"。尽管李安电影"避免探索父权制的黑暗面"，但也避免了将父亲建构为一个绝对的权威、一个让人畏惧的执法者。李安电影中的父亲是一个文化的象征权威，但同时也是一个经验化的身体主体。"父亲三部曲"中，父亲的衰老和生病无疑就是传统文化和传统父权不可挽回地走向衰落的隐喻。由此，父亲的生病和衰老有效地将儿子的弑父冲动转化为内疚和恐惧。在"父亲三部曲"中，父亲身体出现问题的时候往往是父子/父女矛盾走向缓和、岌岌可危的家庭重新走向团结的转折点。对无家可归的恐惧使子女在父亲疲倦或者小恙之际自觉地自我阉割，小心翼翼地呵护着年迈的父亲。

（三）泛中国的地域想象

"文化中国"之所以能够成为联系全球华人的纽带，一个重要原因在于它的超地域性。通过对李安电影的历史考察，我们可以发现其电影有一种不断超越地域经验的倾向。《推手》和《喜宴》常常被美国评论家视为"关于华裔美国人体验的故事"。但进一步分析可以发现，这两部影片事实上存在两个平行的、相互疏离的世界。一个是以纽约郊外的中产阶级公寓为代表的现实的生存世界和生存空间，另一个则是人物的语言、行为、价值观念及其符号所建构起来的象征的世界、精神的世界，或者说"文化中国"的世界。

从《饮食男女》开始，人物的精神世界和生存空间开始有了联系。这部电影讲述的不再是中国人在美国的故事，而是"台湾人"在"台北"的生活。影片看似强化了与地域的联系，但事实上并非如此。影片中的"台北"是一个精神分裂的空间，它具有两种完全不同的形象：一种是现代的高楼大厦所代表的现代空间，一种是古朴的独门小院所代表的传统空间。前者反映了全球化如何将一个地方城市变成全球化网络上的节点、一个无差异的全球城市;后者则体现了通过将"台北"表征为一个传统的中国城市而抵抗全球化带来的同质化。和《饮食男女》一样,《卧虎藏龙》建构的也是一个超地方、超历史的泛中国空间。影片的外景地非常多:浙江安吉、安徽黄山、安徽宏村、河北苍岩山、新疆魔鬼城、重庆蜀南竹海。尽管风景迥异,但它们处于同一套象征秩序的支配之下,既无明显的地域文化特征,也超越了历史的发展和变化。正是这种超地域、泛化的空间形象,使文化中国能够跨越地域,让不同地区的华人社群都能够在其中找到一个认同的位置。

三、中国想象的矛盾与分裂

(一)中国想象的去政治化与政治化

在李安电影中,离乱之苦是一种纯粹的文化乡愁。"父亲三部曲"中的离散华人所面对的是全球化所带来的文化认同的困惑。《卧虎藏龙》规避了政治讽喻意义,用性别政治和人性冲突取代了王朝腐朽、党派倾轧、奸邪当道、忠良被害等隐喻主题。这种修正在很大程度上就是对华语电影跨区合并的反应。对跨区华语电影市场和全球华人主体的诉求决定了李安电影不仅要考虑港台和海外华人的感受,同时也必须考虑内地观众的心理。

尽管李安的华语电影建构了一个具有鲜明的"中国"认同的文化共同体,但并不意味着其电影指向一个认同清晰的民族国家。这一点在李安的第五部华语电影《色戒》中具有鲜明的体现。影片不仅具有一种将上海消费主义化和资本主义化的文化政治冲动,也具有一种深刻的重写历史的政治动机。通过对身体暴力的还原,影片颠覆了解放的神话——牺牲和杀戮都是神圣的;通过对性别暴力的呈现,影片又解构了民族的神话——民族是一个人人平等、人人友爱的共同体。从身体被他人(男性)遗忘到被自我(女性)重新发现,影片深刻地揭示了父权意识形态与民族国家的同谋关系(将民族建构为一个无差异的共同体)及其反动——女性身份最终战胜了压抑和遗忘它的国族身份。如果说华语电影对于李安而言是文化上的归"家"之旅的话,那么这个"家"显然不是"国"的另一种形构。只有考虑到这一点,我们才能理解李安对张爱玲的《色戒》无法忘怀的原因。就此而言,电影《色戒》建构的与其说是女性的主体性,不如说是跨国华人的主体性。这深刻地反映了离散族裔身份认同的复杂:一方面是强烈的回家的欲望,另一方面则是同样强烈的漂泊的欲望;一方面渴望确定的位置和身份,另一方面又希望摆脱一切身份的束缚和限制。

(二)一元的中国与多元的中国

李安电影小心翼翼地回避政治议题,但事实上政治议题是无法摆脱的。其影片不仅有深刻的身份政治书写,而且有深刻的文化政治书写:"文化中国"的影像建构本身就是一种权力话语、一种文化政治工具。李安的中国想象希望通过重建儒家正统文化的权威来建构离散华人在"中国"书写中的霸权地位。一方面,文化中国的想象对于李安而言是一种参与全球文化竞争、反抗西方文化霸权的手段。正如李安所说,"我们不再需要像父母那一代般压抑自己,我们可以以身作则,影响着我们的下一代,让孩子们能够站出来做个世界公民,同时以身为中国人为傲";另一方面,这也意味着对本土文化霸权的挑战。

李安电影对"文化中国"想象的利用与其说是对霸权性的整体结构的破坏,不如说是用一种新的霸权结构取代了旧的霸权结构。尽管李安电影有意识地反抗"标准国语发音"、试图通过对地方口音的强调和其他民族语言的运用来揭示中国身份的多元性、差异性,但在事实上并没对汉文化和汉语的统治地位造成任何挑战。从美国到中国,李安电影中的华人都生活在以儒道为主的传统象征秩序之中。不论是为了强化离散华人的身份认同还是为了增强其华语电影在多元文化语境中的发声力量,策略性地运用文化本质主义都是李安的最佳选择。而汉语和儒道为主的正统汉文化在全球华人社群中良好的流通能力也决定了诉求于全球华人社群的李安必然选择一种一元化的、本质化的文化想象和语言战略——尽管他强调了汉语的地方口音,但其影片运用的都是容易理解的地方方言。因此,李安的华语电影并不是要挑战"中国"的整体性,而是试图超越历史的变迁和地缘政治的区隔造成的"中国"的多元性和差异性,通过重建传统文化的权威地位为全球华人提供一种新的整体性象征结构和清晰的认同位置。

李安电影文本生产和接受都鲜明地表明,并非所有的华人主体都遵循作为一种话语的"文化中国"想象的"询唤"、认同其提供的位置。李安电影文本对身份的多层性、多元性及其权力关系的强调表明,这种话语的招魂能力对于某些身份位置而言其实非常勉强,甚至无效。尽管李安有意识地淡化"父亲"的暴力色彩,但并没有从根本上否定"父权"。因此在李安电影文本中,各种华人主体都在不同程度上拒绝进入父亲的象征秩序。尽管《喜宴》中的薇薇因为经济原因被迫接受父亲的命名,但这并不能否定女性对于与父权同构的"家"、"国"的痛苦体验。《卧虎藏龙》中玉娇龙的困境也与此有关:她将"江湖"想象成一个异质的空间,最后却绝望地发现它不过是另外一个由"父亲"和"父法"统治和规范的"家"。《喜宴》对于华语离散电影叙事的贡献就在于,它通过一个离散华裔儿子与父亲及其文化的戏剧性冲突充分展示了离散主体身份的复杂性以及由此而产生的与"家"复杂而充满矛盾的关系。

李安电影在不同华人社群中的接受差异也表明,"文化中国"的想象并不能完全掩盖和弥合华人社群事实上的差异。李安的前四部华语电影虽然在台湾市场都非常成功,但从未在香港取得类似的成绩,即使是《卧虎藏龙》,也招来非常多的批评。这表明,文化中国的影像建构也许需要适当地向本土经验开放,为全球华人提供更加灵活的认同位置。李安唯一在我国各地都取得票房成功的华语电影是《色戒》。但仔细分析可以发现,影片在内地虽然票房可观,引发的争议也非常大。如贾磊磊教授指出,影片不仅存在"拜物主义"的影子,而且将"历史的正义"——"人类历史与民族解放的正义事业"——和"人性的关怀尖锐地对立起来"。强烈的民族主义情绪使很多内地观众将该片视为一部"汉奸电影",而香港对于《色戒》的国族议题并不重视,香港最常见的评论是"感动"。林奕华指出,"偏偏现代人却最爱向张爱玲借镜,证明她在那个年代所创造的故事和人物,完全适用于今日。所谓适合,便是'心灵相通'——他们的心理活动能引发我们的共鸣,他们生逢乱世,我们活在'人吃人的世界'里,所以在'生存第一'的前提下,才会使不少人觉得张爱玲所写的就是现在,就是'我(们)'。"总之,《色戒》固然取得了票房成功,但内地和港台地区观众和评论家的兴趣各有偏重,对具体问题的看法更是有天壤之别。

　　(本文因篇幅较长,在编审时有删改,特此说明。)

贾樟柯电影中的中国形象转变

刘雪亭

（浙江大学传媒与国际文化学院）

摘要:贾樟柯作为第六代导演的领军人物,从 1995 年的处女作《小山回家》,到 2010 年的《海上传奇》,一直致力于创作能够真实地反映中国数十年社会变迁的电影。这种创作主张使他的作品风格写实,贴近生活,因而屡次在国外电影节上获奖。纵观贾樟柯的电影,既融入了个人话语,同时保持着与公众话语的密切联系。他的创作帮助我们更好地追踪探索电影中的国家形象的微妙转变,对于中国电影柔性塑造国家形象具有实质性的意义。

关键词:贾樟柯;国家形象;个人话语;公众话语;城市变迁

Transformation of Chinese Image in Jia Zhangke's Films

LIU Xueting

（College of Media and International Culture，Zhejiang University）

Abstract: Jia Zhangke，as the leading figure among the sixth-generation directors，has been devoted to creating the films which can truly reflect the social changes of China，from his maiden work Xiao Shan Returning Home in 1995 to Wish I knew in 2010. The creative idea makes his works realistic and close to life, therefore, he repeatedly receives the awards in foreign film festivals. When we make a general observation of Jia Zhangke's films, the works not only fit in personal discourse but also keep the close relationship with public discourse. His creations help us better track the subtle changes of national image in films and have a substantial significance of flexibly shaping the national image in Chinese film.

Key Words：Jia Zhangke；national image；personal discourse；public discourse；city change

一、从"故乡三部曲"到《海上传奇》：城市视角与人物形象的转变

贾樟柯，山西汾阳人，电影处女座《小山回家》，拍摄于 1995 年。真正奠定其创作路线的，则是在中国影史上颇有影响的"故乡三部曲"，这三部片子与一般意义上的主旋律电影和传统意义上的第六代影片完全不同。"故乡三部曲"没有进行意识形态的教化，也没有单纯地进行个人情绪的宣泄，而是如实地反映中国社会的种种变迁。与自然类纪录片不同，贾樟柯的电影在秉承真实纪录原则的同时，将目光投射到一个个具体的人身上。在社会发展的过程中，最大的推动力就是一个个具体的人。在"故乡三部曲"时期，贾樟柯虽然更多地局限于自己的个人话语中，但是，他努力将他个人对世界的客观经验置身于大时代的历史变迁中，更好地反映中国最平凡最普遍的城乡形象。正如他自己所说，"我用电影去关注普通人，首先要尊重生活，在缓慢的时光流转中，感觉每个平淡生命的喜悦或沉重"①。在他的电影中，每个个体都只是一个缩影，与国家的发展命脉相连。

"故乡三部曲"之后，贾樟柯逐渐走出自己的家乡，他的第一站是首都北京，拍摄了《世界》，进而转战重庆，分别拍摄了《东》和《三峡好人》，随后在与重庆毗邻的成都拍摄了《二十四城记》。贾樟柯的最新作品是以上海为背景的《海上传奇》。可以说，贾樟柯的旅途体现了他的导演思想逐渐转变的过程。从《东》开始，贾樟柯变得更加注重他者，慢慢转变了将个人话语与公众话语相结合的电影风格。《东》拍摄后，他构思拍摄了《三峡好人》。《三峡好人》通过段落式的结构，更好地呈现了正在逝去的历史和三峡这一重大工程的变迁。

---

① 贾樟柯：《贾想：1996—2008》，北京大学出版社 2009 年版，第 25 页。

在2010年的《海上传奇》中,贾樟柯拍摄人物的视角有了更大的改变,他采访了22位上海知名人物,影片从20世纪50年代出生的著名画家陈丹青切入,着重记录了画家童年记忆中老上海的弄堂文化,以及现在上海弄堂的种种变化,将弄堂里戏耍的孩子、闲适的老人,以及船渡上的游客的瞬间,通过影像定格为最真实的上海表情。每个人,无论年龄大小,都见证了一段段的真实的上海历史。镜头涉及艺术、政治、经济、生活各个方面,以受访人的记忆为线索,全方位展示了旧上海曾经的辉煌,让上海这个大都市走出纸卷,随着那一个个动人的故事,走入每一个观众的内心。

(一)"故乡三部曲":经济转型期的中国

"故乡三部曲"第一部《小武》拍摄时间是1997年,拍摄地点是贾樟柯的故乡山西汾阳。影片中,改革春风似乎还没有吹入汾阳这个小城,导演却敏锐察觉到新事物萌芽的气息。与之相对的是普遍封闭的社会环境,这种特殊的时代造就了一批特殊的青年。影片中,小武是以为人不齿的偷窃作为手段生存在城市边缘的青年,而同样有着不光彩经历的青年小勇,却抓住时机发家致富。影片巧妙抓住了这两个人物的共同点,以及迥异的命运走向,通过对比产生矛盾张力,突出了影片的戏剧化。而深处,贾樟柯探讨了经济发展的初期,面对时代浪潮,普遍缺乏教育的年青一代在面对命运转折时的茫然与无措。小武与小勇都是那个时代的缩影,表面上看,小勇获得了成功,实质上,他与小武一样都是被时代推动的迷茫一代。经济改革仿佛一双大手,将两人带向不同的方向。无论是小勇、小武,还是导演贾樟柯,都无法预测未来,只能抱着一种惶恐与喜悦的心情,等待时代将我们推向新的转折。

电影《站台》仍然以汾阳小城为舞台,展现了山西县城文工团里拉二胡的崔明亮、尹瑞娟、张军等小城市青年人的生活。在这里,改革带来的变化迅速在小城蔓延开来。电视中缤纷多彩的广告,广播里悦耳的流行音乐,喇叭裤、烫头等青年人的新宠,被神秘化、传奇化的经济发达区广州,还有象征着外面的世界、未来和希望的火车……小城镇的几个重大变化背后是青年渴求成功、出人头地的真实想法。影片在一种幽默的语境下,借由主角崔明亮之口,道出工业、农业、国防、科技四个现代化。在经济繁荣的背景下,导演则着重表现经济转型期小人物探寻出路的复杂心情。最后,无论是崔明亮还是尹瑞娟,大家都转了一圈又回到原点,回归平平淡淡的生活,与他们最初热烈的期盼与憧憬形成强烈反差。这其中的矛盾张力透着一股沉痛的悲凉。贾樟柯电影的精妙之处就在于关注了我们惯常省略的人物,通过这些人物的真切的经历,我们联想到自己生活的处境与困难,进而产生最诚挚的共鸣。如影评家王研所说,"他用'长镜头'忠实记录底层平民,直面人间世俗,探询真实的情感,同时不回避'人性的弱点'和'生命的感伤'。通过貌似简单实则内涵丰富的客观记录实现了他的人文关怀。因此,贾樟柯的作品才被人们称为'当今中国成功的国际文化品牌'。"

"故乡三部曲"最后一部《任逍遥》,表现的是山西大同失业工人子弟的故事。这个时期的中国,经济体制转型后续的种种负面影响已经逐渐暴露出来,工业发展进程变缓,臃肿的人事结构与日益恶化的环境,影响到每个普通百姓的日常生活。电影中,大同的煤矿已经全部采光,停产的矿场与失业的工人成为这座城市的一条悲凉的风景线,四处弥漫着一股慵懒、悲情的气氛。然而,中国经济的发展步伐仍未停歇,在这一路中,固然有获得成功、振兴的城市,也有像大同这样为经济发展而作出牺牲的小城,它们同样是现代中国经济振兴的有功之臣。贾樟柯在电影中发问,究竟经济发展的尽头何在? 未来是充满希望的期待,还是令人绝望的绝境? 导演与电影中的人物一样迷茫。

(二)《三峡好人》:经济快速发展期的中国

获得 2006 年威尼斯电影节金狮奖的《三峡好人》,为贾樟柯迎来了事业的一个顶峰。这部影片把拍摄视角对准了三峡这一现代中国持续数十年重大工程。影片中,讲述了由于"三峡工程"的进行,有着两千多年历史的老城重庆奉节县,仅在两天的时间内就被拆毁,曾经的房子、街道都被淹没到了水底,世世代代生活在这儿的人们也成为一群独特的移民,在陌生的环境中展开新生活。与以往的作品相比,贾樟柯的这部作品依旧是在表现变化中的中国,不同的是,贾樟柯过去的电影中,剧烈变化的经济、时代只是作为背景出现,衬托人物命运的百转千回。而《三峡好人》首次以"三峡工程"为主体,将它渗透到影片的各个角落。最后,"三峡工程"成为影响剧中人物命运的直接因素,矛盾和冲突围绕着这个举国工程展开,线索更加集中,里面的情感也十分真实。

(三)《二十四城记》、《海上传奇》:全球化背景下的中国

2008 年,中国北京成功举办第二十九届奥林匹克运动会。2010 年,中国上海成功举办第四十一届世界博览会。这两项国际盛事,标志着中国真正作为一个大国步入时代舞台,以更加开放的心态面对竞争日益激烈的全球化经济浪潮。

影片《二十四城记》拍摄于四川成都,主角是老工厂"成发集团"。从拍摄角度来看,《二十四城记》与贾樟柯以往的片子相比,最大的一个突破就是采用知名演员。故事主线是 20 世纪 60 年代、80 年代,以及现代背景下,三任"厂花"各自跌宕的人生经历与情感历程。影片沿用了贾樟柯惯用的主题:反映中国的城市化进程中城市的发展、生活环境的改变给普通人带来的影响和体验。《二十四城记》以小见大,通过三个有着共同点的人物命运贯穿起一段中国现代工业发展的传奇与历史。这个时期的贾樟柯的心态也随着中国的发展有所转变,这

也真实地反映出了民间对于改变的态度。

《海上传奇》则更加厚重地表现了上海的传奇历史。上海是中国的国际型大都市，是现代化中国最发达的城市，最能够表现中国繁荣经济发展现状的一座都市。同时，它也是一个有着深厚历史底蕴的城市，它的命运变迁与中国紧密联系。为了将老上海与当今上海的影像相重合，贾樟柯特意选取了数位具有代表性的人物，从 20 世纪 20 年代出生的杨小佛到 80 后青年韩寒，通过他们的叙述，再现一个活生生的上海。贾樟柯也成功完成了从个人话语转向公共话语、将两者熔为一炉的大胆尝试。

二、从贾樟柯电影看中国电影柔性建构国家形象新出路

贾樟柯的电影真实地反映了不同时期的中国，且赢得了国际声誉。以下几点是值得我们思考的：

（一）以时代的变化为背景，表现真实人物

贾樟柯的所有电影，一个永远不变的主题就是时代的变化、社会的变迁。这种"变"自然而然地就使其电影风格富有张力。在表现时，他更注重的是在变迁中人的真实感受，将一个个人放在这样一个"变"的背景下，有一种"变"与"不变"，"不变"与"变"的辩证关系，也使影片丰富、有感染力。

（二）挖掘当代中国独特的文化符号

在塑造国家形象时，中国一直在强调着自己的文化符号。但中国表现的文化符号过于宏观且总是将视角对准过去的中国、曾经的中国文化，而忽略了当下。中国有如此多的城市，不是几个文化符号就能笼统概括的，以贾樟柯电影为例，他更多的是挖掘当代中国的文化符号。山西汾阳小城的特有建筑、流动的人群（农民工）、流行音乐等等，这一系列独特文化符号被贾樟柯敏锐地发现，并通过其电影忠实地记录下来，也是一笔宝贵的记忆财富。

（三）客观纪实，感性思考

贾樟柯的电影之所以能够与众不同，且多次在国际电影节获奖，一个很重要的原因就是其电影中有自己的观点，有自己的思考，有疑问，有追寻。但是，其电影又没有完全的感性，反而是以更加客观的镜头来把他所关注的问题完完整整地给大家看，让观众共同思考。

目前的中国，需要有更多的电影来表现真实的国家形象：一个更加进步的中国、更加开放的中国。贾樟柯的成功为所有电影创作者指出代表国家形象的中国电影的创作核心：结合电影制作者内在的经验感受与公共事务中的话语，关注人文关怀，重视真实的社会变化。

"长焦"时间中的历史造型

——《建国大业》、《建党伟业》叙事论

韦小波

（浙江大学传媒与国际文化学院）

摘要：《建国大业》、《建党伟业》两部影片实现了主旋律电影向主流市场的对接。本文认为，两部影片对历史时间作了数个类似于长焦镜头中的"长焦化"处理：把位于历史景深中的数个节点相继置于前景，节点中所包含的人物/事件细节被演义、造型和强化，而作为整体的"历史"实体则被虚化为背景。因为没有完整的历史观贯穿，对前景形式感的专注消解了对历史纵深向度的整体性思考，这是两部影片共同的叙事特征。全明星/商业主导的创作机制打破了文本叙事的基本规律，观影过程中文本外的歧义滋生，观影体验浮于影像表面乃至发散，却无法深入叙事本身。而这种怪异的审美特征正是在政治资源强力号召下，商业资本高度整合并主导历史影像重述的极端产物。

关键词：历史；造型；叙事

Historical Model in "Telephoto" Time

——Narrative Theory of The Founding of A Republic and Beginning of the Great Revival

WEI Xiaobo

Abstract：The Founding of A Republic and Beginning of the Great Revival，these two movies realize the connection between main-melody movies and mainstream market. The paper thinks the two movies handle historical moments as some "telephoto" which is similar to telephoto lens：locate several nodes in the historical depth in foreground one after another，the figures/ event details which are contained in the nodes have been acted，modeled and intensified，the "historical" entity as a whole is dashed in the background. While there is no complete historical aspect，the focus on foreground digests the overall reflections on the historical depth and dimension. This is the common narrative features of the two films. All-star/business-oriented creation mechanism breaks the basic rule of text narrative. The ambiguity outside the text during the process of watching film，the watching experiences floating on the surface of the image，and it's unable to drill down on the narrative itself. This bizarre aesthetic feature is the extreme product which business capital highly integrates and leads historical images to repeat in the strong call of political resources.

Key Words：history；modeling；narration

让观看一部主旋律献礼片成为一种时髦的文化消费行为,2009 年的《建国大业》(以下简称《国》)是开创者,而 2011 年的《建党伟业》(以下简称《党》)则更加不遑多让。市场对主旋律电影的接受预期一向谨慎。因为在市场观念中,要把主旋律故事讲得"赏心"是万难,要"悦目"也不易。而《国》、《党》两部影片取得了市场成功,实现了"主旋律电影"向"主流"市场的对接。这两部占尽天时、地利、人和的主旋律电影在公映之前就已备受关注,公映之后又自然地成为媒体、网络、主流大众和影视研究者围观追捧的文化焦点,从而形成独特而又声势浩大的红片"大业"现象。

《国》《党》两部影片是主旋律电影中的特例,特殊性在于它们对资源的空前广度和深度的整合。而这种出身的特殊性也使得其在审美上呈现出独特的面貌。这两部电影叙事并非采用历史题材惯常的现实主义叙事策略,而是分别以一段纵深的历史时间为坐标轴线,在其上选择数个节点,对其进行类似于长焦镜头对空间所作的"长焦化"处理:把位于历史景深中的数个节点相继置于前景,节点中所包含的人物/事件细节被演义、造型、强化和定格,而作为整体的"历史"实体则被虚化为背景。将历史节点置于前台加以突显的形式感消解了对历史纵深向度的整体性思考,这是《国》《党》两部影片的共同叙事特征。本文试从影片中历史的表现形态、叙事美学以及上述两者得以形成的原因三个维度出发,去探讨两部影片的叙事形态与叙事策略。

一、历史的形式与情趣

后现代历史观认为,历史在不断的叙事中被建构与赋形。历史叙事并非为了求历史之真,而是在于旧瓶装新酒,借历史重述中的历史观建构今人的思想史和心灵史。影像重述历史是表达当下历史观的重要方式。而《国》《党》两部影片在如此宏大的历史叙述中,却无法找到一个完整的作者化的历史观。它们所能够传达的,是明星效应主导下的以视觉愉悦为导向的当下消费观。

《国》《党》两部影片都采用宏大的编年体历史叙事方式,《国》历史跨度涵盖《重庆谈判》《大决战》三部曲、《开国大典》五部影片的容量;《党》也一改思维定势,并非聚焦于建党前后,而是延续了《国》的大跨度叙事策略,将辛亥革命到建党这段政治急剧动荡的十年括入视野。在如此宏大的背景中,有太多的历史节点可以生发故事。而显然《国》《党》的假想受众是有中国近代史常识的观众,故而两部影片致全力于对"如何生发"、对数个历史细节进行大特写,而缺省了对"大历史"的艺术化重塑。宏大历史在叙事中被肢解、被情趣小品化。这些情趣在影像的放大中、在观众观影的过程中凭借其强大的形式感和煽动性占据了观众的耳目和思维。

《国》《党》的商业成功最重要的原因,也是影像富有形式美感的第一个视觉表象,就是"人物特写"——角色的高度偶像化。两片放弃了特型演员,剧中角色,不论传统意义上的正、反面人物还是中间人物,一概因为明星的演绎而被高度偶像化。因为有了明星的密集参与,两个多小时中的每一个镜头以及每一个镜头中全画面的关注度都提升了。两部影片重新定义了影像在"时间上无尿点，画面上无盲点"的新涵义。这种史无前例的政治"明星"阵容成为历史重述影像中特别而有趣的面孔。与此相对应，编剧对剧中人物作了充分的"个性化"改写。在革命时期和20世纪80年代的反思革命年代，主流革命历史创作的原则是道德状态与政治信念之间的有意识的统一与相互置换。影视剧往往通过对人物道德伦理的贬褒暗中实施对其政治立场的批判或赞颂。而近年来革命历史题材再度在荧屏和银幕大热，其中出现的新的创作潮流是，充满痞气、霸气、邪气、匪气、戾气的人物形象（不论正反）对高大全和假恶丑两极对立的审美作了彻底的颠覆和矫正。于是人物个性成为可以脱离道德和政治立场判断的新的塑造对象。正面人物因个性而更可爱，反面人物因个性而变得可感。而当对人物进行"个性化"审美时，他的道德和政治立场都被暂时搁置。让人从历史中跳出来，让历史成为一个"政治正确"的华丽布景，这是近年来历史题材影视剧的重要创作趋势。从红色题材影视剧的热播潮流中不难看出，"个性化"人物塑造甚至成为一种政治审美的文化情趣，而红色叙事审美则在"去革命"、"去政治"语境中再次成为一种文化时尚。《国》、《党》也遵循类似的人物塑造原则：人物性格塑造不再服务于政治诉求，道德标签被个性标签所替代。具体而言，反面人物被充分地人性化，被渲染出一种悲情主义，而这种悲情主义在音乐、光线的技术辅助和明星的最大化演绎中达到了极致。比如蒋介石英雄末路之落寞、蒋经国无力回天之无奈、袁世凯黄袍梦碎之不甘，都经过对明星脸孔充分的特写（高光、长镜头）而被完全地移情于观众。比如，尽管蒋经国上海"打老虎"的故事和新中国成立、国民党的兴衰都没有直接或间接的关系，但是一旦影片将视角对准他，将一个独立、完整的故事和情绪赋予他，观影中的移情效果自然而然就产生了。如这种移情与叙事主线无关，或者说叙事内核不明晰，那观众的情绪便自然地游离了主线。希区柯克曾用电影一再论证，观影中的"移情"甚至可以转移犯罪者的罪孽而使其博得观众的同情。通过个性塑造与情绪铺垫，传统主旋律中的反派人物在这两部影片中几乎都变得可亲可感，尽管他可能前一分钟才刚刚下达了一个诛杀令。而对于正面人物，两部影片均采用一种"彻底凡俗化"的新的"造神"策略，对传统红色主旋律美学作了审美"刷新"，朴素主义、乐观主义和浪漫主义情怀更唯美、更自然地（一反传统主旋律中的强加感）在他们身上熠熠生辉。

《国》、《党》两部影片视觉上的形式感还来自于"重大场景特写"。历史场景的重写和改写本身便包含了一种对过去的历史影像的呼应、交流与再创造。在一种历史的互文关系中，历史的当代表演的形式感在镜头中凝结。两部影片的战争场面，除了个别场次（《党》中讨袁护法战争）为实拍加特效产生，大多数战争场景都借自《大决战》等影片,并且多采用黑白影像,为战争镀上一层怀旧和悲壮的仪式色彩。《国》片中,中共西柏坡会议入场的抓拍桥段,在轻快的音乐声中,中共领导个个精神抖擞,逐次步入会场,神态举止各有"风情",简直就是政治明星的红毯走秀。这个没有任何剧情的段落,影片用了近两分钟时间去营造抒情气氛,所有人名和职位重新上一遍字幕,其间有拍摄小兵在摄影机后的争先恐后,有领导对着镜头的挥手致意,也有党员群众的前呼后拥,于是一种仪式感油然而生。这种对当下娱乐形式的潜在挪用和戏仿使得平淡的剧情时尚感十足。如《党》片中,蔡锷和小凤仙车站生死诀别一场,影像呈现出对《魂断蓝桥》中类似的情景与意境的摹写,意在打造怀旧的责感与悲情。

《国》、《党》两部影片的形式感在实体上落实为形形色色的会议。比如《国》除了战争场面和字幕介绍历史背景,几乎就是一个会议集锦。各类会议,酒会、记者会、座谈会、集会、游行、课堂、演讲,大会小会各种形式用遍,照集体照的时候都能开上一个会。明星表演的特写和集会叙事同时强化了所有表演的仪式性。仪式性意味着对形式(美感和象征意味)的追求大过对内涵的追求。历史在两部影片中成为明星脸谱造就的群英会(不论他是英雄、枭雄还是奸雄),成为在无数会议中象征出的形式。有趣的是,两部影片的会议形态又泄露了主创者的意识形态观。齐泽克认为,仪式中的情感表现代表了以美学为取向的意识形态。《国》片中,但凡国民党会议,一概是秩序井然、投票表决,而暗里则人心不齐、钩心斗角,中共会议则不拘形式,喝酒抽烟,至少也是喝茶谈笑,议事皆举手表决,热烈讨论,往往是全票通过,一派和谐。假民主和真和谐相映成趣。

另外,《国》、《党》两部影片在桥段叙事上也颇见功力。两片都采用宏大历史中的节点叙事方式,在叙事上呈现为数个独立的段落,而这些段落的商业化、类型化尝试可谓异彩纷呈。以《党》为例,先后两段暗杀戏,简洁利落的镜头中充满了悬念、恐怖和惊悚元素。《国》中闻一多的遇害就已经可以看到主创把暗杀类型化处理的尝试;唯一实拍的一场战争戏——蔡锷讨袁关键战中,朱德之狙击把个人英雄主义玩到了极致;火车站生死诀别以及毛杨恋爱段落都拍得很唯美,充满浪漫主义情怀;在两个国际共产组织的老外躲避追踪段落中,我们仿佛看到了警匪片中常见的精彩猫鼠游戏,虽然乍看难免突兀;影片用了近三分钟时长(全片为跨度十年的宏大编年体叙事,正片时长不足两小时),将张公博会期提前逃离上海这个小小的历史细节,生生打造成一个精致的悬疑加惊悚段落……所谓类型化,其实就是为特定的电影故事增加某些仪式性的叙事规范。在中国除了武侠片还没有像样的类型片的电影现状下,《国》、《党》向我们充分展示了我们小桥段制作惊悚、恐怖、谍战、言情、战争、警匪等多样类型化叙事的能力。

特写的人物形象、煽情场景、类型桥段等强大的形式元素,用饱满乃至饱和的情绪或情趣,镶嵌在宏大历史中,时时透支着那条纤细的叙事线。它们以附和当代审美趣味为旨归,历史在不期然间成为被虚化的布景。在这些富丽而情绪饱满的面孔、场景和桥段中,我们看到的,不是对历史的演绎,而是对历史的演义。为了连缀起数个形式元素,两部影片借助大量的字幕解释剧情。除了字幕,在剧情上,《国》中中间党派的大量戏份(通常采用聚会或赤裸裸的采访形式)显然是为了弥补形式感过重而忽略掉的历史叙事任务、政治评判任务兼道德评判任务。

历史中的人物、场景、故事通过形式化的想象和处理,在前景中被一一放大,进行幻灯片式的放映。《国》、《党》借用时尚的全明星面孔、高超的技术和影像外壳包装一个传统而安全的观念体系,无非是用新瓶装了旧酒,历史就这样获得了它的当下形式——一种以视觉愉悦、情感宣泄和即时快感为审美导向的消费形式。170多位明星,意味着必须要造群像,必须要段子,无数有看点的段子。历史于是被表象为一串独异的趣味小品,这就是《国》、《党》影像的文化实质。

二、出戏与入戏

从叙事美学角度来讲,《国》、《党》的叙事都缺乏一个整体叙事的动机,而串制历史幻灯片的原则就是让明星能量最大化、技术最大化。这就是《国》、《党》的主导叙事原则、剪辑原则。主创们更多的关注在于他们"必须考虑在什么样的机位上才能使更多的明星同时进入画面"。这是两部影片热衷于各种集会场合(包括采用各种形式的采访)的原因,也是很多内部会场被做成双层结构的原因。学者李洋在评论该片时提出,一种"资本蒙太奇"强势介入了以往主旋律电影的"情节蒙太奇"和"政治蒙太奇"。明星面孔成为叙事连接、场景搭建、场面调度乃至镜头长短、光线多少的重要动力机制和指导原则,经典的情节主导的叙事模式退居次位。群像式的段子叙事形成一种段点跳跃的叙事感觉。而对于这种叙事特点,导演的解释是为了适应年轻人的观影需求。"他们观影经验是依靠主观意识流动的,我们过去都是看故事、看情节,《盗梦空间》出现以后,情节叙事已经不是经典方式了,现在电影真的可以把欣赏心理需求作为主体,重新搭建!"而这其中显然是臆造和误会了观影心理需求和情节叙事之间的矛盾,而且恰恰是被其引用的好莱坞的这种意识流,因为叙事线繁多、结构复杂而必须最大限度地遵守心理逻辑。经典好莱坞叙事结构中,"线性结构是电影叙事的'纲',而因果关系链则是电影叙事的'目'。"而两部影片本意是明确、独一的线性叙事,但因果关系链在叙事中并不明确,线性叙事主干时常被细节过度透支并被不断领上情绪和情趣的岔枝,于是给观影者造成一种主观意识随处漂浮的假象。这是创作的随意性以及对叙事缺乏掌控所致,但若要将它附会为现代性叙事结构中的心理逻辑(情节、时间和动作的内在逻辑),显然是荒谬的。两部影片散乱无主的怪异美学形态,是叙事逻辑被商业逻辑穿透后的极端产物。

从接受美学角度来说,人物大范围、大密度的偶像化在高度吸引眼球的同时,也带来了频频出戏的危险性,破坏了叙事的连贯性。因为故事主旋律内核的传统而安全,主导情节成为历史教科书富有当代审美特色的影像图解版。影片所能引发思考的契机大多浮于浅表化的炫丽场景或明星面孔,而且往往脱离故事。比如,当观众看到周润发饰演的袁世凯身后跟着冯巩(冯国璋)、范伟(黎元洪)、赵本山(段祺瑞)和刘仪伟(段芝贵)等一帮"谐星"军阀时,当黎元洪操着标准的范伟腔说"总统指到哪儿,臣就打到哪儿"时,这里显然包藏着邀请观众出戏之意。这种出戏完全背离了叙事常理和审美常规,却恰恰又是电影主创用心经营的。这也是《国》、《党》特有的怪现象之一。这种出戏有时夸张到让观众感觉演员的表演是脱文本的,直接脱离叙事,穿过情节招徕观众。尤其是当高光、长镜头特写明星脸时,几乎都可以让人听到叫卖的吆喝声。这种主创意料之中而在叙事意料之外的明星"潜文本"效应在这两部影片中比比皆是。这种潜文本包括明星本人与角色之间的互文关系,比如《国》中讨论国旗的会议,冯巩频频举手被抢话,简直就是为冯巩量身定做的小品桥段;《党》中,冯巩饰演的冯国璋一出场观众便笑场;赵本山饰演的段祺瑞多次出场却只是低头跟从、一言未发,与荧幕上巧舌如簧的赵本山形象形成巨大的反差,让人忍俊不禁。这些都是明星带来的外于影片整体叙事的衍生意义,它们不断肢解电影的整体叙事,使其显得支离破碎而又莫名怪异。

电影作品的叙事视角决定了观众的移情对象。当影像专注于制造明星、场景和桥段主导的局部审美效应,观众便不断迷失在桥段的情绪和偶像个性表演的审美移情中,在即时的、浅表的、泛情的乃至滥情的审美轰炸中,在一种暂时性的"人为退行状态"中失去了、主动放弃了价值判断的能力,放弃了"入戏"进行更深度审美的可能。当影像语言花费大量笔墨、采用当事人视角去叙事时,影像在鼓励和召唤观众脱离政治判断、价值判断而进行无原则的情感认同。"资本蒙太奇"以追逐票房为己任,在充分掌握主流受众的消费和审美需求之后,一种新的主旋律电影诞生了,它似乎可以名正言顺地摆脱,至少是暂时搁置那道政治和历史使命的紧箍咒,以商业电影的形式进行耳目的狂欢。

对献礼片有一个基本的限定,那就是"以歌颂执政党为目的"。事实上,政治献礼片同样可以表达主创对历史的省思和意识。但那需要让观众更"入戏"

的"潜文本",来承载影片的思想和价值含量。我们可以比较《党》与同样是辛亥革命献礼片的《辛亥革命》。《辛亥革命》也是大制作献礼片,同样由多位明星出演,将恢弘惨烈的战争场面、浪漫的革命恋情、成龙武打戏等主旋律影片中前所未见的商业元素糅合进主旋律。该片票房失利,这和其巨大投资、宣传不力等因素有关,也因为它将历史叙事碎片化,却又没能如《国》、《党》两部影片将碎片时髦地审美化。可以看出《辛亥革命》在主旋律表达任务、商业化诉求和作者的审美表达之间摇摆。除了出于商业考虑而安排的与剧情、历史脱钩的打戏和情感戏,整部影片到最后也不免走向历史人物的高大全和历史故事流水账。正是导演对电视剧创作(《走向共和》等史诗般的艺术巨制)与主旋律献礼片电影创作之间的美学游离不定,才造成了《辛亥革命》历史观模糊的状态,这是该片叙事美学上的重大遗憾。

三、因政治之名

《国》、《党》作为建国、建党献礼片,都是重大题材的政治电影。这也是导演对它的定位。正是这种政治特性,为它带来了无尽的商业资源支持。"170多位明星冲着什么来? 很简单,冲的就是这部电影,冲的就是这段历史,冲的就是这些角色。从《国》到《党》,我们发现明星们不在乎戏多戏少,而在乎他们的角色是什么样的,只需一句话就能打动他们——你们演的角色都是历史上真实的人物,这对演员来说有着巨大的吸引力。"除了众数的明星,还有几十家主动请缨的出品单位。他们的出资(出品单位出钱,明星友情乃至零报酬出演)使得参与这部电影成为争先恐后的爱国义演。另外,影片中出现的许多场景,如南京中山陵、上海科学会堂等地,当地部门不仅为剧组大开绿灯,而且场地费减免。几乎是不可复制的强大资源支持违背商业规律地整合并强化。当然,这和中影及导演在业界的强大人脉和影响力密切相关,也得力于题材政治资源的强大号召力。或者说,是该片主创政治地位与题材政治影响力的双重政治合力将这两部献礼片捧上与奥运开幕式等类似的"国家形象艺术"之神坛,而竞相出资和参演便成为一种竞相追逐的政治时尚。塑造自身爱国形象成为取代片酬的"软报酬",为演员和出品单位所追逐。明星越众,公映前后的新闻也就越多,越能夺人眼球,再加上中影在两部影片档期、院线场次、媒体宣传上都为票房保驾护航,政治与资本在两片中实现了强势整合,国人的一场奢华的"自娱自乐"进入了良性循环的展演轨道。

可以说,在这两部电影的创作实践中,是影片制作方和题材的共同政治能量吹响了商业资源的集结号。然而有趣之处就在于,这两部最"政治"的献礼片创作,在政治上却是最无为的。两部影片在创作上聪明地摆脱了以往献礼片照本宣科、概念化人物的政治说教面目,对主旋律题材进行与时俱进的面貌更新,商业诉求在其中得到了最大化的实现,而以往主旋律电影中居首位的政治诉求则退居次位,并不时被遮蔽。比如《国》中,国共势力此消彼长的战争和战略实施、政治策略都被弱化,对民主党派的争取成为可以辨认的主线,而战争成为副线,中间又生出无数枝丫,在被充分造型的历史细节中,只有关于历史事件的趣味化想象以及杜撰,而鲜有对民族政治命运的体认。而《党》对于那个政治风云变幻的时代,也没有形成自己的叙事逻辑。第一部分的派系争斗也好,第二部分的新文化运动与救国也好,均未涉及政党政治选择的必要性和必然性。《国》、《党》采用最安全而又不费力的创作思路,对各个政治人物和事件基本遵照现有的历史教科书的既定认识。这两部主旋律电影用商业成功有力地证实:政治能量仍然是商业社会的主旋律。有此保障,既能赚得盆满钵满,也不失打造新的"国家形象"之清誉。也有业内人士担心这样的阵势见多了会造成审美疲劳,但这似乎是多余之虑,《党》票房的再次凯旋已经证明。因为只要题材的政治能量在、制作发行公司的政治影响力在,一旦先例打开,这条途径将屡试不爽。况且国产电影从来不缺乏炮制传奇小段子的能力。

在历史创作的道路上,历史的确不断被造型,"写真"在当下社会已经变成了致力于摹写"粉饰"过后的"假",但是一旦这种"型"和这种"假"成了"主流"审美观和价值观,并且让受者为之欢呼、媒介对之盛赞的时候,它确实已经成为影像所建构的当代史本身。票房数字不是浮云。票房意味着受众人数,也就意味着文化话语权和政治影响力。中国电影的主流受众是所谓中国"新中产阶层",他们是中国主流价值的代言人。而中国培植中产文化的土壤根基尚浅,美学积淀和思想储备也远远不够,故而能被消费主义轻易洞穿皮肉。在摆脱道德决定论之后,主旋律电影中人物与历史的关系如何处理,一直是主旋律电影创作的大问题。《国》、《党》的浅表化处理是特例,但它们成功地走向主流市场,又在极端中带有一种深刻的普遍性。它们所带有的问题在很多政治题材主旋律电影中普遍存在,只是资源优势让它们能够把优势做足,而同时短处也被暴露无遗。它们的审美形态是充分年轻化的、时尚感的、消费的、小聪明的、投机的,它们的内心却是拘谨的、保守的,乃至老朽的。我们期待一种表里一致的,兼有中年的世故与通达、沉稳与聪慧的历史观,在那里,应该可以看到历史与人物互动生成,形式与内容水乳交融,细节与语境浑然一体的历史书写,与真正的"主流""中产文化"相得益彰。中产文化方兴未艾,也许我们需要耐心。

浅析我国国家形象宣传

——以电影《刮痧》为例

张文明

（浙江大学传媒与国际文化学院）

摘要：影像作为一种非常重要的宣传手段，在我国对外国家形象宣传方面起着举足轻重的地位，尤其是电影。由于电影具有画面的直观性的特点，它可以非常直观地展现一个国家的地理、人文、风土人情等方面的情况，比很多的文学作品更加形象直观，因此，影片已经成了国家对外宣传自己文化、对外形象塑造的一个非常重要的途径。本文以《刮痧》为个案，从中国文化符号、叙事、演员选择等方面，浅析了我国国家形象宣传过程的具体路径。

关键词：国家形象；《刮痧》；符号

Brief Analysis of Our National Image's Propagation

——The Movie *Gua Sha Treatment* as the Example

ZHANG Wenming

(College of Media and International Culture, Zhejiang University)

Abstract：Image, as a very important propagation method, has a pivotal position in our country's external national image's propagation. In particular, film who possesses the feature of picture's intuitiveness, can present a country's geography, culture, customs and other relevant knowledge in an intuitive and vivid way. Film is more intuitive and vivid than many literature works. Therefore, the film has become a very important approach in national outreach of national culture and image nowadays. The paper chooses *Gua Sha Treatment* as the example and briefly analyzes the specific path of our national image's propagation from the aspects of Chinese cultural symbol, narration, actors and so on.

Key Words：national image；*Gua Sha Treatment*；symbol

《中国国家形象宣传片——人物篇》在美国纽约时报广场上映,在国外掀起了一阵中国热,成为国内众多媒体关注的话题,国家形象宣传的重要作用也开始引起政府和群众的重视。因此,构建国家形象作为一个非常重要的话题被提上了议程。

中国作为正在崛起中的大国,随着改革开放以来经济形势的迅猛发展,对外开放程度的不断加深,以及在国际上政治地位的不断提升,中国人、中国风、中国制造、中国文化等各种中国元素不断出现国外的媒体当中,正在逐渐吸引世界的眼球。但是很多国外政治势力不愿看到一个正面强大的中国出现在外国民众眼前,再加上很多国外民众本身就对改革开放后的中国了解不是太多,因此很多国外媒体开始妖魔化中国。随着中国走向世界的进程不断加速,中国文化与世界文化接触和碰撞的不断深入,以及国家形象塑造在国际交流中的重要作用,塑造良好、正面的国家形象已经迫在眉睫。

影像作为一种非常重要的宣传手段,在我国对外国家形象宣传方面有着举足轻重的地位,尤其是电影。由于电影画面具有直观性的特点,可以非常直观地展现一个国家的地理、人文、风土人情等方面的情况,因此,影片成了国家对外形象塑造的一个非常重要的途径。像美国电影《阿甘正传》就是一个典型的例子。《阿甘正传》向大家讲述了美国的一个小人物阿甘,小的时候由于智商低下,常常受人欺辱,但是他凭着自己的诚实、善良、勇敢、坚忍不拔最终获得了自己的成功。这部影片借阿甘这一小人物体现了一种“美国精神”,向人们展现了在美国,普通人只要有梦想、只要肯努力并且持之以恒就可以取得成功,体现了美国一直宣扬的“美国精神”。观众在接受阿甘形象的同时,在一定程度上也潜移默化地接受了影片中蕴含的美国文化。又比如,法国影片《天使爱美丽》向大家展示了法国南部独具魅力的风土人情、浓郁浪漫的法国文化,观众在欣赏电影的同时也不可避免地受到了法国文化的熏陶,对法国产生无尽的向往。

改革开放之前,我国电影对国家形象塑造往往存在宣教性过强而娱乐性偏弱的问题,在国内都很难提起观众的兴趣,更别说走出国门了,因此,电影在国家形象塑造方面的作用没有完全发挥出来。改革开放以后,电影开始了市场化运作,娱乐性逐渐增强,电影逐渐走出国门,走向世界。因此,一大批蕴含着丰富中华民族传统文化、具有很强国家形象塑造意义的影片开始慢慢兴起,电影《刮痧》就是一个非常具有代表意义的例子。

电影《刮痧》选取中国传统文化的一个典型代表元素——中医刮痧在国外受到误解这么一件小事,以小见大,从中反映出中华民族传统文化对外宣传的缺乏。电影还涉及很多中华文化的传统元素,比如说"孝文化"、"传统的父子情"以及中国传统的经典神话人物孙悟空形象。通过对这些中国元素的展现,使人们在欣赏影片的同时,也领略了中国文化,完成了一次国家形象的宣传和塑造。在影片中,孙悟空的形象出现了很多次,无论是主人公许大同设计的游戏主角,还是许大同办公室里挂着的猴子玩具,以及许大同为自己儿子准备的圣诞礼物等等,都出现了孙悟空的形象,而且还有很大的篇幅围绕孙悟空形象展开解读。从符号学的角度来讲,孙悟空形象在电影中代表了中华民族的传统文化,中国人对孙悟空的形象非常熟悉,在中国人的心中,孙悟空就是神通广大、正义反抗强权的化身。但是在国外,人们对孙悟空形象并不熟悉。在听证会上,那个儿童福利院的律师利用国外对于孙悟空形象不了解这一点,通过对孙悟空形象的大加鞭挞,激怒了许大同,也表现出了我国在向世界宣传我们中华民族传统文化方面的不足。

为将电影推向国际市场,影片在演员的选择上也煞费苦心,邀请了梁家辉、蒋雯丽等国际巨星,以及在国内有很大影响力的人艺著名实力派老演员朱旭等担任主角。在剧中,朱旭饰演的父亲代表中华民族的传统文化,梁家辉和蒋雯丽则是中西方文化结合的典型代表,他们从小受过中国传统文化的熏陶,长大后又接受了美国等西方文化的影响,成为怀有美国梦的黄种人。而小丹尼则是父母想完全将之塑造成一个典型的美国人,在家里平时的交流就用英语,并且运用西方式的教育方式来教育培养他。代表中国传统文化的父亲的到来,不免会打破这种原有的文化的和谐局面,因此一场文化冲突不可避免。影片围绕着这些文化冲突,通过一个个扣人心弦的故事慢慢向观众展开,最后通过事件的解决,向观众展示了中华民族的传统文化在走向世界过程中所遇到的困境。

近年来,无论是政府还是民众都已经意识到我国在对外国家形象宣传方面存在的问题,都在为中国文化走向世界而不断努力。其实电影《刮痧》本身就是在努力将中国文化介绍给世界,努力消解文化冲突、冲破文化栅栏。导演郑晓龙努力在影片中尽可能多地展现中国传统文化的因素,无论是中医文化还是中华民族传统的忠孝文化都能在影片中体现出来。以主人公许大同为例,他身上体现出了很多中华民族的传统美德,对父亲非常孝顺,体现了中华民族重视忠孝的传统。由于怕父亲晚年孤单,不远万里把父亲从北京接到美国来安享晚年,因为怕父亲担负法律责任,宁愿承担着离开家庭的痛苦承认是自己对儿子进行的刮痧,也是因为怕父亲担心而不告诉他自己的遭遇,为了满足父亲最后能再看一眼孙子的愿望,宁可违反法律把儿子接来让爷孙俩再见一面;他对妻子非常体贴入微,虽然他脾气暴躁,但是从来不会打骂自己的妻子,而宁愿选择自己一个人去承受这些痛苦。影片中有一个片段让人印象深刻,就是夫妻俩都喝醉酒,许大同允许妻子骂他是混蛋,但绝对不允许妻子骂她自己,这一细节就体现出了他对妻子的爱;对孩子他更是尽到了一个父亲应尽的责任,为了能要回儿子,他和妻子彻夜不眠,搜集资料。在这个场景中也能看出他们对儿子无限的关爱,对儿子以前的每件小事都能记忆犹新,如数家珍。在遭遇抢劫时,当歹徒要钱时他乖乖送上,但是当抢走他准备送给儿子的玩具时他却情绪失控,冒着生命危险疯狂地和歹徒搏斗;为了能给儿子送圣诞礼物,他宁可冒着生命危险爬上位于九楼的家。这些行为都毫无疑问地表明他对儿子的爱,总之影片的主人公许大同无论对父亲、对妻子还是对儿子都体现了中华传统文化的典型特征。

影片的叙事方面也是遵循了中国影视剧创作的典型特征,采用了大圆满的结局。影片的结局非常具有象征意义,它体现中西文化最终跨越了文化的栅栏,国外的民众也接纳认可了中国的文化。圣诞节在西方是相当于中国的春节一样的节日,而大团圆的结局则是中国传统文化所推崇的结尾方式。影片最终选择在代表西方文化的圣诞节来表现主人公和家人团圆相聚,取得大团圆的圆满结局来表明中国的传统文化在经历了重重波折之后终于被世界所接受。因此,中国在拥抱世界、接受世界文化的同时一定要将自己的文化推向世界,让中国了解世界,更让世界了解中国。

在全球经济化的今天,任何国家都不可能独立于世界大家庭之外,因此必须加强相互间的沟通交流才能够发展。国家形象在国家交往中起着非常重要的作用,它可以影响到一个国家在国际事务中的地位和作用,因此必须重视对国家形象的塑造,而电影的形象性、大众性等特点,使得电影在国家形象的塑造过程中起着不可或缺的重要作用。因此,在今后的国家形象宣传的过程中,我们必须重视电影等媒介的作用,为塑造一个客观、公正的中国形象而不断努力。

族群记忆建构与主体缺席

——以台湾电影《赛德克·巴莱》为分析对象

洪长晖　　周　岩

（浙江大学传媒与国际文化学院）

摘要:魏德圣导演的《赛德克·巴莱》号称是台湾第一部民族史诗电影。电影所反映的是著名的"雾社事件"。围绕这一事件,以往的叙述和各种仪式性实践已经形成了固化同时也是偏执的社会记忆,这种社会记忆在很大程度上通过确认他者,以促进和完成台湾社会的自我认同。但是,台湾自解禁以来,社会认同日趋多元化,这也为像类似"雾社事件"这样的历史事实提供了重述的可能。在此意义上,《赛德克·巴莱》就应当被视为台湾社会对族群记忆重构的一次努力,一次全新实践。然而,由于电影所反映事件本身的限制,认同确认的主体指向不明,导致影像叙述与认同主体的悖论。

关键词:族群记忆建构;社会记忆;认同;主体悖论

Construction of Community Memory and Absence of Subject

——Taiwan Film *Warriors of the Rainbow* as Analysis Subject

HONG Changhui   ZHOU Yan

(College of Media and International Culture, Zhejiang University)

Abstract：*Warriors of the Rainbow* shot by director Wei Desheng claims to be Taiwan's first ethnic epic movie. The film reflects the famous "Wushe" event. Throughout the event, the past narrative and various ritual practices have formed a cure and a paranoid social memory. This social memory confirms the others to a large extent in order to facilitate and complete the self-identity of Taiwan society. But since the ban, social identity in Taiwan is becoming increasingly diversified. It offered a possibility of restating for this kind of historical fact likes "Wushe" event. In this sense, *Warriors of the Rainbow* should be regarded as an effort and a new practice for the community memory reconstruction in Taiwanese society. However, due to the limitation of the event which has reflected in the film, the subject of identity confirmation is undefined, so it causes the paradox between image narrative and identity subject.

Key Words：construction of community memory; social memory; identity; main-body paradox

一、研究的背景与问题

"雾社事件"是台湾地区在日据时期爆发的一次发生在原住民与日警之间的冲突。事件缘起于日警对原住民的肆意侮辱,进而引发大规模暴动,雾社地区的日本人被集体诛杀。事件扩大后,驻台日军出动三千人大军前往赛德克族部落聚居地马赫坡等残酷镇压,甚至动用了糜烂性毒气等极其恶毒的手段。赛德克人虽然殊死抵抗,但由于双方力量悬殊,再加上部落内部的"反水",最终使得赛德克族几近灭族。这一历史事件此前已经数次通过影像的方式予以回顾和呈现,最近则更是凭着台湾导演魏德圣长达近五个小时的电影《赛德克·巴莱》再一次成为人们关注的话题。

魏德圣试图重现这段历史,用他自己的话来说就是"用电影来达到台湾历史的和解"。从电影本身来看,《赛德克·巴莱》已经成功超越了殖民者与被殖民者冲突这样的二元叙事框架,而是注重从族群内部来叙述这场波澜壮阔的"斗争"。只是,问题随之而来:魏德圣的努力实现了吗? 或者换句话说,魏德圣所重建的叙述在多大程度上契合了赛德克族的历史记忆,而不是又一次地量身定制?

二、族群记忆的建构与重构

按王甫昌先生的解释,"族群"(ethnic group)这一概念指的是"因为拥有共同的来源,或者是共同的祖先,共同的文化或语言,而自认为或者是被其他人认为构成一个独特社群的一群人"。从这一解释可以看出,族群的存在既包含着客观实在的共性,又是一种"想象的共同体"。对于自身归属于一个特定社群的想象,就是一种族群意识,而很显然地,这种族群意识是经历了长时间的历史记忆逐步形成的。历时性的共同体想象通过一系列外化形式予以稳固、累积,便构成了特定族群的"族群记忆"。

就"雾社事件"而言,在我国台湾地区历史教科书上只有区区两行字的记叙,"在 1930 年,台湾高山族爆发了对日抗战的'雾社事件',首领叫做莫那·鲁道"。尽管只有两行字,可是其中的定性已经非常明确:对日抗战。无疑地,将"雾社事件"统摄到抗日的主流叙述中,与整个台湾社会在国民党统治时期的步调是一致的。特别是国民党从大陆败退到台湾以后,面临一个非常迫切的问题就是对台湾当地居民的安抚并获得自身统治的合法性。在对"雾社事件"历史叙述的处理上,应该说就很好地服务了国民党统治的需求,即很好地形塑了原住民乃至全台湾对这一事件的"族群记忆"。

先简略看看国民党治下对"雾社事件"的一系列举措:1953 年,国民党"政府"就建立了纪念碑(褒义坊),上题"碧血英风";雾社重建为"大同村",建有多处历史遗迹供人凭吊;起事领导人莫那·鲁道的骸骨几经周折被迎回台湾南投(即当年雾社所在地)安葬;2001 年,台湾"中央银行"发行以莫那·鲁道为肖像的硬币以兹纪念,面额为 20 元;2004 年,台湾公共电视台制作了电视系列剧《风中绯樱》,在寻找后人的过程中叙述雾社故事。可以这么说,"雾社事件"在很长时间里都在国民党政治话语体系里存在,并反过来支配了人们对事件的历史认知和记忆。其手段就是上述这一系列的"仪式"(ritual)。

对照之下,我们可以看出,"雾社事件"首先是黑格尔意义上的"发生",进而存在着由国民党主导的"叙述"。这种"叙述"借助于前面所述的一系列"仪式"及其他辅助性手段,完成了国民党政治话语体系中的"族群记忆建构"。

谁在定义台湾的过去?谁又能够完成历史叙述?按福柯的观点,无疑是政治权力的拥有者,正是他们将事件阐释制度化、形象化和主流化。对于"雾社事件",台湾族群已大抵上接受了这样一种主流族群记忆。另外值得注意的是,雾社事件本身所具有的悲剧色彩也极大地满足了台湾社会自20世纪50年代开始弥漫的悲情,也就是说在社会心理与政治话语间存在着一种情感共振,从而推动了划一的记忆建构。

20世纪80年代末,台湾地区经济持续发展,国民党当局在各方压力下宣布解除长达近四十年的戒严,社会民主建设进程逐步加快。与之相伴而生的,是台湾的主体意识逐渐增强,套用陈其南先生的说法,台湾已经完成了从"移民社会"向"土著社会"的转变。族群区分也从当年的外省人与本省人对立,转向外省人、闽南人、客家人和原住民四大族群的分野。情势一旦起了变化,族群记忆的重构就有了可能和需要。

无需讳言,台湾族群记忆的建构是和政治考量联系在一起的,而当下有关原住民的族群记忆重构也依然如此,只不过,所采取的策略或记忆重构的出发点未必是与政治考量呈一种非常直接的关系。历史学家阿诺德·汤因比早就指出这一点,"一种统治着特定社会中的特定时代的制度,再次影响到生逢其时的历史学家们的见解和行为"。历史学家如此,试图重现历史的电影拍摄者又何尝不是如此?《赛德克·巴莱》的导演魏德圣就自称,他是秉着陈寅恪的"同情之理解"的精神去重述历史,试图破解台湾这段历史中的难题。

具体来说,在《赛德克·巴莱》这部电影中,魏德圣所采纳的框架就不再是早期已经被固化的"殖民者和被殖民者"之间的压迫与反抗,而是诉诸"信仰",日本人与莫那·鲁道之间的斗争被演绎成两种不同信仰的冲突和对抗。正如影片(近五小时的台湾版)上下集各自的名称——《太阳旗》和《彩虹桥》,分别代表着两种不同的信仰,并被冠以文明与野蛮的标签。因此,在《赛德克·巴莱》这部电影中,叙事的框架已经成为原住民在孜孜地追求自己的信仰,也就是"人死之后会通过彩虹桥到达祖先的居所,也就是天堂;而要通过彩虹桥就需要有个条件,就是要真正为自己的土地战斗过,要'出草'(斩猎人头),然后才可以纹面,进天堂"。顺势推演,"雾社事件"就变成了一场求死的战斗。于是,就很好理解电影中莫那·鲁道起事的宣言、马赫坡族人男女老幼慷慨赴死的壮烈以及最后战斗人员的决不投降。一切都源自于信仰的力量!甚至日本人对赛德克族人的统治和侮辱，也被理解为对文明力量的盲目崇拜，基于一种"太阳旗"的信仰。正因为如此，电影中设置了大量的细节去描述日本人从事的现代设施（学校、警察局等）建设，而花冈一郎、花冈二郎的悲剧命运更折射出现代文明与原始信仰的冲突。

沿着这样的逻辑，有关"雾社事件"的族群记忆就有可能被重构。所谓的历史，无非是"对的人做错的事情，错的人做对的事情"（魏德圣语），在这个意义上，魏德圣认为台湾人可以从电影中找到自己原谅自己、自己包容自己的角度。必须指出的是，在"雾社事件"上这种重构族群记忆的努力并非自魏德圣始，前面提到的《风中绯樱》历史系列剧就已经诉诸对赛德克族人精神内在的挖掘。该剧认为雾社事件并非简单的反抗殖民压迫，内在蕴含着独特的原住民生存信仰和族群美学。

三、二元框架再现与主体的缺席

据介绍，魏德圣为拍摄《赛德克·巴莱》筹划了近十年的时间，而在拍摄过程中更是四处举债，勉力维持。因此，就导演魏德圣本人而言，其拍摄《赛德克·巴莱》的动机可以说是"纯洁"的，就是要还历史以本来的面目。但是同样不可否认的是，电影的叙述框架又是和当下台湾社会的族群意识分不开的。这一点，魏德圣同样也并不讳言，他自称是"电影风格上的实用主义者"。

我们知道，民进党在台湾社会一直刻意挑动族群意识，尤其是南部本省籍人士的族群意识以及台南的地方意识，将此作为选举和执政的策略。而事实上，"无论在说辞上是如何地正当，始终隐含着以闽南或福佬语系族群为主体的宰制意识，是以强势族群的力量来达到压迫少数族群的目的"。所以，台湾社会在历经政党轮替之后，族群之间的关系更加复杂，有关的族群记忆也变得扑朔迷离。

如前所述，《赛德克·巴莱》显然试图重构族群记忆，即通过对赛德克族无法出草猎首、无法黥面所造成的精神世界的空虚与失落"同情之理解"，通过对他们追寻彼岸世界的肯定，实现脱离了政治的族群记忆。问题是，这样做的结果，又岂非是一种"再政治化"或"泛政治化"？

更要进一步指出的是，《赛德克·巴莱》采取"两种信仰的冲突"这样的叙述框架，以文明与野蛮的对立展开（当然，魏德圣对"野蛮"的界定不是贬义的，甚至在刻意地淡化杀戮，突出其纯粹的一面），其所构建的族群记忆依然是一种二元对立的框架。不过，魏德圣的杰出之处在于，没有对二元的任何一方表达出显性评判，相反倒是以悲悯的情怀、悲剧的形态向我们展示了冲突，也以此避免了叙述上的"一边倒"，向着他说的"历史的和解"迈进。这就显示了迈克尔·费希尔所说的,"族群归属是重新发明和重新阐释的某种东西……对族群身份感的追寻和斗争是一个对伦理的、朝向未来的图景的发明和发现"。

我在这里不是要评判或拒绝这样一种二元对立框架的处理模式,只是想提出:除此之外,有没有另一种可能? 在这样一个问题下面,另一个问题就随之而来:在《赛德克·巴莱》这部电影中,本应作为主体的赛德克人在哪里? 他们自己又是如何看待自身的历史的?

尽管导演魏德圣表示曾经走访过赛德克族后人,尤其是对电影里面一个话题人物铁木·瓦力斯的处理更是采取了颠覆以往的方式。可是,整个电影的叙述依然还是在魏德圣本人的操控下(他同时也是剧本创作者),这一点完全不同于《风中绯樱》,后者完全建立在对"雾社事件"幸存者后人深入了解的基础上,采取影视史学和口述历史结合的方式来呈现。换句话说,且不看电影《赛德克·巴莱》的叙述多大程度上契合了赛德克族人自身的原始记忆,仅是赛德克人的叙述缺席已是一种缺憾。而恰恰是这一点上,我们又印证了此前作出的判断:这部电影是在试图重构一个族群的记忆,而这种重构的努力又演变为一种"再政治化"或"泛政治化"的过程!

总之,本文并非要否定魏德圣重构族群记忆的努力,而是试图通过上述的分析,既让我们看到这种努力的执行指向和深层关联,又指出整个过程中作为主体的赛德克人的缺席。在做过这样的分析之后,一个结论或已水到渠成:《赛德克·巴莱》虽然号称是台湾第一部史诗电影,但从根本意义上,一种无法完全摆脱的政治考量潜隐其中,一种取悦市场的商业导向明乎其外,它终究是《海角七号》导演拍摄的电影。

《千里走单骑》中非物质文化遗产
内容的叙事学分析

余 韬

（浙江师范大学文化创意与传播学院）

摘要:《千里走单骑》是张艺谋拍摄于 2005 年的一部电影,导演在该片中对有着 600 多年历史的"安顺地戏"进行了艺术化的加工与嫁接,成功地将这一入选"首批中国非物质文化遗产名录"的戏剧内容融入了影片的叙事之中。影片故事在感动观众的同时,让更多的人了解了安顺地戏这一非物质文化遗产项目的内容及其文化内涵。该片对于我们思考如何借助电影这一大众媒体的手段对非物质文化遗产这一传统文化内容进行宣传和普及有着一定的启示价值。而发生于影片之外的一些事件,也促使人们展开了更多关于如何在电影中阐释非物质文化遗产内容的讨论和思考。

关键词:电影;非物质遗产保护;千里走单骑;叙事策略

张艺谋于 2005 年推出了一部反映中日两国间两对父子朴实情感的影片《千里走单骑》。该片上映后,虽然无法如《英雄》般横扫全国院校票房,但凭借其扎实的叙事、细腻的镜头和真挚的情感获得了各方好评。更让笔者感兴趣的是,该片通过对中国传统文化仪式和民俗的敏锐把握和影像化呈现,让"安顺地戏"这一首批入选"中国非物质文化遗产名录"的戏曲样式进入了大众的视野。影片上映后引发的一系列连锁效应,更是让"非物质文化遗产"(以下简称"非遗")内容在电影中的表现与推广成为了学界关注和热议的话题。本文从叙事学角度分析"非遗"内容参与构建影片叙事的策略,希望以此为例探讨"非遗"与电影的互动与融合之路。

一、影片中的"非遗"呈现

早在《红高粱》（1987）一片中，导演就曾通过对"颠轿"、"祭酒"等西北民俗细节的刻画成功制造出了吸引世界的视觉奇观。而在本片中导演再次将他"缝合"民俗、叙事与影像的技巧展现无疑，通过对"安顺地戏"（中国首批"非遗"保护项目之一）的成功"嫁接"，将两段跨越时空的父子深情成功地联系在了一起。剧中对传统民俗和"非遗"保护内容的呈现，已经脱离了"花瓶式"的视觉奇观，而更多地融入了电影叙事本体的内核之中。本文试图通过对"安顺地戏"这一"非遗"项目在影片中所承担角色的叙事学分析，管窥在电影创作中如何更好地"植入""非遗"元素，让观众通过观影更好地了解、接受"非遗"内容，从而达到宣传、推广和保护的目的。

在电影中呈现"非遗"内容的方式主要有三种，笔者将其分别命名为"花瓶式"、"专题式"和"线索式"。"花瓶式"主要指那些"非遗"内容"走马灯"似的出现于故事之中，并不参与和承担真正的叙事功能，如电影《非诚勿扰》（冯小刚，2009）中出现的"苏州评弹"；"专题式"主要指那些专门针对某些"非遗"项目拍摄的影视作品，如电影《尔玛的婚礼》（韩万峰，2007）、《十里红妆》（金良言，2009）等；"线索式"主要指那些故事中出现"非遗"内容，且"非遗"内容在故事叙事中承担一定作用的影视作品，如本文分析的影片《千里走单骑》和电影《梅兰芳》（陈凯歌，2008）、《叶问》（叶伟信，2008）等。这三种"非遗"展现方式中，"花瓶式"只注重"非遗"内容所提供的奇观化效果，往往流于形式，不能让观众真正关注到其中的文化内涵；而"专题式"又过于注重"非遗"本身的记录与呈现，在当下的电影创作和消费环境中显得曲高和寡、过于小众、缺乏广泛传播的看点与号召力；只有如《千里走单骑》中这样，将"非遗"内容与故事巧妙地结合在一起的影片，才能真正凭借电影本身的艺术特征和影响力，做到对"非遗"内容的宣传与普及。通过分析"非遗"内容与影片叙事的关系，能让我们更好地找到结合电影叙事与"非遗"呈现的创作之路。

二、故事讲述层面的驱动力

（一）从故事内容层面分析

《千里走单骑》中的"非遗"内容承担着连接全剧主要人物关系和完成时空过渡的纽带作用。影片主要渲染了两对跨时空的父子关系：日本父亲高田刚一（高仓健饰）和他那有着数十年感情裂痕的儿子的关系，以及云南丽江李家村的"面具戏"表演者李加民（导演本人饰）和从小被他抛弃的私生子的关系。影片通过两组人物的关系构建出了一出经典的"寻找"叙事模式。男主角高田刚一克服重重阻碍最终达到目标成为了驱动全剧故事发展的核心推动力:希望为儿子完成录制"千里走单骑"表演心愿的高田远赴中国寻找表演者李加民,到达后却得知李加民因为私生子的传言打人入狱。高田继续寻找后在狱中见到李加民,却又因李心系从未见面的儿子而无法完成表演。为了让李顺利完成表演,高田决定为李寻找儿子,最终带着李加民儿子的照片回到监狱。深受感动的李加民在狱中完成了表演。

在上述故事发展的线索中,"千里走单骑"这一"安顺地戏"(剧中称为"云南面具戏",下文为方便起见,统称为"面具戏")中的名段成为连接主要人物关系和完成时空过渡的关键纽带。

(二)从叙事发展层面分析

"非遗"内容是全剧最重要的激励事件。影片开始,主人公高田刚一前往医院,希望看望正在病中的儿子高田健一,无奈健一因为母亲死后与父亲产生的情感隔阂不愿见到父亲。儿媳高田理惠为了能改善僵化十几年的父子关系,将一盘健一拍摄的录像带交给父亲,希望父亲能够通过录像带中的内容更加了解自己儿子的内心世界。从录像带中我们得知,健一是一位研究"面具文化"的专家,且对中国的"面具戏"有着浓厚的兴趣,长年在中国云南拍摄当地的"面具戏"表演。这样的一种人物身份设置,将"面具戏"这一"非遗"项目自然地引入到了影片的叙事之中,并开始充当激励事件引导矛盾的发展。录像带中出现了健一采访"面具戏"表演者李加民的一段内容,李加民表示自己唱得最好的是一个名为《千里走单骑》的经典剧目,并表示自己要在来年以最好的状态为健一表演一场,邀请健一前来欣赏、拍摄。在得知自己儿子身患绝症后,高田刚一决定远赴云南,为儿子完成最后的心愿:拍摄由李加民表演的面具戏《千里走单骑》。故事在这样的情境设置中,非常自然地完成了空间上的转换,并通过寻找《千里走单骑》这一激励事件正式展开。影片中带有显著"非遗"文化特征的"面具戏表演"和《千里走单骑》剧目为展开叙事提供了动力。

通过以上两点分析可以看到,通过影片创作者的巧妙设计,"非遗"内容从该片的开始就融入了叙事情节之中,并牢牢把握着观众的注意力,使观众从影片伊始就将关注的中心落在了与"非遗"相关的内容情节之上,并对其内容产生了强烈的心理期待。因此,"非遗"元素在该片中的呈现摆脱了简单的"奇观化视觉"定位,在真正融入了影片叙事的同时,成为观众希望了解和关注的重要内容。

三、符号学层面的驱动力

四川省羌学会会长张善云先生在一篇分析电影《尔玛的婚礼》的文章中谈到：非物质文化遗产和物质文化遗产一样，都是民族文明的结晶。而"非遗"内容中所包含的文化记忆则更容易随时代的变迁被人们所忘却。所以，我们通过电影记录"非遗"，不仅仅是要通过影像手段从视觉层面留住"非遗"内容，更要通过融入影片叙事中的细节传达出"非遗"所蕴含的中华民族特有的精神价值、思维方式和想象力。依托于电影手段对"非遗"的宣传和推广，不仅仅要让广大受众了解"非遗之名"，更重要的是要通过影片故事的感染力，让观众感受到"非遗之实"，即真正体会到"非遗"中所蕴含的具有深厚历史积淀的文化隐喻。

《千里走单骑》一片中对"非遗"的展现恰恰做到了这一点，"非遗"内容不仅在故事的开端介入了叙事，并且在故事不断推进和发展的过程中，逐渐超越了参与表层叙事的功能，进入了对人物内心世界和故事文化内涵的建构之中。影片中多处对"面具戏"内容的呈现和阐释，带领观众发掘了"安顺地戏"这一"非遗"项目的文化内涵。

（一）千里走单骑的隐喻

"千里走单骑"是电影名，也是剧中高田一直在寻找的那出"面具戏"的剧目名称。同时，它还隐喻着电影中人物的行为以及行为背后的含义。

高田为了替身患绝症的儿子完成最后的心愿，只身从日本远赴云南丽江，在拍摄计划一再受挫时，又毅然前往需要通过层层审批才能进入的监狱和需要汽车、拖拉机和牛车才能到达的偏远农村，这一路的寻找，本身也是 70 岁高龄的主人公"千里走单骑"的感人过程。

当然，主人公一路"千里走单骑"的隐喻并不仅限于行动本身，它还蕴含着与传统"非遗"剧目内涵相契合的文化价值。影片之初，创作者就借助剧中人之口告诉我们，"千里走单骑"讲述的是三国时期"关公的故事"。关羽这一形象在中国传统文化中占据着非常重要的地位，一直以来被当做"义"的代名词。"义"在中国传统文化中一个非常重要的内涵就是"信守承诺"，而"信守承诺"也正是本片中推动主人公行为的核心动力。因为儿子在录像中与李加民的一句承诺——"明年再来拍摄你唱千里走单骑"——高田刚一来到了丽江，为儿子完成最后的心愿，这同时也是为儿子信守着当年的承诺；在监狱见到李加民之后，因为李心念爱子无法唱戏，高田决定帮助他找到儿子，这是高田在影片中许下的第二个承诺。为了完成自己的这一承诺，高田前往偏远的石头村，经历了重重困难，最终带着自己拍摄的杨杨（李加民的私生子）的照片回到了监狱。被高田行为感动的李加民最终在监狱的舞台上完成了对"千里走单骑"的演绎，信守了影片最初自己许下的承诺。正是通过不同人物一系列的行为,在故事表层叙事之下呼应着《千里走单骑》这出剧目的文化内涵。虽然儿媳多次电话催促,虽然儿子表示那句"明年再来"只是场面上的客套话,虽然因为前往偏远的石头村手机没有信号而错过了在儿子死前和他通话的最后机会,但主人公高田刚一用他的行动为观众诠释了"千里走单骑"的精神,这正是电影人物、叙事与"非遗"元素在文化隐喻上的内在契合。

(二)面具的隐喻

影片在展现"面具戏"表演时,多次用特写镜头强调了演出前演员戴上面具的过程:先用青纱长统套将头包住,再将面具置于额头之上。导演在此巧妙地利用了"非遗"内容中服装的特点,隐喻了人物之间的情感关系。从录像中对高田健一的介绍得知,高田健一是"一位研究面具文化的专家",而他在剧中同时也是一位与父亲缺乏交流、有着严重的情感隔阂的角色。这种情感的隔阂让他拒绝了父亲的来访,并因此错过了见父亲最后一面进行沟通交流的机会。健一在去世前写给父亲的信中说道:"我喜欢面具戏,因为我发现了隐藏在面具下的真正面孔就是我自己。欢笑的背后,我在咬牙忍受;悲愤起舞的同时,我却在内心流泪。其实哪一个唱段对于我来说并不重要,重要的是,人与人之间应该要卸下面具,用真正的面孔说话。"此处"非遗"的内容通过导演的艺术处理,被诠释成了人与人之间关系的一种隐喻符号,虽然这种处理也许并不符合"非遗"内容本身的内涵,但不可否认的是,它让我们在被电影艺术感动的同时,也记住了影片中那副横置于表演者和观众之间及父亲与儿子之间的"面具"。

面具的隐喻再次给"非遗"融于电影创作提供了又一种可能的方向:发掘"非遗"内容中所蕴含的符号性内涵。"非遗"元素大多拥有悠久的历史积淀,在内容及表现形式等各方面都与当下的艺术有着不小的差异。如何引导当代的观众理解"非遗"元素表象之外的文化内涵?如何在不歪曲其原意的基础上,对其进行适度的艺术加工和包装,让当下的观众能更好地欣赏和接受这些离我们现实生活有一定距离的"非遗"内容?《千里走单骑》中对"面具"的诠释也许为我们提供了一个可供借鉴的参考。

论中国谍战剧中的国家形象

苗 露

（浙江大学传媒与国际文化学院）

摘要：国家形象是国家软实力的重要组成部分，直接影响国家在国际社会中的地位、作用，影响国家目标和国家利益的实现。对中国来说，良好的国家形象也是中国长期追求的重要目标，它能为中国持续、和平发展创造良好的条件，增进国家利益。

这样复杂的国际形势与文化语境自然而然会影响到影视作品的表达方式。谍战剧作为我国历史较长的一个剧种，其内容表达与内涵嵌刻都与国家形象、人民形象息息相关。笔者通过分析这个剧种的发展脉络与特征，力求能够找到一些理论化支持。主要依靠的研究方法是二手资料收集与归总、定性研究法。

关键词：谍战剧；反特片；国家形象

Discussion on Chinese Image in Chinese Espionage War TV Series

Miao Lu

(College of Media and International Culture，Zhejiang University)

Abstract：National image is an important part of national soft power，and it directly influences a country's place and function in international community and the realization of national goals and national interests. As for China, keeping a good national image is also China's long-term important goal, because it could create good condition for China's sustainable and peaceful development and promote national interest.

This complicated international situation and cultural context will naturally affect the expressive way of film work. Espionage war TV series, as one of China's ancient kind of drama, their context expression and connotation engraved are closely related to national image and people's image. The author attempts to find some theoretical support by analyzing the development and characteristics of the opera. We mainly depend on collection and induction of secondhand data and qualitative research method.

Key Words：espionage war TV series；anti-espionage film；national image

国家形象是国家软实力的重要组成部分,直接影响国家在国际社会中的地位、作用,影响国家目标和国家利益的实现。对中国来说,良好的国家形象也是中国长期追求的重要目标,它能为中国持续、和平发展创造良好的条件,增进国家利益。

谍战剧其内容表达与内涵嵌刻都与国家形象、人民形象息息相关。

谍战剧出现之初,人们大多称之为"反特剧"。不过现在,"反特"一词已经远远不能涵盖当前谍战剧的作品内涵以及内容。反特这一题材的确在中国早期戏剧、小说和电影中有所出现,其中已经形成成熟创作形态的反特电影较大程度上影响了现今谍战剧的创作。因此,理论界对于反特电影的内涵表述可以作为界定新世纪谍战剧的借鉴和参照。

一、早期"反特剧"时期

反特剧始于 20 世纪 50 年代,当时我国正面临着冷战格局下世界两极分化的严峻形势,作为社会主义阵营中的一员,中国不免受到以美国为首的资本主义阵营的围攻。1950 年,朝鲜战争爆发后,美国军事势力进驻台湾海峡。在这种内忧外患焦灼的情况下,中国政府迫切需要一种文化方式来向人民群众传达政府的意愿。在这种社会情况下,"反特剧"蓬勃发展起来。

由于当时影视作品被认为是"团结人民、教育人民、打击敌人、消灭敌人的有力的武器",类似的红色经典作品就被当作了国家意识形态的传播仪式。毋庸置疑,这种国家意识形态传播仪式定位对于反特剧的发展起到了不可忽视的推动作用。

我们可以归纳出早期反特剧的一些共同特点:第一,作品的故事背景往往设置在我国政权还未稳定的时期,舞台则偏向于城市与少数民族地域;第二,敌弱我强;第三,对立明显的正反两方;第四,事件与场面循环重复,可以反复看到这样的故事:敌人进行秘密活动被我方发觉并给予打击——敌人被捕获——敌人坦白从宽,争取宽大处理——我方领导对其予以人性化教育——改过之后的特务作为间谍继续留在地方为我方传递消息——我方终于将敌人一网打尽;第五,最终都以我方取得全面胜利为结局。

早期的反特剧以其惯用的"深入虎穴""打入内部"的创作模式培养了一大批忠实的受众,而这批受众延续至今,便成了谍战剧最为忠实的观众。反特剧中所树立的国家形象是屹立不倒的高大姿态,尽管有一些投机破坏分子在蠢蠢欲动,给社会主义建设事业制造阻挠力量,但大部分的人民群众依旧有着极高的政治觉悟和爱国主义精神。

二、新世纪谍战剧时期

新世纪之后出现的谍战剧,是在以娱乐化为主导的大众文化环境中诞生的,对于政治感化的作用要求不如 20 世纪 50 年代时那么强烈,谍战剧所借助的背景通常单纯作为一个事件发生的时间节点,除此之外的意义并不明显。谍战剧更加注重剧情的"可看性",即看重人物设置、剧情设置和悬念设置。

2002 年《誓言无声》登陆央视一套黄金剧场,并斩获当年飞天奖电视剧一等奖和最佳导演、最佳编剧及最佳男女主演等五项大奖,标志着谍战剧的崛起。至今,谍战剧热潮不仅毫无消退迹象,倒有愈演愈烈的趋势。

这一时期涌现了不少红色经典旧作的翻拍,如《保密局的枪声》、《羊城暗哨》、《冰山上的来客》等;至于较早出现的电视剧《敌营十八年》与《誓言无声》,也正好赶上了这趟翻拍的列车,分别推出了续集《虎胆英雄》与《誓言永恒》;另外一个不可忽视的部分便是以小说原著为基础改编而成的作品,如《一双绣花鞋》、《风声》、《梅花档案》、《暗算》等;当然,独创题材与人物关系一炮走红的剧作也比比皆是。观众们耳熟能详的《潜伏》、《五号特工组》、《功勋》、《红色追击令》、《谍影重重》、《最后的较量》、《蓝色档案》等等作品都是这一佳作迭出时期的佼佼者,在拍摄技术与视觉效果上大大超越了早期反特剧,展现了新世纪谍战剧蓬勃旺盛的艺术生命力。

相比早期反特片,谍战剧的走向出现了多样化的趋势。恰逢网络信息时代,他国的影视作品对我国的电视作品创作产生了不小的影响,如这个时期中国谍战剧制作明显受到美剧的影响。新世纪以来,美国的电视剧发生了一系列重大的转型,连续推出了一系列包括《24 小时》、《越狱》、《绝望的主妇》等在内的有着巨大影响力的电视剧。"这些电视剧在故事的编织上更加多元,特别是在人物关系、时空法则和戏剧情境的构建上,提出了一系列新的技巧,这些技巧激发了影视编剧的诸多新理念,也让中国的电视剧制作者跃跃欲试。这些技巧大多适用于美国的悬疑涉案剧,而谍战剧因为题材类型等多方面原因恰好成为中国影视剧中最适宜这些技巧的试验田,而以《暗算》、《潜伏》为代表的一系列作品也正是中国电视剧继承美剧技巧的第一批成果。"①

2006 年《暗算》的播出无疑是掀起新世纪谍战剧第一个高潮的标志,这部改编自作家麦家同名小说的电视剧由《听风》、《看风》、《捕风》三部分组成。《暗算》横空出世之后,《潜伏》悄然无息地登上了电视机荧幕。这部轰动一时的谍战剧创造了崭新的英雄形象,引入了错综复杂、发人深省的人物关系,造就了许许多多深入人心的角色形象。

新时期的谍战剧走出了政治功用的框子,深入挖掘剧中人物的个性与情感,从刚柔两方面双管齐下,达到更为切实动人的效果。由于其宣扬的主导思想依旧是积极向上的爱国主义与民族主义,因此在教育意义上还是保持着先进性;同时凭借着具有张力的故事构架与环环相扣的悬念剧情,还有挥之不去的英雄情怀与怀旧氛围,此类型的剧目能够成功掀起风潮也就不奇怪了。

---

① 范侃:《从〈断刺〉看中国谍战剧现状》,http://ent. ifeng. com/zz/detail_2011_10/18/9938599_0. shtml.

从"影像奇观"到"浪漫现实"：
后大片时代的电影生态①

孙　燕

（浙江传媒学院影视文学系）

摘要：新世纪伊始，在文化全球化与产业化背景下，中国大片以影像奇观的类型姿态登上了历史舞台，并在新世纪第一个 10 年取得成效。然而，2011 年中国电影市场上出现的"大不敌小"的影市现象，表明中国大片一统天下的局面正在被打破，中国电影的审美生态正在经历一个重大转变，即从"影像奇观"向"浪漫现实"转变。这一审美转向伴随着新世纪以来电影产业化进程历时 10 年之久，到《失恋 33 天》终于得以爆发。《失恋 33 天》重新唤起了中国观众对本土电影的热情，它对中国电影发展的启示意义及其所引发的关于电影文化生态的美学思考无疑是重大的、深刻的。在"内容为王、品质制胜"的时代，靠视觉符码捕获观众的高概念奇观电影正在遭遇发展的瓶颈，而以《失恋 33 天》为代表的富有创意的中小成本电影也许将会为新世纪第二个 10 年的中国电影带来一片辉煌。

关键词：影像奇观；浪漫现实；《失恋 33 天》审美转向

---

①　本文为国家社科基金青年项目"全球化语境下中国影视文化与民族主体性问题研究"（批准号：11CZW015）的阶段性成果。

From "Image Wonders" to "Romantic Reality": Film Ecology of Post Blockbuster Era

SUN Yan

(Department of Film and Television Literature,
Zhejiang Institute of Media and Communications)

Abstract: Since the beginning of the new century, in the context of cultural globalization and industrialization, Chinese blockbusters reached the historical stage with the attitude of image wonders' style and make some achievements in the first ten years of the new century. However, the Chinese film market in 2011 shows the phenomena of "big ones lose to small ones", which indicates the situation of blockbuster's "rule all the land" situation being broken. Chinese aesthetic ecology is going through an important change, which is from "image wonders" to "romantic reality". This aesthetic turn is accompanied by the process of industrialization of film industry since the new century, which lasted 10 years, and *Love is not Blind* gives it a chance to blast. *Love is not Blind* rekindles Chinese audience's passion for local films, and its enlightenment to the development of Chinese film and its devotion to reflection on aesthetic thoughts about film culture ecology are definitely important and significant. In the era of "content is king, quality wins", the high concept's wonder movies who depends visual symbols to capture the audience are encountering the development bottleneck, but *Love is not Blind*, as the representative among innovative small-budget films might bring a piece of brilliance in the second ten years in the new century.

Key Words: image wonders; romantic reality; *Love is not Blind*; aesthetic turn

2011 年,中国影市继续演绎传奇。投资不足千万的小片《失恋 33 天》无疑成了最大的赢家,上映首周竟击败了三部好莱坞大片,票房逼近 2 亿,三周已超过 3.3 亿,创造了中小片的票房神话,被誉为史上最牛"黑马"。而相比之下,2011 年的大片市场表现平平淡淡,古装大片《关云长》、《战国》、《武侠》、《白蛇传说》、《画壁》、《杨门女将》等不是票房次周遭遇滑铁卢,就是开局不利;岁末被寄予厚望的《鸿门宴传奇》虽独占鳌头,扛起了贺岁档大旗,却未能扭转乾坤,同样没有走出这一怪圈;就连徐克凭借高科技精心打造的 3D 大片《龙门飞甲》也谈不上亮眼,人气远没有想象的那么旺。与《龙门飞甲》同期上映的战争史诗巨制《金陵十三钗》,虽耗资 6 亿,但国内票房也只能与投资仅 800 万的《失恋 33 天》平分秋色。这种"大不敌小"的现象似乎表明中国电影的审美生态正在经历一个重大转变,即从"影像奇观"向"浪漫现实"转变。这一转向伴随着新世纪以来电影产业化进程历时 10 年之久,到《失恋 33 天》终于得以爆发。

一、电影产业 10 年:影像奇观渐成规模

中国大片以影像奇观的姿态登上了历史舞台。

2002 年岁末,武侠大片《英雄》上映。由于其独特的视觉魅力,再加上诸如"古装巨制"、"武侠巨片"、"史诗巨作"之类的宣传轰炸,《英雄》一时让人趋之若鹜,甚至许多已不看电影多年的观众也因此片再度涌向影院,掀起了前所未有的观影热潮。2003 年,何平紧随张艺谋推出《天地英雄》。该片演绎的是一个发生在公元 700 年的西域大漠里的传奇故事,也是一部按照目前流行的文化元素进行创作的武侠大片。影片把经典武侠作品中的宗教伦理与一个维护国家正义的历史神话缝合在一起,以磅礴的气势、恢弘的场景以及漫漫黄沙中孤胆英雄的壮举激荡着观众的心灵。2004 年,张艺谋的第二部武侠大片《十面埋伏》问世。该片沿袭了张艺谋浓墨重彩的美学风格,竭力营造具有奇观效果的视觉画面。

2005 年,陈凯歌携强大的跨国明星阵容与制作班底耗资 3.5 亿打造了一部玄幻史诗《无极》。扑朔迷离的情节,虚无缥缈的爱情,绚丽飘逸的飞舞,带给我们的是一个酷炫唯美、神奇诡异的魔幻世界。2006 年的《夜宴》,冯小刚移花接木,将西方古典悲剧《哈姆雷特》演绎成一个充满爱恨情仇的东方传奇。同年,张艺谋又推出第三部古装大片《满城尽带黄金甲》(以下简称《黄金甲》),几乎把"张氏炫目美学"发挥到了极致。

《黄金甲》之后,古装战争大片《投名状》、古装神怪大片《画皮》等相继上映。与此同时,吴宇森五年磨一剑,耗资 8500 万美元完成的鸿篇巨制《赤壁》也以上、下篇的方式与观众见面,场景之壮丽、气势之宏大真可谓无与伦比。2010 年

岁末,姜文复制古装武侠大片的影像模式,倾四年之心力打造的史诗性大片《让子弹飞》再度点爆银幕,最终以 7.3 亿的票房成绩创造了中国电影乃至亚洲电影的票房神话。

优秀的中国电影人怀着让中国电影走出低谷、走向振兴并再次冲向世界的强烈渴望,开始了拯救中国电影的探索旅程。从《英雄》开始,中国电影产量一路攀升,不断打破历史纪录,2010 年故事片产量已由 2002 年的 100 部增长到526 部(2011 年达 558 部);票房方面,自 2002 年以来一直保持着 30% 左右的增长速度,2010 年已突破百亿元大关(2011 年达到 131.15 亿)。如此增速实乃全球罕见!而且,自 2002 年《英雄》上映以来,中国电影本土市场份额已连续九年超过好莱坞进口影片。中国电影产业的振兴,应该归功于中国奇观大片。如果没有这些商业大片的支撑,中国影市或许仍处在萎靡状态。也许正是在这种意义上,中国商业大片成了新世纪中国电影的标志性形态。

然而,到了 2011 年,中国电影的生态版图开始发生微妙的变化。2011 年是个大片云集的年份,《新少林寺》、《武侠》、《战国》、《关云长》、《倩女幽魂》、《画壁》、《白蛇传说》、《杨门女将》、《东成西就 2011》、《鸿门宴传奇》等十几部古装大片竞相登场,或武侠或神怪或魔幻令人目不暇接、眼花缭乱。但是,这一年也是大片阵地"失守"、大军"覆没"的一年,虽然十几部大片轮番上阵,却未热市场,口碑几乎成了所有大片心中的痛,相对票房也在大幅度缩水。而倒是一些看似不起眼的小成本电影,凭借口碑取得了出人意料的成绩。且不说《观音山》、《最爱》、《日照重庆》、《碧罗雪山》等这些曾遭院线嫌弃的带有文艺气质的小片创造了超高的上座率,也不论《那些年,我们一起追的女孩》表现出的强劲的市场人气,仅是曾被视为"路过"的小成本电影《失恋 33 天》所创下的 3.5 亿票房收入,就足以表明商业大片一统天下的局面正在被打破,中国电影的生态版图正在被改写,中国电影的拐点已悄然到来。

二、从景观到故事:后大片时代的审美生态

2001 年,李安的《卧虎藏龙》在西方的成功,大大刺激了具有"奥斯卡情结"的中国导演。于是,张艺谋、陈凯歌、冯小刚、姜文等纷纷借鉴《卧虎藏龙》的成功经验,向古装武侠转型,形成了中国武侠电影的创作浪潮。而且,动辄数以亿计的巨额投资、强大的演员阵容与制作班底、豪华的场景设计及炫目的武打特技,再加上铺天盖地的宣传,使得这类电影在诞生伊始就与"大片"画上了等号,成了一道独特的东方文化景观。

实际上,从《英雄》开始,中国大片就存在着先天不足。当一名大导演率领一个强大的制作团队信誓旦旦要打造一部国际巨制,而电影编剧的不力,无疑

会影响这一目标的实现。中国大片虽以豪华的阵容、恢弘的场面、炫目的特技演绎了一个个"古装情仇"的东方传奇,但情节之虚幻、内容之单薄、情感之苍白、故事之空洞常常让人不知所云。由于故事的俗艳雷同与人文情怀的相对缺失,市场回报也往往并不那么令人乐观,特别是近年来的海外市场回报。如果按照投资 1 元必须收回 2.5 元方能不赔钱的影市规律计算的话,很多大片其实都在赔钱。吴宇森号称为西方观众量体定制的史诗巨片《赤壁》,斥资 8500 万美元,但在美国上映数月票房仅为 62.74 万美元,以致中国电影海外推广公司总经理周铁东如是说:"《赤壁》在美国的发行是一个灾难。"

《赤壁》等中国电影所遭遇的尴尬折射出中国武侠大片的短板。胡编乱造、故弄玄虚、故事单调乏味与大情怀、大人物、大是非、大道德的一概阙如,使中国大片不能承受"大片"之重。正如《无极》上映之后,美国《明尼波利斯星讲坛报》的批评文章所言:"这个电影的制片人应该把巨大投资的很大一块用在改编剧本上。"张艺谋的《黄金甲》虽然把形式上的奢华做到了极致:富丽堂皇的宫廷服饰,流光溢彩的金银铠甲,璀璨夺目!但是,"外腴而中枯,多彩而寡情",如此空洞无物何以震撼心灵?擅长拍摄历史题材的著名导演陈家林说,影片"没人物、没故事、没感情","都是好演员,却没戏演"。《赤壁》、《关云长》、《鸿门宴传奇》等虽然取材于中国流传千载的历史传奇,但由于对历史故事与历史人物的随意涂抹与解构,使影片丧失了应有的艺术感染力。

题材单一、内容空洞、原创性缺乏已是中国大片不争的事实,如今观众对这种大制作早已失去了信心。正如一些观众坦言,在被中国大片一次次欺骗后,现在对这种大制作已彻底失望了,甚至对好莱坞大片也没有了热情。所以,他们宁愿选择《失恋 33 天》这样接地气的小制作,而不愿选择《猩球崛起》、《铁甲钢拳》、《惊天战神》这样的大制作。调整电影的生态结构、提升电影的内容质量势在必行。电影的品质建设或许已成老生常谈,唯有 2011 年电影市场这样近乎反讽的现实才能够产生振聋发聩的效果。市场经济时代是消费者引领的年代,物竞天择适者生存。中国电影到了改弦易辙的时候了,回归电影的本性,由景观转向故事,由形式转向内容,将成为后大片时代中国电影谋求发展的必然选择,这也是《失恋 33 天》之于中国电影发展的重要启迪。

《失恋 33 天》是一部充满温情的现实主义电影。影片选择"失恋"这个独特的视角,讲述了一个生动有趣的爱情故事,没有大演员与大场面,甚至也没有做什么大宣传,仅凭"失恋"这个看似完全个人化、私人化的故事就足够让观众产生强烈的兴趣。导演滕华涛说:"电影真正吸引人的地方并不是具备很炫的特技,或者拥有多大的场面。电影是一个能让很多人在一个幽暗的房子里,与银幕上的人物和故事沟通情感,产生共鸣,一块儿哭、一块儿笑的意识形式。"《失恋 33 天》瞄准的是目前大多数人的情感状态，讲的是情感的分享。这一富有创意、定位准确的影片能够"以小博大"、取得出乎意料的成绩似乎也是在情理之中。

类似的审美体验我们曾在宁浩的《疯狂的石头》和《疯狂的赛车》、张猛的《钢的琴》、叶伟民的《人在囧途》等小制作影片中感受过。尽管这些描写普通百姓的影片没有大明星、大场面，没有华丽震撼的特技表演，但由于遵循了艺术的真实性法则，所以比奇观大片更能引发观众的思想与情感共鸣。特别是当电影在商业逻辑的支配下把每秒 24 格都变成远离现实的"影像奇观"的时候，这些贴近普通百姓生命体验的电影无疑更具强烈的艺术魅力，将可能成为后大片时代中国电影的美学主流。

三、从奇观到现实：中国电影的美学转向

应该说，《失恋 33 天》有着贾樟柯的民粹主义气质与现实情怀，它挑战了自《英雄》以来商业大片的美学模式，把长期悬浮于中国社会现实之上的电影重新拉回了世俗生活领域，明确打出了"现实主义"的美学旗帜。正如滕华涛在谈创作初衷时所言，"希望离现实近点，创作时会从各阶层的人及他们所经历的生活入手"。《失恋 33 天》的创作蓝本来自网络作家鲍鲸鲸的小说，是作者本人根据真实经历写成。就像台湾导演九把刀的《那些年，我们一起追的女孩》一样，真实的故事使作品更具情感的张力，更容易拨动观众的心弦。

《失恋 33 天》与《那些年，我们一起追的女孩》等小成本电影引发的观影热潮昭示了中国电影美学的新走向：即开始从影像奇观走向真切的现实生活。直面平淡生命，关注世俗人生，试图通过对普通百姓的日常遭遇、情感、心态、困惑的书写，展示他们真实的内心世界及朴朴素素的做人原则。这种美学风格曾在20 世纪末期的"新写实电影"中有所体现。从孙周的《心香》、张建亚的《三毛从军记》、夏钢的《大撒把》、刘苗苗的《杂嘴子》一直到黄建新的《站直啰，别趴下》、《背靠背，脸对脸》，都展示了普通人对日常人生的深切体验。

这些作品中的现实主义并不是作品的表象风格，而是一种艺术的内在精神与情怀，在这种意义上，它们是真正的现实主义电影。只是作者表现现实的方式，并不是对现实做客观冷静的记录，也不是对现实做辛辣的嘲讽和无情的批判，而是通过见证日常人生的苦与乐，参与构建现实，为现实平添一种浪漫色彩，使现实变得更加温暖与美好。这种浪漫的情怀是为了不让天下的小人物再像贾樟柯的"小武"那样孤独，像韩杰的"树先生"那样无助。这种表现普通百姓平凡生活的温情影像在刀光剑影的血腥场面及充斥视觉编码的东方奇观之外，让人们看到了质朴、平淡又不乏精彩的人生图景，感受到了一种独特的美。

电影作为艺术关注的是人,人的命运沉浮、遭际、情感、诉求的深刻表达不是炫目的特技所能代替的。以艺术审美眼光关注底层、关注社会发展历程中芸芸众生的生存境遇,是迄今为止所有成功的作品给予我们的启示。

四、结　语

《失恋 33 天》把浮华与喧嚣所吞噬的影像空间重新还给了中国观众,把炫目奇观遮蔽的电影伦理重新赋予了中国电影。尽管我们不能说一部《失恋 33 天》就能完全改变中国电影的文化生态,从此拉开中国电影新的历史帷幕,但起码可以说,《失恋 33 天》重新唤起了中国人对本土电影的热情,它赋予中国电影一种新的审美品格,这种品格就是电影作为一门有趣而严肃的艺术所应具备的平民意识与现实情怀,也是观众所期待的真正的喜剧精神。也许《失恋 33 天》这类关乎普通小人物的影片,不能像东方奇观大片那样有效参与国际电影市场竞争,也不能像那些暴力影像或性爱影像那样慰藉潜藏在体内的嗜血本性与古老本能,然而,它们却可能因为对个体生命的深切关怀、对现实人生的诗意表达而具有一种独特的魅力。它们对中国电影发展的启示意义及其所引发的关于电影文化生态的美学思考无疑是重大的、深刻的。在"内容为王、品质制胜"的时代,靠视觉符码捕获观众的高概念奇观电影正在遭遇发展的瓶颈,而由《失恋 33 天》《那些年,我们一起追的女孩》《钢的琴》《碧罗雪山》等影片所积累的口碑和人气正在为高品质的中小成本电影迎来生命的春天。在这种意义上,以《失恋 33 天》为代表的温情、浪漫现实题材电影也许将会为新世纪第二个 10 年的中国电影带来一片辉煌。

中国动漫产业发展态势和战略

徐群晖

（浙江大学传媒与国际文化学院）

摘要：中国动漫产业在政府的大力扶持下发展迅猛，取得了可喜的成就，然而，作为新兴媒体的动漫产业也在日益加剧的全球化竞争中面临着种种严峻的困难。本文研究发现，我国动漫产业在新经济环境下，具有很多国外动漫产业所缺乏的得天独厚的资源优势，这是中国动漫产业在金融危机中保持良好发展势头的重要原因。中国动漫产业通过发挥故事性和美术性方面的传统优势，改变以国外产业链模式中以节目播出环节为核心的常规产业链模式，才有可能快速推进中国动漫产业的健康发展。

关键词：动漫；产业；态势；战略

Development Situation and Strategy of Chinese Animation-Cartoon Industry

XU Qunhui

（College of Media and International Culture，Zhejiang University）

Abstract：Under the great support of our government，Chinese animation-cartoon industry develops rapidly and achieves encouraging results. However，animation-cartoon industry，as new media，is confronting serious and various difficulties in increasing global competition. As the paper found, our animation-cartoon industry possesses many unique resources in the new economy environment that the other countries' animation-cartoon industry lack. Chinese animation-cartoon industry should change the regular chain mode of foreign industry chain model with the core of broadcasting part by exploiting traditional advantages of story and art. In this way, it will be possible to push rapidly the healthy development of the Chinese animation-cartoon industry.

Key Words：animation-cartoon；industry；situation；strategy

一、中国动漫产业的总体发展环境

动漫产业是指以"创意"为核心，以动画、漫画为表现形式，包含动漫图书、报刊、电影、电视、音像制品、舞台剧和基于现代信息传播技术手段的动漫新品种等动漫直接开发、出版、播出、演出和销售，以及与动漫形象有关的服装、玩具、电子游戏等衍生产品的生产和经营的产业。发达国家的动漫产业发展经验表明，作为创意产业前沿的动漫产业发展水平，越来越成为一个民族的经济创新能力、文化软实力，以及综合国力和国际竞争力的重要体现。近年来，中国国民经济的迅速发展和人民生活水平的快速提升为中国动漫产业的发展提供了良好的经济实力。动漫产业是高投入高风险的文化产业，离不开强大的政府财政支持和富余民营资本的积极参与。2006 年，党中央作出建设创新型国家的决策，大力鼓励和扶持"创新文化"和"创新人才"。同年，国务院转发了财政部、文化部等十部委《关于推动我国动漫产业发展的若干意见》。该意见在加大国家财政投入度，并通过设立扶持基金支持优秀动漫原创生产和动漫公共服务平台建设方面产生了意义深远的影响。政府还通过优惠的贷款和融资政策，积极鼓励公有资本或民间资本通过参股、控股等方式投资原创动漫的开发生产。同时，政府还通过减免税收和出口退税等方面的优惠政策，鼓励民营动漫产业自主开发原创动漫，踊跃参与海外市场的开拓。2007 年，党的十七大将建设创新型国家作为提升综合国力和核心竞争力的战略重点，从而为优化中国动漫产业的发展环境提供了根本的保障。目前，中国有近 50 多个城市分别由文化部、教育部、科技部、信息产业部、广电总局、新闻出版总署等部、委挂牌成立了国家动漫产业基地，并推出了中国国际动漫节、中国动漫游戏博览会、动漫游戏展和中国国际动漫创意产业交易会等国家级或国际性动漫会展。据国家广电总局的数据统计,目前全国共有 39 个卡通频道或少儿频道,以及动漫制作机构 5000 多家。2007 年,全国共生产动漫剧目数量达到 339 部、25424 集、30 万分钟。其中江苏、广东和浙江分别达到 9190、8378 和 4442 分钟,合计约占全国总量的 60%。

2008 年,席卷全球的金融危机对我国的外贸、金融、房地产等行业造成了严重的影响。很多行业纷纷采取大规模裁员、降薪等策略来应对金融危机造成的压力。然而,中国动漫产业逆势而动,呈现出积极向上的态势。2008 年,国产动画片产量大幅提高,全国完成电视动画片共 249 部 131042 分钟,比 2007 年增长 28%。2009 年新年期间,由广州原创动力生产的动画电影《喜羊羊与灰太狼》票房达九千万元人民币,创下国产动画的票房纪录。同时,漫画出版的数量和规模大幅上升,涌现出一大批富有民族特色的幽默漫画杂志,并形成以期刊带动图书的产业运作模式。特别值得关注的是在金融危机影响下,中国动漫产业与网络、手机等新媒体产业的融合进程加快,出口销量大幅上升;玩具等衍生品产业开始寻找与动漫产业的合作,市场形势乐观。研究表明,中国动漫产业在金融危机中获得了更多的机遇,并逐步发展成为有效带动产业结构调整的经济增长点。因此,全面分析中国动漫产业在金融危机中的发展态势和变化规律,对于探索符合中国国情、具有中国特色的动漫产业发展新模式,具有重要的理论意义和实践价值。

二、经济危机为中国动漫产业带来全新的发展机遇

"口红效应"表明:经济萧条时期,往往正是文化产业快速发展与走向繁荣的重要时机。低增长与高失业带来的社会心理混乱往往导致固定资产开支减少,同时,教育、文化、娱乐、创意产业方面的消费与投资会大幅增加。由于竞争更为激烈,人们普遍会通过科技和教育来开拓创新,提升竞争力。同时,经济危机中,人们对于文化娱乐和心理抚慰的需求增加,从而产生经济学上的"口红效应"。例如,1929 年到 1940 年美国金融大萧条,好莱坞电影却风靡美国,十年时间共创造出近 400 亿美元的产值,出口产值仅次于计算机行业。以百老汇和好莱坞为代表的影视演艺业正是借助于经济萧条时期观众的心理需求而创造出巨大的经济增长点。奥斯卡也是抓住了经济萧条带来的机遇,发展成迄今最有影响力和商业效益的电影节之一。在 1998 年的金融危机中,日本动漫产业迅速崛起,上升为日本国民经济的第二大支柱产业。韩国动漫也在 20 世纪 90 年代末的经济危机中快速崛起,成为第三动漫产业大国。从创意产业的角度来说,萧条时期社会生活和文化心理的巨大变化,可以带来更为丰富的创作灵感与生活素材。

而涵盖电视、网络、游戏、制造业等多种行业的动漫产业,由于科技含量高、环境污染小、发展潜力大、资源消耗少,特别是对基础设施、原材料、能源的依赖性不强,因此,容易在金融危机中成为其他行业融合的目标,从而获得广阔的发展前景。特别是中国动漫产业尚处于起步阶段,市场缺口大,发展空间也更大。同时,由于受金融危机的影响,很多为国外承担动漫加工的企业,由于国外订单减少,纷纷转向国内市场,广泛地寻求与国内的玩具、文具、服装、娱乐设施、游戏软件、网络媒体、手机媒体等行业的合作,从而大大拓展了以自主和多赢为特征的良性循环产业链。

金融危机带来的宝贵机遇,使中国动漫产业人才、资本、管理、技术方面的自主性和原创性有了长足的发展。但是,由于长期受外来动漫的影响,中国动漫在原创形象方面还存在着明显的薄弱环节,从而在很大程度上又影响了这些机遇的实现。这主要体现在国产动漫还存在着盲目模仿外来动漫的倾向,而中国自己的民族传统文化资源,还没有得到充分的挖掘和利用。这是当前动漫作品内容贫乏、思想肤浅、情节平淡的重要原因。有的动漫作品虽然在形式上穿着民族传统文化的外衣,但在叙事方式上无法摆脱对国外动漫作品的模仿,以致无法得到观众的认同。目前,中国观众普遍喜欢的动漫形象大多来自国外,而受欢迎的国产动漫形象屈指可数。事实上,中国民族动漫的艺术价值及其对观众的审美吸引力,完全不亚于国外动漫。相反,中国民族动漫还曾给美国、日本等外国动漫以重要的启迪与养料。目前,中国原创动漫正立足民族文化传统,广泛吸纳中外文化的精髓,信心百倍地创造出更多深受中国人民和世界人民欢迎的原创动漫精品,力争使原创动漫产业成为新的经济增长点。

三、国家动漫产业基地稳步发展

在国家的大力扶持下,国家动漫产业基地呈现出稳步发展的良好势头,产业集群产生的优势开始逐步体现。目前,分别由国家广电总局、文化部、新闻出版部署、科技部、教育部、信息产业部授牌成立的国家级动漫产业基地有40多家,并形成了以哈尔滨、长春、大连、沈阳为中心的东北动画发展带;以北京、天津、大连、沈阳为中心的华北动画产业发展带;以上海、杭州、南京、苏州、无锡、常州为中心的长三角动画产业发展带;以福州、厦门、广州、深圳为中心的南方动画产业发展带;以成都、重庆、昆明为中心的西南动画产业发展带;以长沙、武汉、南昌为中心的中部动画产业发展带。

当前中国的动漫产业园区不仅承担着原创动画的制作基地功能,同时,还集创意产业孵化器、服务管理、公共服务平台、娱乐休闲、广告会展、教育培训、衍生品开发、节目交易等功能于一体。而政府对动漫产业的扶持一般也通过对产业园区内的动漫企业进行扶持或奖励而实现。各地政府对动漫产业园区的优惠政策一般包含以下几方面：对在动漫产业园区内自主开发原创作品的企业减免房租；对于在动漫园区内自主开发原创动漫作品的企业减免税收；同时，还在基地公共平台设施、引进人才补贴、银行贷款贴息和动漫作品奖励方面，提供了一系列优惠政策。动漫产业园区的建设，有助于动漫企业的优势互补和资源整合，进而对中国动漫产业规模效益的形成产生重要的作用。

当然，我国动漫产业园区的发展还处于起步阶段，总体规模较小，产业基础较为薄弱，特别是中小动漫产业生存处境艰难，恶性竞争较为严重。而园区内的公共服务平台、动漫人才资源供不应求。因此，我国的动漫产业园区还需要进一步加强以下几方面建设力度。一是完善和健全动漫产业的交易平台，积极搭建中小动漫企业的业务洽谈平台，从而努力培育动漫作品和衍生品的消费市场。二是加强创意平台建设。动漫产业就其本质来说是创意经济或点子经济。实践表明，中国动漫产业缺乏的并不是资金和技术，而恰恰在于优秀的创意。只有优秀的创意，才能产生出精彩纷呈的故事和形象。但是，目前中国动漫产业园区当前普遍更关注节目的生产和营销，却忽视了创意在动漫产业发展中的核心地位。为此，必须在动漫产园中必须加强创意平台的建设。这些平台包括各类动漫会展、动漫大赛、动漫论坛、动漫图书资料库和动画素材库建设、专家咨询团队、创意人员交流平台等。三是加强公共技术平台建设。动漫作品的生产是在高新技术的支撑下完成的，离不开巨额的设备投入和资金投入。而公共技术平台的建立和完善可以大幅度地降低中小动漫企业的资金投入，从而大幅度地降低节目的制作成本，提高节目质量，进而通过增强作品的竞争优势提升国产动漫的品牌效益。四是加强公共教育平台的建设。当前的动漫从业人员，以刚从高校毕业的新手为多，由于缺乏实践经验和艺术底蕴，难以制作出高质量的动漫作品。而社会上大批具有动漫艺术天赋的动漫爱好者，却缺乏系统的专业教育经历。动漫技术日新月异，需要从业人员不断地更新技术理念。因此，在动漫园区中建立公共动漫教育平台，已经成为当前中国动漫产业发展的重要战略。

四、动漫图书的崛起完善了动漫产业链

随着漫画行业的快速发展，漫画创作人才不断涌现，漫画作品产量和质量开始大幅提高，中国动漫期刊和图书市场日益红火，并取得了良好的社会影响和经济效益。调查显示，2007年，动漫杂志在期刊阵营中异军突起，在以发行为主要收入的杂志类别中，有八种动漫和相关杂志进入全国期刊零售市场，单期发行量名列前30强。其中，原创经典漫画作品《乌龙院》推陈出新，《乌龙院大

长篇漫画》系列作品市场表现强劲,图书销量大增,多年位居中国畅销漫画榜之首。此外,动画抓帧图书也成为动漫出版市场的一大亮点。这些图书从动画画面中抽取关键帧,从而将动画作品转化成漫画作品。其中《虹猫蓝兔七侠传》、《小鲤鱼历险记》、《福娃奥运漫游记》、《喜羊羊与灰太狼》等作品,市场效益良好。目前,中国原创漫画无论是在品种数量上还是在市场占有率方面,都已经超过国外动漫图书。

中国原创动漫杂志还以品种多元化为策略,积极扩大动漫期刊市场,形成了以期刊连载带动图书发行的良性市场体系。极具民族特色的漫画杂志,由于传承了优秀的民族文化基因,深受观众的欢迎,从而大大扩展了动漫作品的影响力,为今后改编动画节目和开发动漫衍生品,作了重要的铺垫。同时,有了动漫期刊和动漫图书的支撑,动漫作品获得了快速向动画和衍生品等领域延伸的平台。

近年来,中国漫画图书市场还积极向国外扩展。其中神界动画公司的《四大名著》系列以1000万元出售版权,创下了中国原创漫画出口产值的最高纪录。三辰卡通集团的《蓝猫淘气三千问》系列节目,已输出到全球36个国家和地区,成交总额达1136万美元。上海今日动画公司的《中华小子》,通过全球预售签订了4000万人民币的合同。良好的国产动漫图书市场形势,既扩大了中国动漫产业的赢利途径,又有效降低了中国动漫产业的投资风险,从而大大增强了中国动漫产业的发展后劲。

五、衍生产品产业与动漫产业走向融合

日益加剧的企业市场竞争,使玩具、日用品等衍生品生产企业开始广泛寻求与动漫产业之间共赢合作,形成了良好的共赢效益。这种动漫赢利模式,有效解决了中国动漫产业链中衍生品开发环节的断裂问题,从而使中国动漫产业发展进入了一个崭新的阶段。

由于受国外动漫运作模式的影响,中国动漫产业较长一段时间以来一直将节目制作和播出作为动漫产业的核心,却没有将衍生产品开发放在核心位置上。由于国内动漫企业生产规模普遍较小,融资能力较弱,而动漫产业是一个投入高、产出慢的产业,加上国内电视台节目收购价格普遍较低,导致很多动漫企业在节目播出阶段入不敷出,亏损严重,这反过来又严重地影响了节目质量的改善和衍生产品的开发,进而导致动漫产业链的恶性循环。其实,国外动漫产业发展的经验表明,动漫衍生产品环境的收入一般占整个产业收入的80%。因此,以动漫形象为内容的服装、玩具、食品、饰品等衍生品开发,是动漫产业链的核心环节,也是动漫产业实现赢利的主要手段。事实上,我国动漫衍生产品

的消费市场空间非常可观。如果考虑到我国目前每年文具的销售额为 600 亿元,儿童食品为 350 亿元,玩具为 200 亿元,儿童服装销售达 900 亿元,我国未来潜在的卡通形象及授权商品的市场规模将达上千亿元。然而令人遗憾的是,当前充斥国内卡通市场的往往是变形金刚、机器猫、hellokitty、米奇等国外卡通形象,而国产动漫形象的市场占有率还很不理想。

目前,国内动漫企业越来越关注衍生产品的开发环节。很多动漫企业在设计卡通形象的时候,往往先考虑未来衍生产品的开发前景。有的动漫企业与衍生品生产企业,共同开发动漫节目。这样,动画节目对于衍生产品生产企业来说,变成了产品宣传片,而对于动漫企业来说,则解决了投资难题,从而有利于改善节目质量,促进动漫产业链的良性循环。而有的企业还直接跳过了节目制作环节,直接从事动漫玩具、文具等衍生产品的开发。这种模式有效地规避了国内动漫产业节目投资小、风险大的弱势,却充分发挥了国内卡通产品企业多、市场大的优势,因此,不失为一种具有中国特色的动漫发展模式。

当然,中国动漫产业的衍生产品开发环节也面临着严重的困难。动漫产业的绝大部分利润源于衍生品开发,而衍生产品开发的前提是动漫形象要具有强大的品牌影响力。然而,国产动漫形象中得到观众普遍认可的动漫明星还是寥寥无几。国外动漫衍生品产业的开发经验也表明,动漫明星是动漫衍生产品开发中最核心的因素。然而,优秀动漫明星的缺失也恰恰是国产动漫最薄弱的环节。此外,盗版问题也是制约中国动漫衍生品产业发展的重要瓶颈。为了保证动漫形象品牌授权的有效性,保护动漫企业和衍生品开发企业的积极性,必须迅速建立科学有效的知识产权保护体系。

六、创意人才战略

目前,动漫人才特别是创意人才和市场策划人才的稀缺,已经成为制约中国动漫产业发展的核心因素。很多国产动漫作品在故事情节上和人物造型上都明显存在模仿国外作品的痕迹。动漫属于创意产业,优秀的创意无疑是动漫作品成功的前提。无论是精彩的故事情节还是生动的动漫形象,都是创意的直接体现。由于长期受动画加工模式的影响,中国动漫产业习惯于将制作作为动漫产业投资核心环节,却往往对创意环节缺乏应有的重视。创意的缺失直接导致动漫作品质量低下,无法得到观众的认可。人才是创意产业的核心。动漫产业发展中的薄弱环节,归根结底可以归纳为人才资源的匮乏。人才瓶颈必将严重地制约我国动漫产业发展,从而抵消创意产业的发展空间。据统计,中国目前至少有 5 亿动漫消费者,每年有 1000 亿元的巨大市场空间,而国内动漫人才的缺口高达 100 万以上。然而,动漫人才的培养是一个系统工程,包括动漫策划人才、卡通形象设计人才、动漫剧本创作人才、动画节目制作人才、动漫产业经营管理人才、动漫市场策划和营销人才等。由于我国动漫教育起步时间不长,目前国内动漫教育着力培养的动漫人才,大多为动画制作领域的专业人才。而从事动漫生产的工作人员,大多缺乏实践经验,从而导致制作水平低下。同时,当前动漫人才培养中,还存在着技术与艺术、文化脱节的现象,这也是国产动漫艺术质量不高、文化根基肤浅的重要原因之一。因此,只有从动漫产业实践的角度建立新型的动漫教育体系和培养目标,才能提高民族原创动漫的技术水平和艺术水平,才能培养出既具有深厚民族文化底蕴,又具备高超的动漫制作水平的优秀创意人才;才能从根本上推进中国动漫产业的快速、稳定和健康发展,从而全面实现提升文化软实力和优化经济软环境的动漫发展战略。

香港贺岁片浅议

黄美琪
（澳门出入境事务厅）

摘要：香港贺岁片有 30 多年历史，有明确的市场定位和品牌意识，在题材上往往选择喜剧来迎合观众轻松迎春的口味。热闹有趣是香港贺岁片的特色与卖点。香港贺岁片和内地贺岁片经历了不同的历史发展时期，有着各自的特色。内地电影市场可以借鉴香港的档期划分和营销策略，建立适合中国国情的档期和营销模式，促使中国电影产业的繁荣发展。

关键词：香港贺岁片；市场定位；品牌意识

A Brief Talk On Hong Kong New Year's Film

Mickey Wong

Abstract： Hong Kong New Year's Film lasted for more than 30 years，there is a clear market orientation and brand consciousness. The Filmmakers always choose comedy as its theme caters to the taste of the audience. Liveliness and interesting are the features and selling points of Hong Kong New Year's Film. Chinese Mainland New Year's Film and Hong Kong New Year's Film gone through different historical stages，they all have their own characteristics. Chinese Mainland film market can learn from the division of film promotion schedule and marketing strategies of Hong Kong, establish a division of film promotion schedule and marketing strategies which is suitable for Chinese national conditions, speeds up the progress of Chinese Mainland film industrialization.

Key Words: Hong Kong New Year's Film; market orientation; brand consciousness

一、香港贺岁片的历史渊源

对于贺岁片的来源，有人认为贺岁片来自美国好莱坞电影市场的档期概念，也有人认为贺岁片来自中国传统戏剧。其实，严格意义上的贺岁片在国外是没有的，欧美至今无"贺岁片"一说，只有"暑期档"、"圣诞档"、"节日档"电影的概念。

"档期"概念在 20 世纪 80 年代初传入香港，贺岁片①是香港电影人首先提出并不断发展的。香港电影人发现春节是人们最舍得花钱的日子，他们为春节专门制作贺岁片，并对贺岁档进行经营和利用。在《摩登保镖》作为首部刻意排期在春节档期上映的影片首创香港电影高票房纪录以后，各大电影公司均参与到这个春节贺岁档，为普天同庆的春节增添节日气氛。

贺岁档的形成及变化不单受社会文化影响，还受电影制片方的营销策略影响。香港电影有成熟的商业环境，电影业会将一年分成四个大档期，即贺岁档、复活节档、暑期档和圣诞＋元旦档，加上端午档、中秋档和重阳档等小档期。因为有成熟的市场和档期划分，香港的贺岁档专指春节档，从除夕前一两天起至元宵节左右，约两周时间，不像内地贺岁档那样被人为地无限延伸。

"贺岁"概念出自梨园传统。每到岁末，梨园的名角们凑在一起不计报酬地进行几场演出，既能答谢票友的支持，又能增加节日的喜庆气氛。② 梨园文化日渐衰退，电影逐渐担负起在岁末年初娱乐大众的重任。

在 20 世纪 70 年代，邵氏推出"武侠片"贺岁。许冠文在 1981 年自编自导自演《摩登保镖》被公认为第一部贺岁喜剧片。从 20 世纪 80 年代初开始，每到

---

① "香港贺岁片"指的主要投资方为香港电影公司，香港电影人制作，主要在香港上映，演员以广东话演绎的贺岁片。至于合拍片，同时或先后在内地和香港上映的电影或在贺岁档上映的非华语电影，则按该电影的实际情况进行划分。

② 编辑部:《有容乃大，贺岁档之变》,《电影故事》总第 453 期,2010 年 12 月 15 日,第 103 页。

岁末,演艺明星都会自发地凑到一起,不计报酬地拍几部热闹喜庆的影片献给观众。① 香港贺岁片一般采用轻喜剧风格,热闹喜庆,老少皆宜,明星荟萃,有一个圆满美好的结局,着重满足普通老百姓的兴趣爱好和情感需求,以娱乐功能为主,是典型的商业化电影。香港贺岁片透着喜庆意味,片末还会有剧组成员集体向观众拜年的镜头,符合观众的心理需求,这个传统延续至今。当中脍炙人口的佳作如《富贵逼人》、《家有喜事》等都有很好的票房。受香港贺岁片影响,20世纪90年代中期,内地电影市场出现类似片种。贺岁片使原本低迷的内地电影市场出现曙光,掀起一股"贺岁片热潮"。不少人批评某些香港贺岁片欠缺深度,只是闹剧一场,然而在欢乐的包装底下,贺岁片记载了当时的社会文化。

香港贺岁市场走过了萌芽、兴盛和萎缩期,在2009年开始复苏,出现多部讲述香港市井文化的贺岁片。香港贺岁片由原来的"大集合"形式逐渐演变成各家电影公司的小制作,观众很难在贺岁片中见到大牌明星们一字排开拱手说"恭贺新禧"的热闹场面,取而代之的是以独特故事情节讨彩头的喜剧。贺岁片制作阵容的弱化与香港电影市场低迷有一定的关系,与香港的春节气氛越来越淡、人们对陈旧的形式感到厌烦也有关系。

二、香港贺岁片的类型和营销

香港贺岁片有一个明显的标签——喜剧。岁末年初的气氛是喜庆和热闹的,人们都希望能以快乐的心情迎接新一年的到来。观众在贺岁档的观影心理决定了热闹、滑稽、轻松、温情、励志等风格的影片在这一档期更能迎合观众休闲娱乐的观影需求。香港的电影比较注重满足观众口味,香港观众喜欢在贺岁档观看轻松热闹的喜剧片,因此,从20世纪80年代到现今,香港贺岁片大都是轻松有趣的喜剧片,好让观众在春节到电影院大笑一场,身心得到放松。香港电影市场有成熟的商业环境和档期划分,武侠片、功夫片、爱情片和动画片等影片会在其他档期上映,很少跟喜剧片争抢贺岁档。

香港电影市场有完善的营销体系和管理机制。香港贺岁片有30多年历史,有明确的市场定位和品牌意识。经过多年的磨炼,香港电影企业已逐步摸索出一套成熟的经营策略。香港贺岁片将成功的产品系列化和连续化,如20世纪80年代初的《最佳拍档》系列片或《家有喜事》系列片。

香港贺岁片善于利用品牌营销策略,明星的品牌效应永远是一部影片的最大卖点,甚至是电影票房收入的标志支撑。宣传炒作时,围绕明星策划的活动

---

① 史可扬:《贺岁片:莫只剩下票房》,《商周刊》2010年第3期,第82页。

能够提高影片的知名度,增加观众的兴趣。影片的宣传经常与其他文化产品交叉推广,从 20 世纪 80 年代初的《最佳拍档》系列片就使用大投入、高产出行销策略,花巨额卖广告、举办新闻发布会等为即将上映的影片包装,以水银泻地式的宣传博取高票房收入,取得了极佳的发行效果。

根据影片的内容和题材,选准合适的档期。香港电影档期分布比较平均,贺岁档是香港电影市场的其中一个黄金档期,影片可根据本身的需要选择档期,不太会出现影片扎堆贺岁档的情况。此外,香港电影除了银幕营销的票房收入外,还开发特许经营、商业赞助、联合促销、隐性广告、国外发行权、出售电视播映权、出版音像制品、网络营销和相关商品。

三、内地和香港合拍是香港贺岁片的未来趋势

经过了 20 世纪八九十年代年产两三百部电影的兴盛时期,自 1993 年开始,香港电影由于自身的粗制滥造、跟拍与轧片,加上盗版、非法下载等的冲击,票房应声剧跌。香港电影的年度票房收入在 1992 年达到顶峰,1993 年成为历史转折点,开始由极盛转向衰败。[①] 2003 年的非典疫情同样打击香港经济,商人在电影上的投资锐减。同时,港产片被华语电影界"边缘化",票房收入大幅下跌。到了 2006 年,港片总产量(包括数十部跟内地合拍的影片)只有 52 部,票房累积不到 3 亿港元。由于香港电影市场整体低迷,香港贺岁片也呈现出低迷之势。但随着《内地与香港关于建立更紧密经贸关系安排》(CEPA 协议)在 2003 年签署之后,政府在视听服务一项对香港电影做出系列优惠政策,如香港电影不再列为进口电影、香港与内地合拍片可获国产片待遇、香港院线商可到内地设立电影院等等待遇,香港和内地合拍片(以下简称"合拍片")迅速增加。时至今日,合拍已基本达到了交汇互融的新境界,成为年产量锐减的香港电影的主要存活方式。

近年很多贺岁片都是合拍片,如《家有喜事 2009》(2009 年)、《老夫子》(2011 年)等。合拍是一个高效的商业制作模式,通过这种合作模式,中国电影将走向世界。

合拍片是大势所趋。合拍片数量稳定增长、质量逐步提高,两地影片类型相互渗透,带来文化认同、借鉴和情态变迁,合拍模式渐趋多样化。香港和内地的一些电影公司,也已经逐渐形成了稳定的合作模式和明确的市场发行分工。香港主要的电影投资公司寰亚、寰宇、美亚、英皇、中国星等,常与内地的华谊兄

---

① 尹鸿,何美:《共造后合拍时代的华语电影——中国内地与香港电影的三十年合作/合拍历程》,《解放军艺术学院学报》,2008 年第 3 期,第 33 页。

弟、北京保利博纳、中国电影集团等融资开戏。双方合作不但降低双方的成本风险,还能拓宽放映市场,为大片提供投资上的保障。[①]《英雄》、《十面埋伏》、《霍元甲》、《功夫》、《满城尽带黄金甲》等一批大制作合拍电影相继进入欧美主流院线市场,华语片品牌逐渐形成。

合拍是一个拍摄模式,确实也具有某种内在制约,消解了香港电影的异质性。许多香港电影人看到内地票房的市场潜力,盲目向内地市场靠近。由于其对内地文化不熟悉而呈现出一种"四不像"的状态,既丧失了香港影片中的商业与娱乐特色,又缺失内地影片中的文化根基,使两地观众都遭遇了水土不服。还有一些合拍片理想化地试图同时夺取香港和内地票房,忽视两地在语言、生活习惯和审美情趣上的地域文化差异,导致票房"两头空"。热闹有趣、开心无厘头是香港贺岁片的特色与卖点。像《家有喜事 2009》、《72 家租客》和《我爱HK 开心万岁》等典型的香港贺岁片,在接近香港的广东一带,票房相对于北方好。这是地域文化差异。香港贺岁片在北方地区不太受欢迎,冯小刚"京味"十足的贺岁片在南方尤其是港台地区的受欢迎程度也不如北方地区。

---

① 陆蓉:《回归十年之港人新生活:资源互补合拍片热》,星岛环球网,2007 年 6 月 15 日,http://www.stnn.cc/hongkong/200706/t20070615_558122.html。

谈张艺谋电影的色彩隐喻与中国印象

——从电影《山楂树之恋》色彩之变化说起

周丽英　　张丽萍

（浙江大学传媒与国际文化学院）

摘要：电影《山楂树之恋》讲述了一个以"文革"为背景的悲剧性的爱情故事。影片围绕老三和静秋的爱情故事展开，最后以男主人公的去世结束。影片自然清新的拍摄风格和怀旧的色调成为该片唯美叙事的重要表达符号。本人试从符号隐喻和传播心理学的角度，对影片中的色彩处理进行分析以诠释其呈现的中国印象。

关键词：山楂树之恋；色彩隐喻；中国印象；符号意义；传播心理学

Discussion about Color Metaphor and Chinese Impression in the Films of Zhang Yimou

——From the Color Changing of the Film *Under the Hawthorn Tree*

ZHOU Liying　ZHANG Liping

(College of Media and International Culture，Zhejiang University)

Abstract：The film *Under the Hawthorn Tree* tells a tragic love story under the background of the Cultural Revolution. The film opens up around the love story of Lao San and Jing Qiu and ends with the death of the hero. The natural and fresh shooting style and nostalgic tone becomes important expression symbols of the film. The paper attempts to analyze the film's color processing, which interprets the Chinese impression from the perspective of symbol metaphor and communication psychology.

Key Words：*Under the Hawthorn Tree*；color metaphor；Chinese impression；symbolic significance；communication psychology

电影《山楂树之恋》改编自以真人真事为基础的小说,剧中讲述的是老三和静秋的爱情故事。该剧线索单一,并没有特别的起伏,最终以老三的去世而结束。张艺谋是色彩大师,宏大叙事和浓烈的色彩使用几乎成为张氏电影风格的一个象征和符号。而《山楂树之恋》中却一改往常的浓墨,代之以清新、淡雅、怀旧、晦暗的色调,这与电影表现的时代特征相符,也和剧中要表现的纯情唯美的主题相符,并与悲剧的结尾暗合。影片出现的几处红色贯穿在全剧自然清新的色调中,成为理想和时代的隐喻。本文主要从符号学和传播心理学的角度对该剧的色彩使用进行分析。

一、色彩处理及其背后的隐喻

电影是通过影像叙事的艺术,其表现形式的具体性既是叙事的优点,也容易成为叙事的限制和禁锢。在突破这一限制的过程中,色彩的使用常常会起到意想不到的效果,因为色彩极具视觉语言传达的属性。一般来说,人们的视觉对色彩的反应最快也最直接,而且色彩容易调动受众的激情和共鸣,加深观众的印象。电影《山楂树之恋》的整个色调处理清新、自然、陈旧、晦暗,衬托出纯美的爱情、怀旧的气息、"文革"大环境的压抑,以及对最后悲剧结尾的隐喻性描述,其中很少的几处红色具有耐人寻味的象征意义。

张艺谋的电影向来有着鲜明的色彩张力,《山楂树之恋》却一改过去狂放、粗犷、宏大、泼墨般的叙事方式,呈现出清新而唯美、简单而凝练的画面风格,和《我的父亲母亲》相比,更为简单、自然、素朴、纯净。

《山楂树之恋》全剧的色彩基本为偏冷色调:蓝色、灰色、黑色、白色,少有的暖色除了最抢眼的那片黄色的油菜花,就是几处红色。我们注意到,影片中出现的红色仅仅是:村长家墙上贴的毛主席像,静秋回学校演出时候作为舞台背景的红旗,老三送给静秋的泳衣、山楂果,脸盆里的山楂果,老三买给静秋的红布,静秋穿着这块红布做的衣服送别老三,再者只是"传说中山楂树开的是红花"的台词叙述。

张艺谋经历过剧中所描述的那个时代,他插过队,体验过农村生活,体验过那个疯狂而素朴的时代。而疯狂往往在城市,乡村是质朴的。张艺谋将观众带回到那个特殊的年代:那是个不允许出现艳丽色彩的时代,一切明媚的色彩都被一种灰暗的色调所压抑,山坡上那棵山楂树总是孤零零地出现在灰蒙蒙的天空中……只有老三和静秋初次见面的那天走过的一片灿烂而纯净的金黄色的油菜花地,似乎在隐喻两人美好而纯净的爱情,但是之后就再也没有出现过了。剧中出现的很少的红色,既可视为代表二人热烈的爱情,更欲凸显时代的激情和政治的狂热,以及红色仅属于时代和经典、属于背景和希望,但并不属于普罗大众的隐喻。

二、红色的符号学意义与中国文化

如果我们仔细观察,会发现整部《山楂树之恋》中出现红色的次数屈指可数。上述提到的那几处红色,有的作为背景出现(如村长家中墙上的毛主席像、二人拍照作为背景的天安门),有的则为点明山楂树主题而出现(比如山楂果、山楂花颜色的红布),后者和前者交叉进行,后者在全剧整体晦暗陈旧的色调中跳跃着,如同几颗追求幸福的火星。可以说,在整部影片中,红色具有了某种符号意义。

符号是传播的基础,指称它自身以外的某物,而意义有赖于符号及被指称客体。红色在中国文化中受到特有的青睐,有着明晰的象征性意义。中国年,中国红,红色和婚姻,红红火火……在跨文化传播中,"红色中国","中国红","红色"这个词汇(或者说符号)和中国文化已经产生了绝对的关联性。红色代表了时代的激情和政治的狂热,常常作为中国文化中特质而又经典的颜色出现。

然而,和张艺谋往常的电影不同的是,本片谨慎地使用了红色,并让这种色彩语言平行地和故事一起往前推进。笔者认为,《山楂树之恋》中出现的红色有两种隐喻,一种是爱情、美好和幸福,另一种是时代、权力、崇拜。在小说的描述中,老三曾经送了一束山楂花到静秋的家门口,而电影中没有出现这一情节,山楂树开红花这一景象自始至终也没有出现,影片却以开满白花的山楂树结束,这似乎在隐喻这两个年轻人爱情的悲剧结局,也意味着真实的自然规律是人们无法改变的,盛开的红色的山楂花只在人物语言叙述中出现,而从来没有变成过现实,只是个传说。小说中静秋把老三送她的山楂花颜色红布,做成那个年代的春秋衣,是去K市医院看望老三时穿的,而电影却把它改成了她和老三诀别的时刻,老三已经无法看到了,这一情节的处理加强了电影总体的悲情色彩。

红色一方面是美好爱情和幸福的象征,另一方面却暗示了这一时代的权力崇拜,作为权力的象征,在电影中成为符号,或在墙上或在虚拟的叙述(如山楂树开红花背后的革命事迹)中。从中可以看到,在一个无奈的时代中,本来天性的美好的情感受到压制。红色永远只会是作为背景和虚拟的叙事,而不会成为现实的生活,因此,开红花的山楂树的景象只是虚构的故事和革命传说。导演对"惜红如金"的限制性色彩使用,隐喻红色所象征的幸福无法实现,也可以表达对那个时代的反思和人文主义精神。

三、从《红高粱》到《山楂树之恋》的色彩变化看电影中之中国印象

《山楂树之恋》这个平淡的故事受到广泛的欢迎,被众多观众奉为爱情经典。该剧是在真人真事基础上产生的,因此格外具有煽情性,而张艺谋采用清新自然风格配合这个纯净的爱情故事娓娓道来的叙述更增添了它的魅力。因为,在这个充满喧嚣、竞争、不安、物质的时代,观众需要这样真实、源于生活而又唯美纯情的故事作为内心感情渴求的补充。

《山楂树之恋》朴素自然的色彩和风格不仅唤起经历过压抑、彷徨和患难的20世纪五六十年代人们的怀旧心理,而且给纠结于当下激烈的竞争中的七八十年代的人们带来对当下相对自由宽松的社会和生活环境的满足感,给物质世界中成长的90后带来对美好纯洁爱情的唯美憧憬,让各类受众都得到了心理上的满足。对90后"新一代"而言,尽管《山楂树之恋》讲述了完全远离这个时代的爱情,但恰恰是在这个情感功利色彩较浓的时代中,这样一个故事给当下浮躁的空气注入了一味清新剂,弥补了相当一部分人在现实中缺失、却在小说和电影的虚拟化空间中意外得到补偿的心理。

因此,从传播心理学的视角看,最有效的传播是最容易被"受众心理"选择的信息。更重要的是受众"心理选择系统"中哪种信息最容易受关注、选择。传播的信息满足受众心理需求的程度越高,传播效果越好。林之达教授认为,人的心理系统是人身上专司接收信息的接收器,是一个"能量转换器",它直接促使传播的信息向心理能转化,信息流一旦进入人的心理系统,就会发生质变,进而产生与信息完全不同的事物,如动机、信心、毅力、能力等。传播者在整个信息传播链条中担负的责任和功能,仅仅是传递信息而已,而最终使这一链条自如运转、充分发挥作用的,还在于受众自身的心理系统。《山楂树之恋》正是顺应了这一受众心理,张艺谋对该片纯情唯美的构图和清新自然的描述带给处于喧嚣的21世纪的人们全新的感受。

四、唯美而不完美的《山楂树之恋》

可以说,这个世界几乎没有完美的艺术作品。被誉为"最完美"的艺术作品却恰恰是断臂的维纳斯,这是让众人深思的悖论。电影《山楂树之恋》讲述了纯

美的爱情,它追求唯美的镜像叙事,但是显而易见,它也充满了各种瑕疵,称不上是完美的电影作品。事实上,这不完美或许从主角原型静秋的真实故事中就已经埋下了伏笔,再加上小说的再创作和编剧以及到画面叙述的电影形式,格外增加了不完美的可能性。因为,人生本来就不是完美的故事,艺术的创作过程也不可能完美,但是追求唯美和纯净的感情依然可以成为该片的主旨和主题。

应该说,《山楂树之恋》中人物的塑造较为单薄和扁平化,故事讲述过程中情节的衔接和推进也不够自然,例如故事的引入、爱情的产生、情节的发展衔接、场景的过渡等等,有点爱得无缘无故,不痛不痒,过程发展无因无果,难于让人认同和接受。两人的台词也比较僵化和不自然,像是在背别人的话一样,这不仅仅是因为三十多年带来的人物隔阂,更是没有掌握好两人相处的分寸感。

小说中的老三和静秋相对显得更加真实,个性鲜明、有血有肉。或许因为影片叙述对于静秋的内心世界和细腻的心理活动无法充分地展示,所以无法真切地刻画真实的静秋,她的能干和自尊,她内心十分符合她的身份和年龄的对于初恋的忐忑和复杂的心理。而电影中的老三阳光、爽朗,但是表情有点单一,缺少对静秋的等她一辈子的深情感,成熟的举止和思想也没有得到充分的展现。按照年龄,老三比静秋大七岁,远比静秋成熟。他充满热情但又不乏理性。由于他的出生和生活环境让他对社会、政治的理解更加深刻。除了阳光、英俊,他还非常善良,热心帮助有困难的村民。他帮助静秋洗床单、换灯泡、送钢笔、送核桃和冰糖之外……他在各种事情面前总是有他的办法,比如他会给一个小孩五毛钱让他帮忙叫静秋出去见面,还有到农家借锅做饭,等等。他机智、俏皮而举止成熟;他外表阳光,内心热情,爱得深沉,而不轻浮。此外,电影为了表达唯美的特质,除了在高护士房间的那一场戏,两人几乎没有任何亲密的举止。而小说中的老三在和静秋交往不久便主动拥抱和情不自禁地亲吻静秋,后来看到静秋对他的冷淡又十分地愧疚和歉意,这种表现更为真实,更符合人物特点。唯美而纯净的爱情并不代表不食人间烟火,只要是出于内心的真情都是纯洁而唯美的。

五、结 语

《山楂树之恋》这部有着平淡无奇剧情的影片受到这么多观众的钟情,除了剧情本身展现的真情和悲剧的感染力,张艺谋对整部影片采用的清新风格和色彩处理也加强了该片的渲染力。影片拨动了几个年代观众的心弦,用纯真爱情的叙事隐喻着对那个年代的人文主义关怀,通过对全剧自然色彩和红色的平行处理象征着那个时代狂热和压抑的双重特征,并展现对幸福美好的追求,达到人性理想的升华。

索　引

图书在版编目（CIP）数据

国家形象的影像建构与传播 / 范志忠，熊颖俐，徐
辉主编 . —杭州：浙江大学出版社，2013.7
ISBN 978-7-308-11556-8

Ⅰ.①国… Ⅱ.①范…②熊…③徐… Ⅲ.①国家一
形象－文集 Ⅳ.①D5

中国版本图书馆 CIP 数据核字（2013）第 107046 号

国家形象的影像建构与传播

范志忠　熊颖俐　徐辉　主编

责任编辑	徐　婵	
封面设计	续设计	
出版发行	浙江大学出版社	
	（杭州市天目山路 148 号　邮政编码 310007）	
	（网址：http://www.zjupress.com）	
排　　版	杭州中大图文设计有限公司	
印　　刷	浙江省邮电印刷股份有限公司	
开　　本	710mm×1000mm　1/16	
印　　张	15.25	
字　　数	275 千	
版 印 次	2013 年 7 月第 1 版　2013 年 7 月第 1 次印刷	
书　　号	ISBN 978-7-308-11556-8	
定　　价	45.00 元	